消費者法特別講義
医　事　法

河上　正二

信山社

はしがき

　ここに『消費者法特別講義 医事法』をお届けする。

　実は，筆者はこれまでに勤めてきた大学の法学部・大学院の「民法演習」で，民法に特化した通常の演習を行うのと併行して，「民法特別演習」として消費者法と医事法を交互に実施してきた。法科大学院が始まって以降は，「特殊講義」として「医事法」を開設して講義を継続してきた。大学院での「医事法演習」では，多くの実務家のご協力を得ながら，様々なテーマについて議論をさせていただいた。また，医学部倫理委員会の委員を経験しながら，医療関係者との議論の中で，医療において法の果たすべき役割についても考える貴重な機会を得た。脳死や生体肝移植などの問題と取り組んだのもこの時期である。さらに，内閣府消費者委員会の任期中には，美容医療関連の消費者問題にも直面し，そこでの施術や広告の在り方について考えさせられた。この間のバイオテクノロジーの進展も著しい。限られた経験ではあるが，本書では，こうした経験の中から，さしあたり，筆者なりに悩んできた問題を取り上げて全体を構成することとした。論じきれなかった問題については，他日を期すこととしたい。

　この間に，非常に優れた教科書や論文集も現れて，勉強させられることが多く，この段階で，かような書物をまとめることに幾分の躊躇いもあった。しかし，医事法を通じて，民法の基本的な問題や，「もっとも脆弱な消費者」としての患者の視点から問題を考えることには，それなりの意味があるのではないかと考えるに至り，あえて一書をまとめることにした。書名も「消費者法特別講義 医事法」とした。

　それにしても医事法の世界は難しい。人の生老病死や，身体・健康といった最重要の法益と，人格的利益の関わる問題だけに，法律のみならず倫理との関係でも考えるべきことが多い。

　2022年現在，コロナ禍が続き，感染症への対応も大きな社会問題となっている。人々は，コロナ禍での2年以上にわたる自粛生活の中で，身体的にも精神的にも追い詰められ，多くの患者やその家族が大変な思いをしている。

　医事法の学習を通じて，生命倫理や，高齢化した社会での人々の生活の在り方にまで思いを広げていただけるなら，有り難い。本書では，「ひと口メモ」として，一般の方々が関心を持ちそうな事項についても簡単な説明を加えているの

で，参考にしていただきたい。

　いつもながら，わずかなことで挫けそうになる筆者を叱咤激励して，本書の刊行にまで導いて下さった信山社の袖山貴社長と稲葉文子氏に心から御礼を申し上げます。

　2022 年 7 月

信山社にて　　河上　正二

【参考文献など】

医事法全般について，

宇津木伸＝平林勝政・フォーラム医事法学（追補版）［尚学舎，1997 年］

大谷實・医療行為と法〈新版補正第 2 版〉［弘文堂，1997 年］

米村滋人・医事法講義［日本評論社，2016 年］

米村滋人編・生命科学と法の近未来［信山社，2018 年］

手嶋豊・医事法入門〈第 5 版〉［有斐閣，2018 年］

野田寛・医事法（中）〈増補版〉［青林書院，1994 年］

樋口範雄・医療と法を考える［有斐閣，2007 年］

樋口範雄・続・医療と法を考える［有斐閣，2008 年］

莇　立明＝中井美雄・医療過誤法［青林書院，1994 年］

前田達明ほか編・医事法［有斐閣，2000 年］

前田和彦・医事法講義〈新編第 4 版〉［信山社，2020 年］

吉村節男＝野田寛・医事法の方法と課題（信山社，2004 年）

甲斐克則編・ブリッジブック医事法〈第 2 版〉［信山社，2018 年］

甲斐克則責任編集・医事法研究［信山社，2019 年〜］

年報　医事法学（1 号〜36 号）［日本評論社，1986 年〜2021 年］

甲斐克則編・医事法講座（第 1 巻〜第 12 巻）［信山社，2009 年〜2022 年］など。

用語については，

甲斐克則編集代表・医事法辞典［信山社，2018 年］

裁判例として，

宇都木伸＝町野翔ほか編・医事法判例百選〈初版〉（別冊ジュリスト，2006 年），

甲斐克則＝手嶋豊編・医事法判例百選〈第 2 版〉（別冊ジュリスト 219 号）［有斐閣，2014 年］など。

消費者法との関連については，河上・遠隔講義消費者法〈新訂第 3 版〉2022［信山社，2022 年］及び，消費者法案内（新ブリッジブック）［信山社，2022 年］の関連箇所を参照いただければ幸いである。

【凡例】

地　判	地方裁判所判決
高　判	高等裁判所判決
最　判	最高裁判所判決
民　録	大審院民事判決録
刑　録	大審院刑事判決録

民　集	最高裁判所民事判例集
刑　集	最高裁判所刑事判例集
高民集	高等裁判所民事判例集
高刑集	高等裁判所刑事判例集
下民集	下級裁判所民事判例集
下刑集	下級裁判所刑事判例集
判　タ	判例タイムズ
判　時	判例時報
法セミ	法学セミナー

目　次

医事法（情報関係）参考資料　（195）

消費者法特別講義

医 事 法

第1講　民事責任を中心とした「医事法」への導入

1 序　論

(1)　医事法で何を学ぶか

本講義で対象とする「医事法」には単体の法律があるわけではなく，医師法・医療法・衛生関連法規などを中心とする医療に関する法規の総称としての「医事法」あるいは「医事法制」があるに過ぎない。

また，現在では，医療，保健，福祉から生命倫理に至るまで，様々なものが議論の対象となっている＊。ちなみに，筆者の専攻は民法であるため，ここでの内容も民事法に重心が置かれることになるが，更にいえば，**患者**（＝**最も脆弱な消費者**）の観点から，問題にアプローチして「医事法」の理解を深めることを企図している。

医療事故紛争に対する法の役割には，結びつけられた法的責任の種類（民事責任・刑事責任・行政責任）との関係で，いくつかの側面がある。さらに，社会的責任や道義的責任・倫理的問題にまで視野を広げることができる。かつて語られたように，「医療は契約にあらず」，「医は仁術」として法的責任とは無縁の世界にあるシステムというわけにはいかない。もちろん，その基本が，常に，医療事故の発生抑止と被害者救済ないし損害の公平な分担，そして，健全な医療政策による国民の福利・健康の増進にあることは言うまでもない。

(2)　医師の責任と行為規範

法は，最低限の道徳として機能するだけでなく，医療現場における医師のあるべき「行為規範」を模索している。「ヒポクラテスの誓い」以来，医師のあるべき行為規範は問い続けられていると言えよう。その際，個々の患者の権利・利益の擁護が常に重要な法的課題であることは明らかである。とはいえ，医療活動が，もともと医療資源や患者の置かれた状況を前提とする大きなリスクを伴う役務であり，被害者救済の要請と医師の問責の当否は，ややもすると難しい問題に直面する。医師は「専門家」として高度な注意義務を求められる一方で，限られ

た医療資源を適切かつ有効に活用して，最大の治療効果を導き出すべく努力することが社会から求められる。法は，過酷な問責による萎縮医療の回避を図りつつ，患者の医療不信を払拭して，医師の治療意欲を鼓舞するためにも，医師の責任のあり方・責任の問い方について，慎重に対処する必要がある。

＊ヒポクラテスの誓い

> 「……私は，私の能力と判断力の限りを尽くして療法を施します。これは患者の福祉のためにするのであり，加害と不正のためにはしないように慎みます。致死薬は誰に頼まれても決して投与しません。また，そのような助言も行いません。同様に，婦人に堕胎用器具を与えません。純潔に敬虔に私の生涯を送り，私の術を施します。膀胱結石患者に砕石術をすることはせず，これを業務とする人に任せます。どの家に入ろうとも，それは患者の福祉のためであり，どんな加害や不正をも目的とせず，特に男女を問わず，自由民であると奴隷であるとを問わず，情交を結ぶようなことはしません。治療の機会に見聞きしたことや，治療と関係なくても他人の私生活についての洩らすべきでないことは，他言してはならないとの信念をもって，沈黙を守ります。……」

（小川政恭訳『ヒポクラテス・古い医術について』（岩波文庫）

2　医事法関連問題

　医事法に関連する問題には，医療事故訴訟の中心となる医療契約・診療契約を基礎とした医師の民事責任（契約責任・不法行為責任）の在り方だけでなく，患者の人権論，医科学・遺伝子工学等の発展に伴う「生命倫理上の問題（遺伝子治療・クローン技術・生殖補助医療など）」など様々な問題がある。また，我が国の医療体制を形成している医療法・医師法・薬機法のほか，医療保険法・臓器移植法・感染予防法等の衛生行政法規・精神保険福祉法・死体解剖保存法等の医事法制にまつわる問題がある。さらに，刑事分野での医事刑法，そして「医療政策」や「医学研究・臨床治験」に関わる問題，医事紛争の解決方法としての和解等の裁判外紛争処理（ADR）にいたるまで，幅広いものが含まれる。そして，法律紛争の処理以前の問題として，医療現場における「危機管理（Risk Management）」や大学等の「倫理委員会」の果たすべき役割なども，検討対象となる。

　ここでは，民事責任を中心に据えながらも，多様な局面での問題にも目配りしつつ，医事法の現在を描き出し，検討を進めることにしたい。

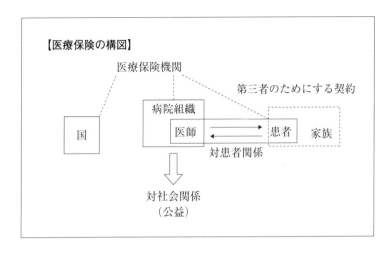

(1)　医療事故訴訟の現状

a.　民事の医療事故訴訟は，昭和40年代後半から急増し，近年も増加傾向を見せている。一つの目安である第一審裁判所での**新受任件数**（最高裁調べ）は，平成7年488件，平成8年575件，平成9年597件，平成10年632件，平成11年678件，平成12年795件，平成13年824件，平成14年906件，平成15年1003件，そして平成16年に1110件とピークに達し，平成17年999件，平成18年912件，平成19年797件，平成20年852件，平成21年708件，平成22年776件，平成23年739件，平成24年770件，平成25年782件，平成26年829件，平成27年798件，平成28年829件，平成29年808件，平成30年745件，令和元年810件とやや減少に転じているものの，高止まりになっている。ただ，これも氷山の一角でしかない。紛争の長期化に伴って，未済件数も年々累積して増加し，今日では，多くの医療従事者が訴訟と関わりを持つことを余儀なくされている。

b.　診療科別では，内科＞外科＞整形・形成外科＞産婦人科＞歯科といったものが訴訟の上位を占めている（但し，これは過誤の発生率の高さを意味しない）。医療事故紛争の内容も，当初のような単純な治療ミス（ガーゼや手術用手袋の体内への置き忘れ等）から，次第に複雑な事例（診断・治療方法選択の適否，説明義務違反，転送義務違反など）へと変化し，訴訟の場では，専門的知識や「鑑定」の重要性が指摘されており，他の法律紛争とは大いに様相を異にしている。患者サイドからは**専門性・閉鎖性・封建性の壁**が指摘されている一方，医師の側からは，

過酷な医療現場の現状と重い責任を背景に，深刻な医師不足と医療崩壊の危惧さえ語られる現実がある。

c. **認容率**など

一般に，通常の民事訴訟では，原告側勝訴が大多数である。原告は，自分が不利だと思えば訴訟を提起しないという選択肢があるため，訴訟提起を選択したケースでの認容率が結果的に高くなるのは，ある意味自然でもある。実際，判決に至った通常訴訟での認容率は一部認容を含むと，平成3年から平成12年までの10年間の平均値で，86.0％という圧倒的な勝訴率を示している（平成13年以降も82〜84％で推移している）。これに対し，医療過誤訴訟では，同じ平成3年から平成12年までの10年間の平均認容率は半分以下の37.1％にとどまる（平成13年以降はややあがっているものの38から39％というところで推移している［最高裁・委員会統計による]）。通常訴訟と比較した場合，医療過誤訴訟で勝訴判決を得ることの相対的困難さが窺われる。

もっとも，長期的に見ると認容率は上昇傾向にあることも指摘されて良い。例えば，昭和45年に11.1％という低水準だった認容率が，昭和50年代になって30％を超え，平成8年（40.3％），平成10年（43.5％），平成12年（46.9％），平成15年（44.3％）には40％を超える数字が記録されている。さらに，この数値は終局判決の勝訴率であって，実際には，「和解」で解決する場合が多いことにも注意する必要がある。和解で決着した割合は2004年のデータで46.1％とされ，判決まで行くのは被告にとって有利な事情のある場合であることを考えると，結果として患者が賠償を得る確率は相当に高くなっていることがわかる。ひとつには，患者の権利意識の高揚とともに，いわゆる「専門家責任」に対する社会の視線が厳しさを増したこと，責任保険としての医療事故保険の普及の反映であろうと思われる。

ひとロメモ

○ **医師賠償責任保険**

医行為に起因した医療事故によって，医師に損害賠償責任が認められる場合，それを塡補する責任保険制度が医師賠償責任保険の制度である。日本医師会医師賠償責任保険，勤務医師賠償責任保険，病院賠償責任保険などがある。医療上の事故以外の施設内での事故に起因する損害賠償を対象とする病院施設賠償責任保険もある。なお，医師個人が付保する医師賠償責任保険をめぐる紛争は，日本では，生じにくいと言われる。

d. 審理期間

　医療事故訴訟の平均審理期間は，平成9年で36.3月（約3年）であったものが，平成14年に30.9月（2年半），平成18年には25.1月（約2年）と短縮傾向にある。しかし，長いものでは10年を超えるものもあり，まだまだ比較的審理期間の長い紛争類型であることは否めない。

(2)　医療事故紛争増加の背景・原因

　医療事故紛争の発生・増加の原因は多様で，必ずしも医師個人の責に帰すべき事情のみに還元されないものもある。

　現在でも，無資格診療などの極めて悪質な例外的ケースを別にすると，
① 自己の知識・技能を過信したり，慣れからくる手抜き作業（手順の省略）などに起因する誤診や，誤った治療方法の選択・手技上のミスなど，医師個人のミスが引き金になっているケースは決して少なくない。

　しかし，そのような単純な個人的ミスだけではなく，
② 病院などの組織・経営管理上の問題（リスク管理・労務管理体制の不十分さなど），
③ 患者の過剰な期待の挫折（医師の診療成果への過度の依存的信頼と反発），
④ 患者の個体差に基づく反応・結果発生の不確実性（特異体質など），
⑤ 医療行為（診療・手術・投薬など）自体に潜在する危険性・副作用等の発現，
⑥ 時間的・社会的・経済的制約による治療レベルの低下や危険増大（救急医療，離島における高価な機材や薬品不足など），
⑦ 患者側の医師の指示に対する協力・努力の欠如による結果の不首尾，
⑧ 危険性の高い高度な治療行為の増加に伴う治癒率の相対的低下，
⑨ 患者（特に高齢患者）数の増大に対する医療資源の不足（人手・設備など），
⑩ 医療の分業化・専門化の進展と医師・患者間の人間関係の希薄化や時間的制約にともなうコミュニケーション不足・説明不足，
⑪ 患者の人権意識の高揚にともなう敏感な被害者意識
など，様々な要因が考えられる。

　医療事故のどこまでを，民事の損害賠償責任によって処理すべきかは，深刻な医療政策上の課題と繋がっている。

(3) 医師・医療機関の民事責任について

　医師・医療機関の民事上の責任をめぐる諸問題は，債務論や契約法・不法行為法・事務管理法・医師賠償責任保険などに関わる。人の生命・健康を対象とした役務という，医療ならではの特殊な要素を含むが，役務給付一般をめぐる議論にも配慮が必要である。

　他方，医事刑法の関連では，①正当業務行為・業務上過失致死傷罪，②安楽死：嘱託殺人罪［自殺幇助］，③無資格診療と傷害罪・殺人罪，④脳死と殺人罪，⑤緊急避難，⑥保護責任者遺棄（致死）罪などが，しばしば問題となって議論されるが，ここではさしあたり省略する（なお，森鷗外『高瀬舟』は，嘱託殺人の問題を考える格好の素材である）。

＊　本書で扱う問題

① 「医療行為・医行為」を他の行為と区別する指標は何か
　「医業」・「専門家責任」，パラメディカル・医療関連行為・医療類似行為との関係
② 診療契約の当事者は誰か
　小児医療，老人医療……代諾問題，医療の担い手，医薬分業と薬害，医療保険
③ 医師・医療機関の負う債務の法的性質・特性について
　役務給付，説明義務・応召義務・救急医療・精神医療など
④ インフォームドコンセント・インフォームドチョイス・共同意思決定
　「説明に基づく同意」の民事・刑事法上の機能と患者の自己決定権の限界
⑤ 損害賠償責任を導く場合の法的根拠（法的構成）
　医師の帰責事由と「医療水準論」等の関係
⑥ 過失や因果関係をめぐる主張・立証上の問題
　証拠保全・証拠開示，鑑定，診療経過の説明義務・死因解明義務など
⑦ 他の原因との競合問題
　第一次的疾病・障害・既往症と医療ミスの競合，治療・投薬に伴う副作用，合併症
⑧ 高度医療・実験的医療・生殖補助医療・末期医療に特有の問題
　一定のリスクを内包もしくは前提とする治療行為の法的評価，生命倫理上の問題
⑨ 組織化された医療行為，チーム医療における責任の所在

⑩　医療倫理の観点からの様々な問題

　　臓器移植・脳死・安楽死・尊厳死・中絶・遺伝子治療・生殖補助・患者
の信仰上の問題

⑪　医療情報の管理

　　カルテ診療記録・看護記録・病棟日誌・手術記録（術中ビデオ；内視鏡
ビデオ etc を含む）・各種検査結果・剖検記録・組織標本・診療報酬明細・
情報の電子化・ネットワーク化に伴う問題患者の個人情報と自己情報コン
トロール権

第2講　医業・医行為および医業類似行為

> **ここでの課題**　ここでは医業・医行為とは何か，そして医業類似行為について考える。疾病の手当てには，純粋な医療行為だけでなく，民間療法に至るまで，様々な対処法が考えられる。医業の独占に対し，ほとんどの民間療法は無法地帯である。ここでは，医業・医行為とは何かを考えよう。

1　医業・医行為の概念をめぐって

⑴　医行為・医業（医業の独占と行為の「適法性」の判断：無資格者排除の論理）

医師法17条と医業の独占：医業・医行為

医業の独占は，何故正当化されるのだろうか。基本的には，医業の質の確保が目指されていることは疑いない。「資格」に伴う社会的信頼と人々の期待は，「公益」と言い換えても良い。

関連する裁判例に，最判平成9・9・30刑集51巻8号671頁＝**医判百（第2版）1事件**［コンタクトレンズ処方のための検眼とレンズの着脱］，があり，医師法17条にいう「医業」の内容となる「医行為」に当たるとした。

⑵　医業の独占と職業選択自由

医業類似行為の規制は，職業選択自由との関係で問題がある。

裁判例では，最判平成3・2・15刑集45巻2号32頁＝**医判百（初版）7事件**［柔道整復師によるX線照射］，最判昭和35・1・27刑集14巻1号33頁＝**医判百（初版）8事件**［高周波電気療法と医業類似行為の禁止］）がある。

「**免許医業類似行為**（施術行為）」，「**届出医業類似行為**（療術行為）」，「**自由医業類似行為**」などもあるが，広義の医療類似行為の内，人体に危害を与えず，保健衛生上何ら悪影響がないような行為は，職業選択自由の範囲内にあるとされる（前掲・最判昭和35.1.27刑集14巻1号33頁）。そのため，多くの民間療法は放任されかねない。なお，後掲最判平成2・3・6判時1354号96頁＝**医判百（第2版）85事件**［無資格者による糖尿病治療としての「断食道場事件」］では，医師の資格のない者が，一定期間一切又は特定の飲食物を摂取しないことを基本方法とする断食療法によつて慢性病等の治療をし，その健康の維持回復を目的とするいわ

ゆる「断食道場」を開業し，医師の指示によりインシュリン注射等を常用する糖尿病患者を入院させ死亡させるに至つた場合において，断食療法の可否につき事前に医師の指示を受けるよう指導せず，漫然と右療法を施行したなど判示の事情の下においては，過失割合を道場開業者三，糖尿病患者七とした原審の判断は，道場開業者の過失割合を著しく低く定めたものであつて，裁量権の範囲を逸脱した違法があるとされた。確かに当事者自治や職業選択自由は尊重されなければならないが，医療類似行為をなす者も，他人の身体・健康に関わる役務提供者として，信義誠実の原則による行動制約を受けることになる。

〈考えてみよう〉

　「加持祈禱」や「足裏健康法」などは医業類似行為としての規制対象に該当しないとしても，それが正常な治療の機会を失わせるおそれはないだろうか？

A (ア) 保険・助産・看護・調剤 救急救命措置・理学作業療法 マッサージ・あんま・はり・灸 柔道整復・視能訓練・臨床検査 など	(イ) **診療・治療** 療養指導 処方箋・診断書・検案書 等の作成・交付など	B (ウ) 移植用臓器の摘出 供血目的の採血 美容整形術・性転換手術 イヤリング目的の耳穿孔 など
A＝目的から見た医療行為 (ア)　**医業類似行為**	**B＝方法などから見た医療行為（医行為）** (イ)　**固有の医療行為**　　(ウ)　**方法上の医療行為**	

2　医業とは

　医師法17条は，「医師でなければ，**医業をなしてはならない**」と定める。これは非医師による医業を全面的に禁止し医師の業務独占を定めたものである。では，「医業」とは何か。医業は，「医行為」を業としてなすことを意味する。「業としてなす」とは，反復継続の意思をもって医行為に従事することを言う。「**医行為**」について正面から定めた規定はないが，判例によれば「医師が行うのでなければ保健衛生上危害を生ずるおそれのある行為」と定義される（最判昭和30・5・24刑集9巻7号1093頁）。医行為は，問診，触診，聴診，外科手術などの診療行為を典型とするが，医療行為や治療行為と同一概念ではなく，輸血用血液の採

取，美容整形，予防接種，臓器摘出などのほか，断食療法実施のための入寮目的，症状，病歴を尋ねる行為（最判昭和 48・9・27 刑集 27 巻 8 号 1403 頁），コンタクトレンズ処方のための検眼，レンズ着脱（最判平成 9・9・30 刑集 51 巻 8 号 671 頁）など，前記定義に照らして危険のあるものを広く含むと解されている。

　以下では，タトゥー施術と断食道場の事件を見てみよう。

(1)　タトゥー施術について

　医師でない被告人が，業として，針を取り付けた施術用具を用いて客の皮膚に色素を注入した行為について，医師法 17 条違反に問われた事件がある。第 1 審大阪地判平成 29・9・27（判時 2384 号 129 頁）は，医行為とは「医師が行うのでなければ保健衛生上危害を生ずるおそれのある行為」をいうと解した上で，被告人の行為は保健衛生上危険な行為に当たると判断し，被告人を罰金 15 万円に処した。これに対し，原審の大阪高判平成 30・11・14（判時 2399 頁 88 頁）は，医行為とは「医療及び保健指導に属する行為の中で，保健指導上危険な行為をいう」とした上で，被告人の行為は，医療及び保健指導に属する行為とはいえないから医行為に当たらないと判断。1 審判決を破棄し，被告人を無罪とした。曰く，

　「入れ墨の危険性に鑑みれば，これが当然に憲法 21 条 1 項で保障された権利（表現の自由）であるとは認められないが，被施術者の側からみれば，入れ墨の中には，被施術者が自己の身体に入れ墨を施すことを通じて，その思想・感情等を表現していると評価できるものもあり，その範囲では表現の自由として保障され得るのであり，その場合，医師法 17 条は，憲法 21 条 1 項で保障される被施術者の表現の自由を制約することになる。しかしながら，表現の自由といえども絶対無制約に保障されるものではなく，公共の福祉のための必要かつ合理的な制約に服する。そして，国民の保健衛生上の危害を防止するという目的は重要であり，その目的を達成するためには，医行為である入れ墨の施術をしようとする者に対し医師免許を求めることは，必要かつ合理的な規制である。したがって，本件行為に医師法 17 条を適用することは憲法 21 条 1 項に違反しない。……人が自己の身体に入れ墨を施すことは，憲法 13 条の保障する自由（幸福追求権）に含まれると考えられ，そのため，医師法 17 条は入れ墨の被施術者の上記自由を制約するものである。しかしながら，上記自由も絶対無制約に保障されるものではなく，公共の福祉のため必要かつ合理的な制限を受けることはいうまでもなく，入れ墨の施術に医師免許を求めることは重要な立法目的達成のための必要かつ合理的な手段である。したがって，本件行為に医師法 17 を適用することは憲法 13 条に違反しない」

として，被告人を無罪とした（検察官から上告したが，判例違反，憲法違反等の主張は適法な上告理由ではないとした上で，職権で，「医行為」の意義及びその判断方法を示したのが，次の最決令和2・9・16である）。

最決令和2・9・16（刑集74巻6号581頁）（＝ジュリスト1561号97頁［池田知史］）は，次のように述べた。

「(1)　医師法は，医療及び保健指導を医師の職分として定め，医師がこの職分を果たすことにより，公衆衛生の向上及び増進に寄与し，もって国民の健康な生活を確保することを目的とし（1条），この目的を達成するため，医師国家試験や免許制度等を設けて，高度の医学的知識及び技能を具有した医師により医療及び保健指導が実施されることを担保する（2条，6条，9条等）とともに，無資格者による医業を禁止している（17条）。／このような医師法の各規定に鑑みると，同法17条は，医師の職分である医療及び保健指導を，医師ではない無資格者が行うことによって生ずる保健衛生上の危険を防止しようとする規定であると解される。／したがって，医行為とは，医療及び保健指導に属する行為のうち，医師が行うのでなければ保健衛生上危害を生ずるおそれのある行為をいうと解するのが相当である。」

「(2)　ある行為が医行為に当たるか否かを判断する際には，当該行為の方法や作用を検討する必要があるが，方法や作用が同じ行為でも，その目的，行為者と相手方との関係，当該行為が行われる際の具体的な状況等によって，医療及び保健指導に属する行為か否かや，保健衛生上危害を生ずるおそれがあるか否かが異なり得る。また，医師法17条は，医師に医行為を独占させるという方法によって保健衛生上の危険を防止しようとする規定であるから，医師が独占して行うことの可否や当否等を判断するため，当該行為の実情や社会における受け止め方等をも考慮する必要がある。／そうすると，ある行為が医行為に当たるか否かについては，当該行為の方法や作用のみならず，その目的，行為者と相手方との関係，当該行為が行われる際の具体的な状況，実情や社会における受け止め方等をも考慮した上で，社会通念に照らして判断するのが相当である。」

「本件について検討すると，被告人の行為は，彫り師である被告人が相手方の依頼に基づいて行ったタトゥー施術行為であるところ，タトゥー施術行為は，装飾的ないし象徴的な要素や美術的な意義がある社会的な風俗として受け止められてきたものであって，医療及び保健指導に属する行為とは考えられてこなかったものである。また，タトゥー施術行為は，医学とは異質の美術等に関する知識及び技能を要する行為であって，医師免許取得過程等でこれらの知識及び技能を習得することは予定されておらず，歴史的にも，長年にわたり医師免許を有しない彫り師が行ってきた実情があり，医師が独占して行う事態は想定し難い。このような事情の下では，被告人の行為は，社会通念に照らして，医療及び保健指導に属す

る行為であるとは認め難く，医行為には当たらないというべきである。タトゥー施術行為に伴う保健衛生上の危険については，医師に独占的に行わせること以外の方法により防止するほかない。／したがって，被告人の行為は医行為に当たらないとした原判断は正当である。」

なお，草野耕一補足意見は，次のようにいう。

「医療関連性を要件としない解釈は，タトゥー施術行為に対する需要が満たされることのない社会を強制的に作出し，もって国民が享受し得る福利の最大化を妨げるものであるといわざるを得ない。タトゥー施術行為に伴う保健衛生上の危険を防止するため合理的な法規制を加えることが相当であるとするならば，新たな立法によってこれを行うべきである。……タトゥー施術行為は，被施術者の身体を傷つける行為であるから，施術の内容や方法等によっては傷害罪が成立し得る。本決定の意義に関して誤解が生じることを慮りこの点を付言する。」

(2)　断食道場事件

最判平成 2・3・6（判時 1354 号 96 頁）

　医師の資格のない者が，一定期間一切又は特定の飲食物を摂取しないことを基本方法とする「断食療法」によって慢性病等の治療をしその健康の維持回復を目的とするいわゆる断食道場を開業し，医師の指示によりインシュリン注射等を常用する糖尿病患者を入院させ，死亡させるに至った事件がある。断食療法の可否につき事前に医師の指示を受けるよう指導せず，漫然と上記療法を施行したなど判示の事情の下において，過失割合を道場開業者 3，糖尿病患者 7 とした原審の判断は，道場開業者の過失割合を著しく低く定めたものであって，裁量権の範囲を逸脱した違法があるとした。

　事実関係は次の通りである。

　訴外亡 K は，昭和 57 年 8 月 12 日，糖尿病と診断され，同日から同年 9 月 17 日まで福岡県大牟田市内の L 病院に入院し，同月 18 日から同年 11 月 13 日まで同市内の M 病院に入院し，それぞれ糖尿病の治療を受け，同月 14 日から自宅で治療した後，同年 12 月 1 日から勤務先に復帰して軽作業に従事していた。訴外 K の症状は，血糖値の変動が激しい不安定型かつインシュリン依存型の糖尿病であって，食事療法，運動療法をした上，定期的に血糖値を検査して，インシュリンの投与により血糖をコントロールする必要があり，常時インシュリン注射と飲み薬を欠かせない状態であった。そのため，訴外 K は，M 病院を退院するに当たり，同病院の医師からインシュリン注射の必要性と自己注射の方法について指

導を受け，退院後は同病院から一定量のインシュリンと注射器の交付を受け，これを使用して自ら自己の身体に上記の注射をしていた。

　訴外Kは，昭和57年12月1日，妻の上告人Aとともに被上告人方を訪れ，被上告人に対しこれまでの病状，前記の薬剤を注射及び服用していること等を詳細に説明し，本件断食道場でこの糖尿病が治るかどうかを尋ねたところ，被上告人は，断食療法によってその糖尿病は治る，ここでは西洋医学の薬は一切使わずに治すので病院から貰っているインシュリンの注射や飲み薬は必要がないと答えた。被上告人は，糖尿病患者も入院させて治療しており，糖尿病における低血糖，高血糖，インシュリンの効用等についてかなりの知識を有していた。訴外Kは，医師から生涯治らないといわれた糖尿病が被上告人から治るといわれたため，多分に疑問を抱きつつも，被上告人の言葉を信用して，同月8日，本件断食道場に入院した。その際，訴外Kは，被上告人の言葉に従い，M病院から貰っていた前記飲み薬，インシュリン及び注射器を持参しなかったが，被上告人も訴外Kがその薬を持参しているかどうかについての確認をしなかった。

　原審は，

　　断食療法は，一定期間食物を断つことであるから，その療法の方法，その療法を受ける者本人の健康状態，病名，病気の軽重，症状，体質，断食の期間，断食療法を施行する者の医学知識の有無，程度等のいかんによっては，本人に死の結果を招来させたり，病状を重篤・深刻化させたりする虞れのあることが当然予想されるのであるから，医師の資格を有しない被上告人としては，少なくとも病院で治療中の者に対しては，断食療法の可否につき事前に担当医師に相談をしてその指示を受けてくるように指導すべき義務があり，殊にかなり重い糖尿病患者で医師の指示のもとにインシュリン注射や飲み薬を常用している者に対してはなおさらであり，そのように治療中の者を入院させるには，前記の医師の指示を受けてきたかどうか，薬を持参しているかどうかを確認するとともに，もし医師の指示を受けず，かつ，医師の指示による投薬を中止して入院する者に対しては入院後における本人の健康状態の変化に細心の注意を払い前記の危険の発生を未然に防止すべき義務がある。

　　しかるに，被上告人は，前記の各注意義務を怠り，昭和57年12月1日，訴外K及び上告人Aに対し，訴外Kが医師の指示によりインシュリン注射と飲み薬を常用するかなり重い糖尿病患者であることを知りながら，断食療法の可否について担当医師の指示を受けてくるよう指導しなかったばかりか，断食療法により糖尿病は治る，インシュリン注射や飲み薬は必要ないと明言し，これを信用した訴外Kが同月8日飲み薬，インシュリン，注射器を持参しないまま入院し，同日か

ら右注射等を中止したため，インシュリン不足を生じ，ついに昏睡に陥って同月11日死亡するに至った。また，被上告人は，訴外Kの入院から死亡する直前まで同人がインシュリン等の薬剤を持参しているかどうかを確認せず，同月10日夜には，上告人Aや入院者から訴外Kの容態が異常ではないかとの連絡を受けたのに，単に大丈夫かと言ったのみで，インシュリン不足により高血糖状態に陥っていく同人の容態の変化に対する注意を怠り，危篤状態に陥る直前まで何らの措置もとらなかった。〈そうすると，訴外Kの死亡は，被上告人の前記注意義務違反によるものであることが明らかである。〉

　一方，訴外Kの方も，被上告人が医師でないことは知っていたのであり，被上告人がいう断食療法で糖尿病が治るということは，多分に疑問を抱きつつも，一縷の望みをかけて同療法を受けようとしたのであるから，現に治療を受けインシュリンの注射等を指示していた医師に対して，インシュリン注射等を中止しても危険がないかどうか，断食道場による療法を受けても健康上別状がないかどうか等を事前に相談すべきであったにもかかわらず，これをしないで，漫然と被上告人の言葉を信用して，インシュリンの注射は必要ないものと考え，医師の指示に反して，その注射を中止したため本件死亡事故を引き起こしたものであるから，同事故発生につき訴外Kにも過失があり，その過失は損害賠償額の算定に当たり考慮すべきである。

　そこで，〈以上認定した諸事情を総合して判断すれば，本件死亡事故発生に対する被上告人と訴外Kとの過失の割合は，30パーセント（被上告人）対70パーセント（訴外K）と認めるのが相当である。」〉とした。

最高裁は，

「被上告人が本件断食道場で施した断食療法は，断食を通じて慢性病等の治療をしその健康の維持回復を図ることを目的とし，被上告人が入院者に対しその健康状態，病状等を質問して入院期間を決定するものであって，**診療というべきもの**であり，その内容も一定期間，一切又は特定の飲食物を摂取しないことを基本方法とするものであり，その期間の長短，摂取を禁ずる飲食物の種類，量等や入院者の体質，病歴，症状，体調のほか，施術者の医学知識の有無，程度などのいかんによっては，入院者を死に至らせることになったり，病状を更に悪化させる虞れのあることが当然に予想されるものであるから，医師の資格を有しない被上告人としては，訴外Kのような重篤な糖尿病患者で医師の指示のもとでインシュリン注射や飲み薬を常用する者を入院させるに当たっては，断食療法の可否について**事前に担当医師の指示を受けてくるように指導する義務**があり，医師の指示を受けず，かつ，医師の指示による投薬を中止して入院する者に対しては，入院後の**容態に細心の注意を払い，病状悪化の徴候がある場合には，直ちに施術を中止し**

　て専門医の診療を受ける機会を与えるべき義務があり，被上告人にはこれらの注
　意義務を怠った過失があったものというべきところ，被上告人が本件断食道場で
　訴外Kに施した断食療法が診療というべきものであることを考慮すると，被上告
　人の**右過失の態様は重大**であり，訴外Kにも，被上告人が医師の資格がないこと
　を知りながら，現に治療を受け，インシュリン注射等の常用を指示していた担当
　医師に対して，インシュリン注射等の中止や断食療法を受けることの可否等を事
　前に相談せず，漫然と被上告人の言葉を信用して同医師の指示に反してインシュ
　リン注射等を中止したため，本件死亡事故に至った過失があることを考えても，
　原審の定めた被上告人の過失割合は著しく低きにすぎ，右判断は裁量権の範囲を
　逸脱して違法であるといわなければならない。そして，右違法は，前記過失割合
　に基づいて上告人らの損害賠償額を認定した原判決の結論に影響を及ぼすことが
　明らかであるから，この違法をいう論旨は理由があり，原判決中上告人ら敗訴部
　分は破棄を免れず，被上告人及び訴外Kの過失割合について更に審理を尽くさせ
　るため，右破棄部分につき本件を原審に差し戻すのが相当である。」
とした（下線・強調文字は筆者）。

　本判決は，断食療法自体を「診療というべきもの」と評価しているが，医業と
同視しているわけではない。しかし，必要時の施術中心と転医義務は債務の内容
として記めているように思われる。患者の意思決定の自由の保障のためにも，充
分な情報提供が必要であるとともに，一定のセーフティネットは欠かせないと考
えられる。

診療契約の当事者と責任主体，診療債務の特性

第3講　診療契約の当事者と責任主体，診療債務の特性

> **ここでの課題**　以下では，診療契約における当事者と責任主体の確定，そこでの債務の特性を検討する。その上で，医療事故についての民事責任のあり方を考えよう。医師・患者の関係は，狭い意味での診療関係・医療関係に尽きるものでなく，それ以前の説明や助言，検診，以後の予後管理，付帯する診療記録の作成・利用などにも及ぶと考えられる。

1　医師・患者関係

　個人で開業している近所の歯科医院に歯の治療に出かける場合のように，診療契約の当事者は，通常の場合は「医師」と「患者」であって，さほど疑問の余地はない。しかし，若干変則的な事態を想定すると，これが必ずしも自明でない。

　例えば，出産とそれに続く新生児の保育治療では，誰と誰が契約当事者だろう。意識不明のまま通行人にかつぎ込まれた交通事故の患者と病院の場合はどうか。認知症の患者（→意思能力がない者）と精神病院の関係はどうか。さらに，今日一般化している保険診療の場合やチーム医療の場合にはどう考えるべきか。

　診療契約は，患者の一身専属的な法益である生命や身体の健康を対象とするものであるだけに，本人の意思が最大限に尊重される必要があるには違いないが，本人の意思能力が不十分である場合，ことは単純でない。「契約当事者の確定」は民法においても様々な局面で問題となるもので，契約名義・契約締結行為・契約利益（費用）の帰属に照らして総合的な判断が要求される（北川善太郎・民法講要Ⅳ 152頁［有斐閣，1993年］，河上「契約当事者の確定」新・民法の争点所収も参照）。ここで契約当事者を確定することの意味は，権利・義務の帰属点を明らかにし，「誰が誰に対して診療報酬請求権を有するのか」という点と，医療過誤などを生じた場合に，「誰から誰に対して責任を追及すべきか」という問題を考える上での前提となる。

　なるほど不法行為責任であれば有責加害者と被害者をつかまえて当事者とすればよいため，さほど悩む必要はないともいえるが（逆にこの点が後に述べる債務不履行構成の難点の一つと言われる。辻伸行「医療契約の当事者について」独協法学31

号 149 頁，150 頁〔1990 年〕)，当該被害者に対する関係で加害者がいかなる注意義
務を負っていたのか，如何なる範囲の者を責任あるものとすべきかを具体的に確
定する際にも考慮すべき問題である。

2　担当医師と病院

医師の側を考えよう。実際に治療にあたる担当医師が患者との間で応答を繰り
返しながら，具体的な債務内容を確定していくところからすると，当該医師が契
約の当事者のように見える。しかし必ずしもそうとは限らず，最近では，理事一
人であっても医療法人となることができ（医療法 46 条ノ 2)，その場合の診療報
酬請求権は，医師個人にではなく法人に帰属することになる。病院開設者が別に
いる場合も同様である。従って，契約当事者は，厳密には病院や診療所の開設者
と見るべき場合が少なくない。このことは，総合病院の場合を考えれば，さらに
明瞭で，多数の医師や技術者の関与，担当医師の交替可能性，診療報酬請求権の
帰属といった事情からすると，個々の医師は（一定の裁量権と独立性を有するとは
いえ）開設者の「履行補助者」の立場にあるとみるべきであって（加藤一郎「医
師の責任」我妻還暦・損害賠償責任の研究（上）505 頁以下，507 頁〔有斐閣，1957 年〕
など），必要に応じ，具体的な債務内容特定の権限などが病院開設者から主治医・
担当医に付与されていると見れば足りる。

3　幼児・意識不明者の扱い

患者の側で特に問題となるのは，行為能力や意思能力が不十分な場合である。
1)　意思能力がある場合　　たとえば，中学生（12 歳以上）が患者である場合
のように，患者に行為能力はないが「意思能力」はあるという場合は，この者を
一方の契約当事者と考えて差し支えない（横浜地判昭和 63・3・25 判時 1294 号 89
頁など）。自己の身体に関わる一身専属的事項が問題となっているため，財産上
の取引能力と同列の「行為能力」を要求する必要がないばかりか，親権者などの
法定代理人が付き添っているときには法定代理人の同意があると言え，付き添っ
てない場合にも，通常は同意の存在が推定されるため，（皆無ではないが）取消
しの可能性を論ずるまでもない。なるほど診療報酬債務を親権者に負担させるべ
く，親権者を契約当事者に引き込むことも考えられないではないが，患者本人に
債務を発生させた上で，親権者らの監護・扶養義務の履行として問題を処理する
ことで，不都合が生じるとは思われない（債務負担行為の存在もしくは連帯保証，

場合により債権者代位の活用が考えられる）。

　2）意思無能力者の場合　　幼児や被後見人のように患者の意思能力がないときは，親権者・後見人などが患者の法定代理人として契約を締結せざるをえない。意思能力なき者の行為は無効だからである（民法3条の2）。配偶者が付き添って，意識不明となった他方配偶者の治療を申し込んでいる場合であれば，日常家事債務（761条）の前提となる法定代理権の存在を語ることも可能であろう。このような代理構成に対しては，事柄の性質上，代理に親しまないのではないかとの疑問もある（例えば，親権者の代理権の根拠とされる824条は「財産に関する法律行為」に限定されている）。しかし，親権者や後見人の療養監護義務（820条・858条の法意）からも，その目的を達するのに必要な範囲では本人を代理して診療契約を締結することが認められるというべきである。この点，法定代理人と医療機関を当事者とする「第三者のためにする契約」とする構成も考えられるが，患者からの有効な受益の意思表示をひきだすのに困難を伴う点では代理構成と変わらない。治療にあたる者に，親権者らの監護義務の履行代行的側面があることを重視するなら，むしろ本人の直接の受益の意思表示を要しない「不真正の第三者のためにする契約」，あるいは単純な医療機関による「履行代行（一種の履行引受）」ということにもなるが，構成として迂遠であり，患者自身の名において医療機関に適切な治療を請求できないのも不自然である。代理構成が困難な場面では，事務管理として扱うのが適当かも知れない。また，法定代理人自らが医療そのものを行う権利・義務を有しないことも，患者の承諾・同意を媒介としない理論構成に躊躇を感じさせる（辻・前掲160頁以下参照）。

　3）意識不明者の場合　　交通事故で意識不明の患者を友人・知人・通りがかりの者・救急隊員などが病院に運び込んだ場合には，そのような者に医療契約締結意思を読みとることが困難であり，診療報酬債務を負担する意思もないのが通常である。ここでは，むしろ医療機関による患者に対する事務管理あるいは緊急事務管理を語ることが適切である。このように解した場合も，医療機関には，診療報酬相当額を管理者の費用償還請求（702条）の内容とすることが認められる。事務管理が，通常は報酬をともなう営業・職業の範囲内の行為として行われた場合には，非職業人が事務管理として職業人に当該行為を依頼した場合と異なるところはないからである（我妻栄・債権各論下巻一〔民法講義V4〕909頁〔岩波書店，1972年〕，四宮和夫・事務管理・不当利得・不法行為上巻39頁〔青林書院，1981年〕など通説）。ただ，専門家による医療行為という行為の特殊な性質や，救急医療

が，本来，緊急時に対応して実施される特殊な役務として予定されていることからすると，厳密な意味での「緊急事務管理」としての責任軽減（698条参照）はないと解される。

4　保険医療の場合

　今日では医療のほとんどが「社会医療保険制度」によって営まれている。このしくみは，指定保険医療機関である病院や診療所が，保険者である国や各健康保険組合に代わって，被保険者（＝患者）に現物給付としての治療を施し，保険者が支払基金を通じて保険医療機関に診療報酬を支払うという「現物給付方式」と理解されている（野田寛「保険医療と損害賠償訴訟」現代損害賠償法講座第4巻135頁以下〔1974，本書5頁の図参照〕）。となると，医療行為と診療報酬に関する契約は保険者と保険医療機関との間で成立し（第三者のためにする契約），患者の受益の意思表示（537条2項）によって治療が行われていると考えられ（大阪地判昭和60・6・28判タ565号170頁など），これによって様々な公法上の措置（自己負担分免除措置）や諸義務（病院の回収代行の努力義務など）を説明することも容易になる（新美育文「診療契約論ではどのような点が未解決か」椿寿夫編・現代契約と現代債権の展望（第6巻）247頁，とくに260頁以下［日本評論社，1991年]）。

　しかし，他面で，患者が保険医療機関を自由に選択して，一部負担金の支払義務を直接に保険医療機関に対して負い，患者と保険医療機関との合意で具体的診療内容を確定していく過程を考慮するならば，その本質は「自由診療」と連続していると見るのが自然であって，保険は医療費の支払システムとして組み込まれたにとどまり（その限りで「三面契約」がある），各種の公法上の権利義務関係は，私法上のそれと切り離して理解する方が当事者意思に沿うようにも思われる（東京地判昭和56・2・26判タ446号157頁など，また野田・前掲148頁，辻・前掲154頁も参照）。そのためか，医療事故をめぐる損害賠償請求訴訟の場面では，医療機関と患者の二当事者関係を前提に，議論が進められることが圧倒的多い（逆に，後述の自己負担金未収問題で国庫補助を正当化するには「第三者のためにする契約」説が適合的である）。少なくとも，自由診療部分と保険診療部分とは区別して論ずる必要がある（別途検討する機会がある）。

5　診療債務の特殊性

(1)　何が特殊か？

　診療契約は，労務提供型の契約の一種であるが，その給付内容や労務の対象において著しい特性を有している。

　第1に，契約締結時においては，具体的な債務内容が確定しておらず，病状の改善という漠然とした目標設定のもとで，大きな「枠合意」が形成され（Rahmenvertrag），個々の債務（＝支分的債務）は患者との応答や治療の経過の中で具体化されていくものと考えるのが適当である。契約の成立は，枠合意の成否として問題になる一方，個別の支分的債務にかかる支分的合意についても同様に問題となる（患者には，拒絶権がある）。

　第2に，診療行為には，多かれ少なかれ「身体に対する侵襲的性格」があり，「救命的・専門的性格」および「専門性にともなう裁量的性格」がある。

　第3に，労務の投入対象が人の身体・生命という重要な法益であり，主として「生体機能の複雑性からくる支配不可能要因」を含み，同時に「患者との協力関係・信頼関係・信認関係」なしには充分な成果を期待しがたいという点にも注意が必要である。

　これらの特性は，診療契約において，患者の自己決定権の保障，医師の裁量権，専門的水準にある労務提供の確保，医師の説明義務など，様々な面で考慮されるべきことになる。

(2)　手段債務・結果債務の観点

　生体における支配不可能要因の存在は，医師の治療による成果保証（結果保証）を困難にしており，診療債務の「手段債務」化を導いている。極端な場合，「不治の病」にかかった患者との関係で，医師には「病気の治癒」という結果の達成への可能性は，最初から閉ざされており，病状の進行や悪化を遅らせたりするために「最善の努力を尽くす」という以上のことは出来ない。

　確かに，多くの場合に病状の改善という「結果を指向」してはいるが，ガン治療や末期医療を考えてもわかるとおり，成果達成保証まではなされていないというべきである。こうした特質をふまえて，一般に診療債務は「**結果保証を伴なわない専門的労務提供契約**」とされ，これまでのところ，契約類型としては，治療を中心とした事務処理を目的とする「準委任契約」の一種として性格づけられる

のが通常である（荏＝中井・前掲書66頁以下〔高嶌英弘執筆〕，なお高嶌英弘「診療契約の特質と内容」民商96巻6号，97巻1号〔1987年〕に詳細な分析がある）。

　ここで注意すべきことは，債務が「結果債務」であるか「手段債務」であるかということが帰責事由の立証責任分配に大きな影響を与える可能性があるのではないかという点である（わが国の理論状況につき，吉田邦彦「債権の各種」星野英一編・民法講座（別巻2）1頁，27頁以下〔有斐閣，1990年〕）。例えば，債務者が，ある物を引き渡す（財産権の移転）という結果を引き受けた場合（結果債務）には，債権者から結果がもたらされていないという事実を示されると，それが債務者の責に帰すべからざる事由（≒不可抗力）によることの反証に成功しない限り債務不履行責任を負うことになるのに対し，手段債務の場合にはこの図式が当てはまらない。従って，例えば「病気の治癒」という指向された結果の不成就や死亡などによる履行の不能という一事をもってしては，患者（債権者）は医療機関（債務者）の債務不履行の責任を問えないことになり，むしろ債権者の側で「履行のプロセスにおいて治療目的にかなった適切な注意義務を尽くして行為が遂行されなかったこと」を主張・立証する必要を生じる（奥田昌道・債権総論〔増補版〕165頁〔1992年〕，倉田卓次監・要件事実の証明責任（債権総論）130頁以下〔1986年〕など。もっとも，平井宜雄・債権総論〔第二版〕17頁〔弘文堂，1994年〕は，手段債務・結果債務の分類によって帰責事由の立証責任のあり方を考えることには消極的）。

　とはいえ，引き受けられた債務が「手段債務」か「結果債務」かは，結局のところ，当事者の合意内容の解釈，つまり，一定結果の達成（結果の確実性）保証の趣旨が対価的給付内容として含まれているかどうかの評価に左右される問題というべきである（この問題につき，森田宏樹「結果債務・手段債務の区別の意義について」鈴木(禄)古稀記念・民事法学の新展開109頁以下〔創文社，1993年〕参照）。従って，アプリオリに債務の性質が確定しているわけでなく，虫歯を抜くとか，ウオの目を切りとるといった，結果の達成が相当程度確実なものについてであれば，契約当事者の意思解釈としても結果の達成（仕事の完成）を約していると見ることが可能であり，請負契約的要素が含まれ得る。また，「治らなければ御代は要らない」といったように，対価危険の範囲で結果保証することも，可能かつ有効である。

(3)　インフォームド・コンセント

　診療契約が，患者の身体への侵襲をともなうことと，患者の自己決定権の尊重

とを折り合わせるため，「充分な説明を受けての同意」すなわち**インフォーム ド・コンセント**（Informed Consent）が重要であるとの指摘がなされて久しい（唄 孝一「治療行為における患者の意思と医師の説明」契約法大系Ⅶ 66 頁以下〔1965〕を はじめ枚挙に暇がない。一般向けながら，水野肇・インフォームド・コンセント〔中公 新書，1990 年〕も参照）。患者は，自己の情報を自らコントロールする権利を有 し，自己の身体に何がなされるのかを認識し，自己の人生や生き方を自ら決定す ることを基本的権利として尊重されねばならない。また，充分な説明を受けた上 での「本人の同意」は，医的侵襲の違法性阻却の意味合いをも兼ねており，それ ゆえ，患者が適切な説明を受けることは治療行為への不可欠の前提となる。

　患者の「有効な同意」となるためには，原則として，<u>判断の主要な材料となる 疾病・傷害の状態，当該医的侵襲の緊急性・必要性，治療行為の性質・内容・程 度・範囲，予想される成果と附随する危険性，主要な代替的治療方法との比較情 報，治療を実施しなかった場合の予後</u>などが適切に説明されていなければならな いといわれる（新美育文「医師の説明義務と患者の同意」民法の争点Ⅱ 230 頁以下 〔1985〕，金川琢雄・診療における説明と承諾の法理と実情 3 頁以下〔1988 年〕，星野雅 紀「医師の説明義務と患者の承諾」現代民事裁判の課題⑨ 123 頁以下〔1991 年〕など 参照）。また，説明があくまで当該患者の自己決定のための判断資料を提供する ためのものであることから，説明のあり方の基準は，合理的医師ならば説明する であろう程度（**合理的医師基準**）では足りず，具体的患者の理解や期待（少なくと も合理的患者のそれ）を基準とすることが重要である（**具体的患者基準**）。もちろ ん，患者としては，それらの説明を理解し，バイアスのない場所で，かつ，同意 ができる心身状態において，自発的にそれらに同意したと確認できることが前提 である。さらに，積極的な治療行為の前後のみならず，医師と患者の関係におい ては情報格差が圧倒的で，患者は常に情報不足の中におかれているところから， 具体的な診療債務の内容を決定していく際にも，医師の説明義務や情報提供義 務，顛末報告義務などが重要となる契機が存在している。

　説明義務を尽くさずしてなされた治療行為は，「**専断的治療行為**」として，患 者の「自己決定権の侵害」あるいは「選択機会の喪失」として，医師の損害賠償 責任（多くの場合刑事責任も）を導く可能性がある。もっとも，実際問題として， 専門的事項にわたる情報を，患者に充分に分かりやすく説明することは必ずしも 容易でないし，なすべき治療行為の緊急性や，（ガン告知のように）医師の裁量性 からくる制約をともない得るものである点には，留意しなければならない。ま

た，いかに適切な説明を受けたとしても，患者が医師の勧奨を無視したり，判断を疑うような事態は想定しがたく，患者の自己決定なるものに過度の機能を求めることは困難であるし，適切でもない。患者自身の同意能力や拒絶能力を，いかなる機関が，どのような基準で判断しうるかもまた難問である（新美育文「患者の同意能力」加藤古稀・現代社会と民法学の動向 415 頁以下〔1992 年〕も参照）。実際問題として，患者が，拒絶することは通常不可能である。

　なお，この場合の同意は，侵襲を実際に被る「本人による同意」が原則であり，未成年者などでも意思能力と承諾能力が認められる限り（14 〜 15 歳程度が一応の目安か），本人の自己決定権が尊重されて然るべきである。ただ，嫌がる子供を叱咤して虫歯治療や予防接種を受けさせる母親の姿を連想するまでもなく，最終的には，パターナリスティックな判断に対して，どこまで本人の治療への意思を尊重するかという政策的判断にかかるわけであり，治療行為の性質や予後の影響，個人差などを考慮した吟味が必要となろう（なお，寺沢知子「未成年者への医療行為と承諾」民商 106 巻 5 号，6 号，107 巻 1 号〔1992 年〕も参照）。

　以上は，専ら法的な行為規範としてのインフォームド・コンセントに関わる事柄であるが，医師と患者の間の協同関係・信頼関係を支える「プロフェッションとしての医師の自律的・倫理的行為規範たる性格を有するインフォームド・コンセント」も論じられている（唄孝一「インフォームド・コンセントと医事法学」日本医学会特別シンポジウム・医と法 18 頁以下〔1993 年〕）。とくに，医師による警告がなされたにも拘らず，患者が，敢えて危険な選択をしようとしている場合，医師が，これに反してでもパターナリスティックに一定の治療方法を断行すべきであるかどうかなど，法律的というより，倫理的に難しい問題を生ずる。今日では，医師と患者の「共同意思決定（Shared dicision making：SDM）」が語られるようになった。

6　医療過誤についての民事責任

■　契約責任構成と不法行為責任構成の違い

　医療過誤が発生した場合，患者からの損害賠償請求は，診療契約の不完全な履行を理由とする債務不履行責任（415 条）と，不法行為責任（709 条）によって基礎づけられる可能性があり，請求権競合の議論へと結びついていく（平林勝政「医療過誤における契約的構成と不法行為的構成」民法の争点 II 228 頁〔1985〕，塚原朋

一「民事責任の構造——債務不履行構成と不法行為構成」現代民事裁判の課題⑨81頁以下〔1991〕など参照。請求権競合一般については，奥田昌道「請求権競合問題について」法学教室159号11頁［1993年］）。もっとも，医療事故に限れば，私法的効果をともなう法規制が皆無に等しく，問題は比較的単純である。

　整理の意味も兼ねて，二つの構成の民法上の差を簡単に概観しておこう。

　①　**当事者**　　当事者については，債務不履行責任を問題とする場合には「債務者（＝契約当事者）」が誰であるかが若干問題となるが，不法行為の場合は現実の加害者を中心として共同不法行為責任や使用者責任が問われる。しかし，実際問題として，損害の発生機序を明らかにして原因者にたどり着くことの困難はいずれの構成でも同じであり，当事者の確定そのものが結果にそれほど差を生じるものではない。実質的に相手方の防御権を害さない限り，「任意的当事者変更」によって問題を回避することも可能である（鈴木俊光「医療過誤訴訟の理論と実務」法律論叢61巻4＝5号501頁以下，514頁［1989年］）。

　②　**帰責事由**　　契約当事者間での注意義務内容と一般的注意義務とに観念的差異があることは否定できないが，およそ医師・患者という特別な関係に入った者の間で要求される実体的な注意義務の内容に基本的差異があるとは考えられない。委任契約上の「善管注意義務」も，不法行為における過失の前提となる注意義務のいずれもが，当該状況下におかれた専門家としての「客観的注意義務」から出発するからである。

　問題は，「立証責任」にある。この点，不法行為の場合には「故意・過失」の立証責任が原則として被害者側にあるのに対し，債務不履行責任の場合には「帰責事由の不存在」の立証責任が債務者側（ここでは医療機関側）にあると解されているため，債務不履行構成の方が患者にとって有利ではないかと論じられた（加藤一郎「医師の責任」我妻還暦・損害賠償責任の研究（上）509頁［1953年］）。しかし，手段債務においては，いかなる点において債務者に不履行があるのかを具体的に主張・立証しなければならず，医療機関が当該状況のもとで何をなすべきであったのかを明らかにした上でその行為義務違反を問うことは，結局，不法行為における「過失」の主張・立証作業と大差がない（中野貞一郎「診療債務の不完全履行と証明責任」現代損害賠償法講座第4巻91頁以下［1974年］）。このことは，安全配慮義務に関する最判昭和56年2月16日（民集35巻1号56頁）が，安全配慮義務の内容の特定と義務違反に該当する事実の主張・立証責任を原告側（債権者）に要求したことにより，一層明らかとなった。むしろ，問題の重心は，医

療過誤という特殊な専門的知識を必要とする事項の立証責任，あるいは医療現場という閉鎖的・密室的な領域，情報が偏在している領域での立証責任の分配のありかた一般という局面で論じられることになる。

③　**損害賠償の範囲**　　不法行為の場合にも債務不履行に関する 416 条の類推適用によって損害賠償の範囲を画するのが判例の立場であるから（議論はある），賠償範囲の枠組みは両者で差異がない。医療過誤訴訟の場合，患者が疾病や傷害状態からスタートして「損害」を考えることになるため，「機会の喪失」や「治癒の蓋然性」などによる特殊な配慮が必要になるが，このことは契約責任・不法行為責任のいずれの場合にも変わらない。但し，具体的な損害費目では，債務不履行に対する精神的損害の賠償は判例上必ずしも積極的に認められておらず，とりわけ近親者固有の慰謝料請求権（711 条）は不法行為に特有なものと考えられている（ちなみに，最判昭和 55・12・18 民集 34 巻 7 号 888 頁は，安全配慮義務違反に基づく損害賠償請求に関してであるが，711 条の類推適用を否定した）。不法行為でない場合には，弁護士費用の内の相当額も請求しづらいとの感触があるらしい。

④　**遅延損害金請求の起算日**　　細かい点であるが，不法行為の場合には加害行為の時点で損害賠償請求権が発生すると考えられるため，その日から法定利息による遅延損害金も発生する（最判昭和 37・9・4 民集 16 巻 9 号 1834 頁）。これに対し，債務不履行の場合には，遅滞に陥ったことを債権者が認識した翌日または催告された翌日から起算され（前掲，最判昭和 55・12・18），利率に関しても，約定利率があればこれに従う。

⑤　**相殺禁止**　　不法行為に基づく損害賠償請求権については，債務者は相殺をもって債権者に対抗することができない（509 条）。被害者救済のためには現実に賠償をさせる必要があり，仕返しを禁ずる趣旨とも言われている。逆に，債務不履行にはこのような制限がない。従って，債務不履行を理由に患者が賠償請求をした場合であれば，被告の医療機関が患者に対する反対債権で相殺をすることは許されそうである（解釈論としては否定すべきであろう）。

⑥　**消滅時効**　　実際上大きな差となりうるのが，消滅時効期間である。債務不履行構成では，原則通り 10 年の時効期間経過によって賠償請求権が消滅する（167 条 1 項→改正法 167 条，724 条の 2 で 5 年，20 年にそろえられた）。これに対して，不法行為の場合には，加害行為を知ったときから 3 年，不法行為時から 20 年で消滅時効にかかることになる（724 条→724 条の 2 で 5 年，20 年）。

⑦　**免責特約**　　債務不履行構成の場合には，契約上の特約の存在によって責

任の範囲に影響が出る可能性がある。「万一治療中に事故が発生しても一切異議は申しません」というような同意書や誓約書が作成される例も存在するが，多くは「例文」もしくは「公序良俗違反」と解され，その効力は通常否定されるべきものであろう（効力を認めた裁判例も見あたらない。山口忍「診療契約上の問題」現代民事裁判の課題⑨ 103 頁以下［1991 年］参照）。人身損害について，一方的に設定された免責特約の効力が当事者の合理的意思に支えられていると考えることは困難であるだけでなく，医師・患者という特殊な依存・信頼関係のもとで，優越的地位にある医師が自己の過失についての免責を求めること自体，専門家としての信頼を裏切るものであろう。従って，ここでは不法行為構成と債務不履行構成で差を生ずることはない（なお，塚原・前掲 100 頁は，「仮りに何らかの法律的効力があったとした場合」との前提で，当事者の意思解釈から，免責特約は不法行為に基づく損害賠償にも効力が及ぶとされている）。

　こうしてみると，債務不履行構成と不法行為構成との実質的差は，少なくとも現段階では近親者固有の慰謝料請求権と消滅時効期間の点に限られ，両者に大差はなくなっている。判例の単純な請求権競合説に従うなら，当事者は任意にいずれの構成を選ぶことも可能である。ただ，医師と患者の相互の交渉過程を通じて具体化される個別的な注意義務や情報提供義務をはじめとする医師の「債務」内容を豊かなものにしていく方向が求められるとすれば，債務不履行構成の背後にある「診療契約」の債務内容を考えることにはなお積極的意味がありそうである（山本隆司「医療過誤訴訟における契約責任構造と帰責要件」立命館法学 144 号，145 号〔1979 年〕，高嶌・前掲もかかる方向を志向する。他方，保護法益の種類に応じて契約責任と不法行為責任の機能分担と協同を志向するものに，藤岡康宏「契約と不法行為の協同：民事責任の基礎に関する覚書」北大法学論集 38 巻 5 = 6 号下 85 頁［1988 年］があるが，截然とした機能分担の可能性と実益には疑問が残る）。

7　情報偏在型訴訟

　医療過誤訴訟では，患者には，当該医療事故の内容を判断するための資料や経過に関する情報は皆無に等しく，その専門性・密室性のゆえに，訴訟遂行上の困難が容易に予想される（**情報偏在型訴訟**）。従って，かかる医療過誤訴訟の特殊性をふまえた審理手続が構築されねばならないことが早くから指摘されてきた（中野貞一郎「医療過誤訴訟について」法学教室 26 号 6 頁以下［1982 年］など参照）。

　とくに問題とされてきたのは，**過失・因果関係の立証問題**である。

(1)　過　失

　最高裁として初めて医療上の過失・注意義務に触れたのは，いわゆる「輸血梅毒感染事件」（最判昭和 36・2・16 民集 15 巻 2 号 244 頁）である。この中で，最高裁は「いやしくも人の生命及び健康を管理すべき業務（医業）に従事する者は，その業務の性質に照し，危険防止のために実験上必要とされる最善の注意義務を要求される」として，後日，医師の注意義務を高度化する際の有力な根拠となった（例えば，高山赤十字病院未熟児網膜症事件一審判決の岐阜地判昭和 49・3・25 判時 738 号 39 頁など）。しかし，この「最善の注意義務」は無限定ではなく「診療当時の医学的知識にもとづ」くものであることが明確にされ（最判昭和 44・2・6 民集 23 巻 2 号 195 頁），やがて「右注意義務の基準となるべきものは，診療当時のいわゆる臨床医学の実践における医療水準である」とし（最判昭和 57・3・30 判時 1039 号 66 頁），これがその後の判決の中でも踏襲された（いずれも未熟児網膜症事件であるが，最判昭和 57・7・20 判時 1053 号 96 頁，最判昭和 61・5・30 判タ 606 号 37 頁など）。もっとも，この「医療水準」も一律のものではなく，盲腸の患者と末期ガンの患者，救急患者と慢性疾患の患者，通常の治療と実験的治療では明らかに考えるべき要素が異なり，同じく健常人を対象とする行為でも予防接種と臓器移植のドナーからの臓器摘出では全く異なってくる。このように，医療水準に従った注意義務のあり方は一律ではなく，細かく類型的に考えていかざるをえない。実際には「当該医療行為のなされた時期，当該医師の専門分野，当該医師のおかれた社会的，地理的その他の具体的環境（たとえば，当該医師が医療行為に携っている場所が，一般開業医院か，総合病院や大学医学部附属病院かといった点）等諸般の事情を考慮して具体的に判断され」るものとされ（最判平成 7・6・9 民集 49 巻 6 号 1499 頁，最判平成 8・1・23 民集 50 巻 1 号 1 頁），専門性・地域性・緊急性などによっても変化しうる。また，医療水準あるいはあるべき医療慣行自体の存否が争いの対象となることも珍しくない（なお，滝井繁雄＝藤井勲「『医療水準論』の現状とその批判」判タ 629 号 12 頁［1987 年］，畔柳達雄「医療水準」判タ 686 号 70 頁［1989 年］の分析も参照）。

(2)　因果関係

　他方，因果関係については，最高裁は「訴訟上の因果関係の立証は，一点の疑義も許されない自然科学的証明ではなく，経験則に照らして全証拠を総合検討し，特定の事実が特定の結果発生を招来した関係を是認しうる高度の蓋然性を証

明することであり，その判定は，通常人が疑を差し挟まない程度に真実性の確信を持ちうるものであることを必要とし，かつ，それで足りる」との一般論を立て，経験則に裏付けられた間接事実の証明力によって因果関係の立証を可能にしようとしている（最判昭和 50・10・24 民集 29 巻 9 号 1417 頁）。その際，医療過誤の場合には，因果関係の主張・立証と，過失の立証とが有機的に連関しており，両者はしばしば一体として問題となることが多いようである（未熟児網膜症事例についてであるが，小山昇「診療上の過失について」北海学園法学研究 26 巻 1 号 1 頁，46 頁以下［1990 年］参照）。因果関係の判断は，**帰責の正当性を争う規範的評価**と密接に結びついているからである。

(3)　立証負担の軽減

いずれにしても，医師の注意義務の内容や結果の発生機序を正確に特定することが患者にとっては極めて困難であるところから，証拠収集・立証負担の軽減がはかられねばならない。例えば，一定の蓋然性をもった経験則が存在するところでは，結果の不首尾や，予想外の結果の出現などの間接事実から「**過失の一応の推定**」を働かせることや，背景となる治療の具体的経過や専門的事項に関しては裁判官による「**釈明権の行使**」を試みることなどが考えられてよい。また，医師が患者のために作成した文書等が，（診療契約関係から導かれる情報提供義務や説明義務に裏打ちされることによって）いわゆる「利益文書」と解されるなら，文書提出命令の対象をカルテはもちろん，他の文書についても広くとることが不可能ではない（民訴 220 条 3 号）。なお，医療過誤に代表される情報偏在型訴訟においては，単に立証責任問題のみで問題が片づくわけではなく，争点整理や証拠調べの時間的配列，裁判官の訴訟指揮，鑑定，さらには職権調停のあり方などについても再検討が必要となり（小野寺規夫「医療過誤事件の審理について」現代民事裁判の課題⑨ 695 頁［1991 年］も参照），いくつかの裁判所では医療集中部を設けて審理にあたっている。

8　「医療水準論」とプラス・アルファの債務？

医療過誤にともなう民事責任を考える上で，特に，医師の義務内容が，果して，単に「一定の病気の治療をするために医療水準に照らして適切な行動をとる」ということに尽きるのかという問題がある。具体的イメージを提供するために，最近の未熟児網膜症の最高裁判決を素材にしよう。事件は昭和 47 年 9 月に

出生した未熟児が保育器で長期にわたって酸素を投与され未熟児網膜症にかかり失明したものである。当時，いわゆる光凝固法は治療法としての有効性が確立していたとはいえず，臨床一般の医療水準としてもこうした治療法を施すべきことは期待できないものであったといわれる。名古屋高判昭和61・12・26（判時1234号45頁）は，医師が，このような事情のもとで，光凝固法を施すべき注意義務はなかったし，治療法の有効性の確立を前提とする説明義務や，転医・研鑽・文献調査義務などの義務違反はないとしたが，同時に「患者はなお医師に，医師としてのその全知識全技術を尽くした誠実な医療を求めるものであり，医療契約の中には，……**医療水準の如何に拘らず緻密で真摯かつ誠実な医療**を尽くすべき約が内包されているというべきであり，医師は本来そのような注意義務を負う」として，不誠実な医療対応自体について，患者側に与えた精神的苦痛につき損害賠償を認めた。これに対し最高裁（最判平成4・6・8判時1450号70頁）は，「医師は，患者との特別の合意がない限り，〔診療当時の臨床医学の実践における〕医療水準を超えた医療行為を前提としたち密で真しかつ誠実な医療を尽くすべき注意義務まで負うものではな」いとして原判決を破棄し，請求を棄却した。

　この事件では，原審が，昭和47年当時の医療水準に照らして，光凝固法などの治療法を施術すべき注意義務や，その有効性の確立を前提とする医師の諸義務に違反を認める余地がないとしながらも，これとは別に，医療契約には「緻密で真摯かつ誠実な医療を尽くすべき約が内包されている」として，粗雑でずさんかつ不誠実な医療対応によって「或いは唯一の可能性であったかも知れない光凝固法受療の機会を捕える余地さえ与えられずに，無為に過ざるを得なかった」両親の「ぬぐい難い痛恨の思い」に対する慰謝料を認めた点が問題となっている（同趣旨として，仙台高判平成2・8・13判タ745号206頁も参照）。最高裁は，カルテの改ざんその他の問題は「同医師の医療行為に係る法的責任とは，別個の問題」として，従来の医療水準の議論に，医療水準を超えた医療行為を前提とする注意義務を持ち込むことについて否定的評価を下したわけである。右手で与えたものを左手で奪う論理矛盾を感じたのかもしれない。

　原審判断は，因果関係の問題としても，なお疑問が残るものではあるが，その問題提起は重要である。人間を相手とする医療行為について，客観的な医療水準に従った行為の有無のみによって債務の履行あるいは注意義務の内容を評価しきれるものかどうか。最高裁の言う「特別の合意」の意味を含め，「診療債務」というものの中身について更に検討の余地がある。多くの患者は，不安の中で全面

的に医師に依存し，期待し，全人格的信頼をもよせたいと考えている。これに対
して，医師の側で，「ちゃんと病気の治療さえすれば文句はないだろう」といっ
てよいものではあるまい。医師のなすべきことの中心が，疾病を取り除いたり，
治癒させるために最善を尽くすことにあることは疑いないが，技術面に評価の重
心が移る過程で，医療本来の本質的な部分がそぎ落とされているのではないかと
の疑問がある。<u>医師が相手にしているのは，「病気そのもの」ではなくて，「病ん
でいる生身の人間」</u>だからである。患者は医師の真摯な治療態度に接すること
で，はじめて納得して，いかなる結果をも受け入れることができるのではあるま
いか。患者は，医療において単なる「客体」として扱われてはならないのであっ
て，<u>医師と患者は共同して病気と闘うという作業に携わるパートナーであること</u>
が強調されてよい。問題は，個人の資質にとどまらず，組織としての医療体制の
あり方に対する反省につながるべきものであろう。

9　チーム医療・高度医療を考える

　現在の医療では，医療そのものが高度化・専門分化し，医師や看護士をはじめ
とする複数の医療従事者によって担われる「チーム医療」が一般化している。こ
のことは，当事者論とも関連し，その責任の所在や責任主体の特定を困難なもの
にしている。従来，チーム医療の問題は病院開設者の債務不履行責任をもたらす
「履行補助者」の責任，もしくは**共同不法行為**や**使用者責任**の問題として論じら
れてきた（朝見行弘「共同不法行為——チーム医療と医療過誤」判タ686号93頁〔1989
年〕。また，國井和郎「医療過誤をめぐる共同不法行為」法時46巻6号248頁〔1974
年〕も参照）。例えば，麻酔医と執刀医のように複数の医師が共同して一人の患
者に対する医療行為を行う場合（共同診療）には，各医師の独立性・裁量性を尊
重しながらも，過誤を特定できず，一連の医療行為に客観的関連共同性が認めら
れれば，共同不法行為の問題となるといったように，個々の加害行為者を中心に
して，代位責任や連帯責任が問われる。しかし，患者の立場からすると，それは
あくまで医療機関の内部問題であって，医療サービスを提供している**組織・体制
の責任**が問われているといってよい。また，具体的な診療における診断や医療措
置の過誤にとどまらず，昨今，問題とされる「院内感染」のように器具の管理体
制，診療体制の不備そのものが問題とされるべき局面も増大している。

　高度医療では，かなり大がかりなプロジェクトが組まれて，チームの統括責任
者の下に個々の医師や看護師はそれぞれの専門的立場で「各パーツでの医療行

為」を受け持たされる。かような，チーム医療の場合，個人のレベルを超えて，実施計画やマニュアル策定の段階から「組織としての注意義務」が問題とされざるをえない。チームの一人がミスをして全体として治療に失敗する場合や，各パーツはきちんとなすべきことをなしたにも拘らず，全体としてのプロジェクトやマニュアル策定の段階で問題があったために，治療が効を奏しなかったような場合もありうるわけであって，そのような場合には，個々の医師や看護師の責任を個別に問題にするかどうかはともかくとして，チーム全体をコントロールしている実施責任者や病院代表者の責任を端的に問題にしていくことが必要である。これに照応して，注意義務もまた，きわめて客観化された形で，医療水準に従った作業分担や手順のマニュアル，チーム編成・人員配置の適切さ，危機管理体制の適切さなどに置き換えて評価されることにならざるをえず，因果関係の認定も，集積された行為全体と結果の間に推定的に求められていくべきではあるまいか（稲垣喬・医事訴訟理論の展開 40 頁以下［1992 年］も組織的統一体としてのチームへの責任の集約の可能性を指摘する）。

10　小　　括

　以上，主として診療契約と医療事故をめぐってのささやかな考察からも理解されるように，この領域は多くの面で民法理論や訴訟法理論の進展にとってパイロット的役割を果たしている。それだけに，今後の契約理論（とくに役務提供型契約）や民事責任論を考えていく上では格好の素材を提供している。また，民法の領域に限っても，患者の素因や他の原因（交通事故など）との原因競合問題，延命利益と損害賠償の範囲，治療が患者との共同作業であることからくる過失相殺の問題，医師の責任の厳格化にともなう保身医療・萎縮診療の問題，医療器具や医薬品と製造物責任など，まだまだ難問が山積しており，ことは診療契約に関する立法論や事故補償制度のあり方にまで及ぶ。

　昨今では，高度医療の展開によって治療行為が人間の生き方・死に方（Quality of Life）にまで深く関わる事態となり，いわゆる「医と倫理」をめぐって次々と新たな問題を投げかけていることは周知の通りである。

　以下では，民事訴訟にかかわる実体法上の問題のみならず，実務的観点からの問題，先端医療をめぐる問題など，今日の医事法が抱えている様々なテーマをとりあげて議論を展開していく予定である。

＊【参考文献など】

　唄孝一・医事法学への歩み（岩波書店，1970 年），加藤一郎＝鈴木潔監・医療過誤紛争をめぐる諸問題（法曹会，1976 年），野田寛・医事法（上）（青林書院，1984 年），野田寛「医療をめぐる民法上の問題」星野英一ほか編・民法講座（別巻2）125 頁（有斐閣，1990 年），山口和男＝林豊編・現代民事裁判の課題⑨医療過誤〔新日本法規出版，1991 年〕，稲垣喬・医事訴訟理論の展開（日本評論社，1992 年），莇立明＝中井美雄編・医療過誤法〔青林書院，1994 年〕，宇都木伸＝平林勝政編・フォーラム医事法学［追補版］（尚学社，1997 年），太田幸夫・（新裁判実務大系 1）医療過誤訴訟法（青林書院，2000 年，石原寛・医療紛争の法律相談（青林書院，2003 年），手嶋豊・医事法入門（有斐閣，2005 年），加藤良夫編・実務医事法講義（民事法研究会，2005 年），稲垣喬・医事訴訟入門（第 2 版）（有斐閣2006 年），吉野孝三郎＝真壁昊・医療事故訴訟における和解事例の研究（現代人文社，2006 年），小山稔＝西口元・（専門訴訟大系 1）医療訴訟（青林書院，2007 年），日本賠償科学会編・賠償科学概説——医学と法学との融合（民事法研究会，2007 年）など。

　裁判例のコンパクトな解説集として，唄孝一ほか編・医療過誤判例百選（別冊ジュリ 102 号［1989 年］）→宇津木＝町野ほか編・医事法判例百選（別冊ジュリ183 号［2006 年］）。医療過誤を素材に紛争処理の展開を描いた福永有利＝井上治典・新民事の訴訟〔悠々社，2005 年〕は読み物としても興味深い。

　最近の医療と法をめぐる問題状況については，『年報医事法学』所収の論稿，法学教室 307 号以下の樋口範雄教授連載「展開講座・医療と法を考える」，「特集・医学研究の進歩と法」ジュリスト 1247 号（2003 年），「特集・医療と法」ジュリスト 1339 号（2007 年），「特集・生体移植をめぐる法的諸問題」法時 79 巻 10 号（2007 年）など参照。

ひとロメモ

◯ 医師の裁量権

　専門家としての医師の行為規範を考える上で，医師の裁量権は重要である。医師は，医療行為の妥当性を自らの意見によって医学的に判断し処理することができる。ただ，診療当時のいわゆる臨床医学の実践の基準による医療水準（最判昭和 57・3・30 判時 1039 号 66 頁）の枠組みにおいて医療水準を満たす限りで裁量が認められる。その基準に反した場合は，裁量の範囲を逸脱したものとして，民事・刑事の責任を負うことになる。

第4講　未成年者・事理弁識能力の不十分な者についての医療行為

> **ここでの課題**　ここでは，治療を受ける患者の治療への同意，説明と同意などにおける同意の質を確保するべく，承諾能力の補完・補充である代諾・代行判断について検討しよう。

1　「意思決定の代行」の可能性と限界

自らの身体に治療を受けることについて，医師の説明を理解してこれに同意を与えるには，その前提として当事者である患者本人に正常な判断能力（**承諾能力**）が備わっていなければならない。成人については，一応，判断能力・利害打算能力などが備わっているものと考えられようが（行為能力からの推定），**未成年者・精神障害者・認知症患者・昏睡状態にある者**などについては，いかなる形で，誰から，どのような同意を取り付けるべきかが問題となる。

未成年者・精神障害者等も，多かれ少なかれ一定の意思能力・判断力は存在するわけであるから，治療に関する同意について判断能力ありとされれば，本人からの同意を調達するのが原則である（名古屋地判昭和56・3・6判タ436号88頁）。また，仮に手術中のような場合であっても，本人に判断能力が認められる以上，他人がこれに代わって同意を与えることは許されないとされる裁判例がある（広島地判平成元・5・29判時1343号89頁）。本人に判断能力があるかどうかの判断は，現場では，当該同意取付け・説明を担当する医師によって行われることになろうが，疑義がある場合は，複数の医師の立ち会いが望ましい。

かりに，判断能力がない（あるいは不十分）と判断された場合でも，治療の必要性が変わらないとすれば，治療そのものを断念しない限り，「専断的治療行為」との批判を覚悟しつつ緊急事務管理的に治療を行うか，その者に対する医療行為に関する同意取得やその前提となる説明を本人に代わる第三者に施した上で，当該第三者の**代諾・代行判断**によって治療を実施するほかないことになる。

とはいえ，代諾・代行判断が可能であるとした場合にも，本人の自己決定権を尊重するための説明・同意である以上，本人のために代諾・代行判断をなす基準は，あくまで「もし，本人が理性的に合理的判断をするとすれば，このように判

断するであろう」と考えられるところを模写するものでなければなるまい。裏返せば，本人意思をもっとも忖度できる者が代諾・代行判断者であることが望ましい。以下，場合を分かって分説しよう。

【昏睡状態の患者の意思とリヴィング・ウィル】

　たとえば，昏睡状態に陥った者について，かつて作成したリヴィング・ウィルがある場合，現時点での同一内容の意思の存在が不明であるとしても，それを否定するような事情がない限り，「本人の意思の推定」から，これを尊重すべきであるといわれる（佐伯仁志「末期医療と患者の意思・家族の意思」ジュリ増刊，樋口範雄編・ケーススタディ生命倫理と法86頁［2004年］など参照）。

【参考文献】
特集「意思決定の代行」法時67巻10号（1995年）。
河原格「意思の説明と患者の同意」（成文堂，1998年）第3章第3節「同意能力」，石川稔「医療における代行判断の法理と家族」，唄幸一「家族と医療・序説」唄＝石川・家族と医療（弘文堂，1995年）所収，金川琢雄・実践医事法学120頁（金原出版，2002年）

2　未　成　年

未成年者を現に監護している親権者が行使しうる権限のひとつが，医療に対する同意であるという点については概ね意見の一致があるものと思われる。しかし，同意権や代諾権が患者本人の推定的意思に基づくものか，親権の一内容なのか，監護権，あるいは現に監護しているという事実から発生するのか，本人の自己決定権とは無関係に親の「保護義務」から導かれるのか，さらには，事実上のものであるに過ぎないのか等は必ずしも明らかではない（我が国の裁判例の分析として，寺沢知子「未成年者への医療行為と承諾(1)-(3)完」民商法雑誌106巻5号87頁以下，106巻6号799頁以下，107巻1号56頁以下［1992年］，廣瀬美佳「医療における代諾に関する諸問題（上）（下）」早稲田大法研論集60号245頁以下，61号177頁以下，参照）。

　未成年者については，民法上，遺言をなしうる年齢が15歳以上とされていることから（民法961条），臓器移植における臓器提供可能年齢が15歳とされ（厚生省臓器移植ガイドライン），これとの対比で，手術への独立した同意年齢を15歳以上とする意見が有力である（刑事責任年齢が14歳以上であること［刑41条］から，14歳以上とする見解，女子の婚姻年齢（2017年民法改正で18歳となったが）や義務教育の最終年限から15-16歳とする意見もある）。しかし，ここで必要とされる

能力は，自らの身体に何がなされ，その結果がいかなるものかを理解し，その利害得失を判断して，一定のリスクを引き受けることのできる個別的判断能力・承諾能力であろうから，当然に，一律になるとは限らず，当該医療行為の種類・性質・程度・危険性等によっても異なり得るものと考えねばなるまい。

　治療への同意の前提となる判断能力がないと判定された未成年者の場合には，誰によって代諾・代行判断がなされるべきか。判断能力の不十分な未成年者について代諾養子縁組が認められていること（797条で15歳未満）から，15歳未満の未成年者に対する医療行為についても，**親権者（または未成年後見人）**による代諾が可能とする意見が有力である。

　ただ，この場合でも，代諾権者の意思が常に優先するわけではなく（未成年者自身の同意か代諾権者のそれかが二者択一の関係に立つわけではない），「未成年者自身の意思の尊重」の理念との調整は必要であり，同時に，「未成年者の保護」という社会的要請もまた重要な判断要素となる。未成年者への医療行為は，未成年

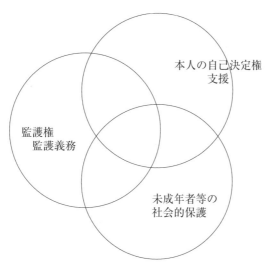

本人の自己決定権
支援

監護権
監護義務

未成年者等の
社会的保護

参考文献：廣瀬美佳「医療における代諾に関する諸問題」早稲田大法研論集60号，61号
　　　　寺沢知子「未成年者への医療行為と承諾」民商106-5，6，7号（1992）……フランス法
　　　　家永登「イギリス判例に見る未成年者の治療拒否権」専修大法学研究所紀要26号（2001）
　　　　……ギリック事件
　　　　家永登「医療と子供の自己決定」法時75-9（2003）
　　　　横野恵「イギリス判例法における未成年者に対する医療と同意」早稲田大法研論集97号，98
　　　　号（2001年）

者の自己決定権と監護権者の監護権との共同作用によって行われること，また未
成年者保護が社会的な目標として監護権をもコントロールしうるものであること
（医師の職業倫理としても問題となる）を認識しておくべきである。

　ちなみに，「16歳以上18歳未満の未成年の治療行為への同意を有効とした」
1969年イギリス家族法改正は，親への連絡や同意とは無関係に，未成年女子が
治療的な妊娠中絶を受けられるようにした。同保健省は，親が無責任であるなど
の例外的場合には，16歳未満の未成年女子にも，否認の助言や処方をできる旨
の通達を出した。この通達は違法か（貴族院1985年10月17日は通達を適法とした
「ギリック夫人事件」判決）には疑問がある。親に絶対的拒否権はないと考えられ
るからである。

＊「エホバの証人輸血拒否事件」の応用問題

> Q．患者が成人の場合の本人の輸血拒否は尊重されるべきか？
> Q．患者が未成年者（16歳）である場合の本人の輸血拒否は尊重されるべき
> 　か？
> Q．患者が未成年者（10歳）である場合の親の輸血拒否は尊重されるべき
> 　か？
> Q．患者が妊娠中の母親である場合の母親の輸血拒否は認められるか？

　宗教的信条に基づいて，輸血拒否をする患者に対して，医師は敢えて危険な無
輸血手術を行うべきかという問題がある。救命を優先して，輸血を行った場合，
患者は医師を相手取って慰謝料請求等が可能かについて，最判平成12・2・29民
集54巻2号582頁（医事法判例百選〈第2版〉36事件［岩志和一郎］）は，次のよ
うに述べた。

> 「W医師らが，Tの肝臓の腫瘍を摘出するために，医療水準に従った相当な手術を
> しようとすることは，人の生命及び健康を管理すべき業務に従事する者として当
> 然のことであるということができる。しかし，患者が，輸血を受けることは自己
> の宗教上の信念に反するとして，輸血を伴う医療行為を拒否するとの明確な意思
> を有している場合，このような意思決定をする権利は，人格権の一内容として尊
> 重されなければならない。そして，Tが，宗教上の信念からいかなる場合にも輸
> 血を受けることは拒否するとの固い意思を有しており，輸血を伴わない手術を受
> けることができると期待してVに入院したことをW医師らが知っていたなど本件
> の事実関係の下では，W医師らは，手術の際に輸血以外には救命手段がない事態

が生ずる可能性を否定し難いと判断した場合には，T に対し，V としてはそのような事態に至ったときには輸血するとの方針を採っていることを説明して，V への入院を継続した上，W 医師らの下で本件手術を受けるか否かを T 自身の意思決定にゆだねるべきであったと解するのが相当である。／ところが，W 医師らは，本件手術に至るまでの約一か月の間に，手術の際に輸血を必要とする事態が生ずる可能性があることを認識したにもかかわらず，T に対して V が採用していた右方針を説明せず，同人及び被上告人らに対して輸血する可能性があることを告げないまま本件手術を施行し，右方針に従って輸血をしたのである。そうすると，本件においては，W 医師らは，右説明を怠ったことにより，T が輸血を伴う可能性のあった本件手術を受けるか否かについて意思決定をする権利を奪ったものといわざるを得ず，この点において同人の人格権を侵害したものとして，同人がこれによって被った精神的苦痛を慰謝すべき責任を負うものというべきである。」

　つまり，無輸血手術に対する患者の意思と自己決定は，人格権の一内容として尊重されるべきであって，説明義務違反による不法行為として。医師としての救命に向けた医療行為を凌駕する結果となった。パターナリズムに代表される医療者主導の意思決定に対する批判が考慮されている。

3　精神障害・痴呆性高齢者など

　精神疾患を有する者については，そもそも，同意能力があるとみて良いのかという点からして問題となる（松長麻美＝北村俊則「精神疾患を有する者の同意能力」医事法講座第 10 巻 147 頁以下［信山社，2020 年］）。インフォームド・コンセントの問題は言うまでもなく，**共同意思決定**という観点が重要となっている。精神保健医療福祉規定で本人の意思尊重や決定への本人の主体的関与が強調されるようになった背景には，精神疾患を有する当事者の権利がないがしろにされてきたという悲しい歴史があるからである。

　患者の自己決定権を尊重することについては，世界的にも合意が形成されており，2014 年に我が国も批准した「障害者の権利に関する条約」第 3 条（一般原則）では，「個人の尊厳，個人の自律及び個人の自律の尊重」が明記され，1991 年に国連で採択された「精神疾患をもつ人々の保護と精神保健ケアの改善の原則」でも，個人の自立性を重んじた治療が行われるべきことが明記されている。その意味では，本人の意思を無視することが許されないことは，ここでの大前提である。しかし，「本人の同意」といっても限界がある。選択を表明する力，状況を理解する力，認識する力，論理的に思考する力はそれぞれに異なり，決定事項に

よっても異なろう。同意に至る判断に対する完全な責任を本人に問うことも許されまい。したがって，やはり特定状況下での一定の支援は不可欠であって，そこでの他者による同意や代諾は避けて通れない問題である（民法9条及び同条ただし書きもこのような観点から運用される必要がある）。

　こうして，精神障害者・痴呆性高齢者の代諾に関しても，未成年者の場合と同様の問題がある。精神障害者に関しては，精神保健福祉法上の保護者制度（同法20条，22条）を根拠に，保護者に代諾ないし代行判断を認めるべきであるとする意見が比較的有力である。高齢認知症者に成年後見人が付されている場合も，身上監護配慮義務（858条）を根拠として，被後見人への治療行為について後見人の代諾・代行判断を認めてはどうかという意見もある。しかし，この点については成年後見制度の枠内では慎重論が強い（道垣内弘人・ジュリ1141号29頁（1998年）。ただ，措置入院や医療保護入院のように本人の意に反しても強制的に実施されるべき場面もあり（精神保健及び精神障害者福祉に関する法律29条，心神喪失者等医療観察法による司法命令など参照），医療倫理上も難しい問題がある。いずれにせよ，代諾・代行判断について，なお法制度は未整備であり，その議論も充分なされているわけではない（新美育文・法時67巻10号6頁［1995年］）。畔柳達雄・医療事故と司法判断（判例タイムズ社，2003年）117頁以下）。ちなみに，イギリスの精神能力法（Mental Capacity Act）は，意思決定能力が不十分な場合の代諾，または代理の意思決定においては，その者の**最善の利益**（Best Interest）が考慮されるべきであるとしている。

参考までに，某大学における**治験参加同意書**の例を示しておこう。

＊＊大学（病院長）　　　殿

　患者番号
　氏　　名
　生年月日

治験（医薬品・医療用具）参加の同意書

　私は，_____について，患者説明文書（　　年　　月　　日作成　第　版）による十分な説明を受け，内容を理解したうえで，この治験に自ら参加することに同意いたしました。
但し，治験参加の途中でお断りすることがあることを申し添えます。

本　人	氏　　　名	印
	同意年月日	年　　　月　　　日
代諾者	氏　　　名	印
	続柄又は関係	
	同意年月日	年　　　月　　　日

　（備考）　「代諾者」とは，本人が未成年者，意識障害者等の場合に，本人とともに，又は本人に代わって同意いただける，後見人，配偶者，親権者，扶養義務者又は保護義務者等の方です。
　　　　なお，代諾者の方が署名いただく場合も出来得る限りご本人も署名をお願いします。

　　　　　　　　　立会人　_____　　年　　　月　　　日　　　　印
患者説明文書等を手渡した日及び説明日　_____　年　　　月　　　日
同意文書の控えを手渡した日　_____　年　　　月　　　日
交通費等の負担軽減費用の支給について（□受け取ります。□受け取りません。）
受け取られる方は，3枚目に銀行口座等をご記入ください。

同意取得年月日____年　　月　　日　治験担当医師____科（部）____印
同意取得年月日____年　　月　　日　協　力　者____　　____印

....

患者　さま

（患者控用）

患者番号
氏　　名
生年月日

治験（医薬品・医療用具）参加の同意書

　私は＿＿＿＿＿＿＿＿＿＿について，患者説明文書（　　年　　月　　日作成
第　版）による十分な説明を受け，内容を理解したうえで，この治験に自ら参加
することに同意いたしました。
但し，治験参加の途中でお断りすることがあることを申し添えます。

本　人	氏　　名	印
	同意年月日	年　　　月　　　日
代諾者	氏　　名	印
	続柄又は関係	
	同意年月日	年　　　月　　　日

　（備考）「**代諾者**」とは，**本人が未成年者，意識障害者等の場合に，本人ととも
　　に，又は本人に代わって同意いただける，後見人，配偶者，親権者，扶養
　　義務者又は保護義務者等の方です。**
　　　なお，代諾者の方が署名いただく場合も出来得る限りご本人も署名をお願
　　いします。

　　　　　　立会人＿＿＿＿＿＿＿＿＿＿年　　月　　日＿＿＿印

患者説明文書等を手渡した日及び説明日＿＿＿＿＿年　　月　　日＿
同意文書の控えを手渡した日＿＿＿＿＿年　　月　　日＿

交通費等の負担軽減費用の支給について（□受け取ります。□受け取りません。）

フリガナ ※口座名義		住　所	〒	
金融機関名		銀行・信用金庫		（支店・出張所）
口座番号	（普通・当座）			

※振込先は，本人または代諾者の口座のみ

同意取得年月日＿＿＿年＿＿月＿＿日　治験担当医師＿＿＿＿科（部）＿＿＿＿＿＿印

同意取得年月日＿＿＿年＿＿月＿＿日　協　力　者＿＿＿＿　＿＿＿＿＿＿印

第5講　診療債務について

ここでの課題　ここでは，診療契約によって形成される診療債務の性質と構造について第3講を深堀りしよう。診療債務の債務内容が確定するメカニズムは，通常の契約とは大いに異なる。また，その内容の適正さをめぐって，しばしば論じられる「医療水準論」についても再度触れよう。

1　はじめに

　医師あるいは医療機関が負う診療債務の構造をどのように理解すべきかが，ここでの課題である。

　医療行為・診療行為が持つ多面的性格は，準委任契約としての法性決定にも限界があることを痛感させるものである。診療債務と考えられるものでは，①意思・医療機関には，医師法や医療法等に基づく医師・医療関係者に課された諸義務があること，②扱われる役務対象が人の生命・健康や個人のセンシティブ情報に関わるものであること等からくる特殊性が債務に反映すること，③債務内容そのものは契約締結時に予め確定可能ではなく，診療プロセスの中で生成・変化するものであること，④保険診療との結合による複合的当事者関係を構築していることなどの際だった特性があり，ここでは，ひとまず，**不確実性を伴った（通常は結果保証を伴わない）専門的・手段的・経過的（継続的）役務提供契約**として話を進めたい。

2　診療債務の特性

　第1に，契約締結時においては，医師の締約自由が制限され，「**応召義務**」・「**診療義務（解約制限を含む）**」が課されている（医師法19条，歯科医師法19条1項，保健師助産師看護師法39条1項など）。

　医師の診療上の諸義務は，合意によって自ら積極的に「引き受けた」ものというより，公益的観点から締約を強制されており，一定水準の義務履行が求められているため，契約自由の原則は大幅に制限されている。

　第2に，診療契約においては，予め具体的な債務内容が確定しているわけでなく，診療開始時点では，危険等の予防やその時点での病状の改善という漠然とし

た抽象的目標設定のもとで，大きな「基本契約」ないしは「**枠合意**」のみが形成
され，治療や予後管理等に関わる個々の債務（＝支分的債務）は，患者との応答
や治療の経過の中で次第に具体化されていくという可塑性に富む債務を内容とし
ている（リカバリーの債務も含む）。

　＊枠合意については，有料老人ホーム契約との関係であるが，河上「ホーム契約
　と約款の諸問題」下森定・有料老人ホーム契約162頁以下所収（有斐閣，1995年）
　とくに168頁以下参照。

図〔1〕

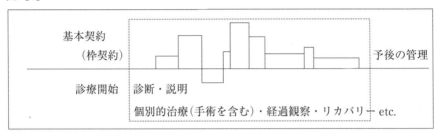

　第3に，診療行為は，多かれ少なかれ患者の身体に対する**侵襲的性格**を有し，
救命的・専門的性格および専門性にともなう**裁量的性格**がある（ときに「専門家
責任」としての厳格な責任内容を正当化する議論も存在する）。情報提供の必要が説
かれる一方，診療行為の**救命的性格**が情報留保を正当化する根拠ともなる場合も
ある（がん告知など）。

　第4に，**労務の投入対象**が人間の身体・生命という重要な個人的法益であり，
しかも，人間の生体機能の複雑性からくる支配不可能要因から予期しない不首尾
に遭遇することもあるなど，医的侵襲には，常に一定の危険や不安定さが内在し
ており，医師は，多くの場合に「蓋然性」の世界で，経過的に，より良い方向性
を模索するほかない。また，医療行為は治療対象部位のみでなく個体の他の部位
にも影響を及ぼす可能性があり，局所的な好結果と他の箇所あるいは全身的悪結
果の矛盾に直面せざるを得ない場合もある。それだけに，債務の履行・不履行の
判断は，きわめて微妙な総合的評価に服することになる。同時に，患者との「協
力関係」・「信頼関係」・「信認関係」なしには成果を期待しがたい場合も少なくな
いことにも注意が必要である。

　その結果，治療行為と結果の因果関係には，少なからぬ規範的評価が加わり，
しかも，情報提供義務や説明義務が個人の自己決定に深く関わり，ときに「患者

の協力義務」などとの関係が問題となる。「過失」や「注意義務違反」の判断に
しても，**回顧的**に予見可能性や結果回避義務を語るのではなく，それぞれの行為
時において判明した事実を前提として，いわば**同時進行的**に行為の当否を評価す
る視点が求められる。

3　債務論の展開

(1)　手段債務・結果債務の観点から

(a)　結果保証を伴わない専門的労務提供

　診療債務は基本的に結果保証を伴わない専門的役務であり，特有の大きな「裁
量の幅」が存在する。患者としては，医師の専門家としての判断を信頼し，それ
に身を託した形になり，そこに「信認的」な要素も強く見いだされることに注意
する必要がある。

(b)　手段債務を問題とする場合の立証責任

　いわゆる「帰責事由」の立証責任をどう考えるべきか。引き受けられた債務が
「手段債務」か「結果債務」かは，結局のところ，当事者の合意内容の解釈，つ
まり，「一定結果の達成（結果の確実性）保証の趣旨が対価的給付内容として含ま
れているかどうか」の評価に左右される問題である。手段債務を問題にする限
り，医師の，行為時における治療内容の適切さが問われることになる。

(c)　「帰責事由」とその立証

　委任契約上の善管注意義務と，不法行為における過失の前提となる注意義務
は，基本的に同一の内容であると考えられる。つまり，医療機関が当該状況のも
とで何をなすべきであったのかを明らかにした上で，その行為義務違反を問うと
いう作業は，結局のところ，契約責任と不法行為責任の差を縮めている。引き受
けられた債務が持つ意味は，診療債務の特殊性故に相対的に低い。むしろ，問題
の重心は，医療過誤という特殊な専門的知識を必要とする事項についての行為義
務違反の立証責任，あるいは医療現場という閉鎖的・密室的な領域，情報が偏在
している領域での立証責任の分配のありかた一般という局面で論じられることに
なる（証明負担の軽減による立証上の均衡と当事者間の「武器対等の原則」の保障）。

(d)　民法（債権法）改正委員会「基本方針」との関係

　かつて，民法（債権関係））改正委員会が示していた基本方針【3.1.1.62】，
【3.1.1.63】および【3.2.8.02】では，契約成立当初の合意の解釈によって債務内容
を固定するかに見えるが，これは合意主義の限界を示すものである。上述のよう

に，債務内容そのものは契約締結時に予め確定可能ではなく，診療プロセスの中で生成・変化するものだからである。ちなみに，2017年改正民法では，診療契約についての基本ルールの策定は断念されており，従来通り，**準委任契約**における**善管注意義務**を基礎に構築されることになる。

(2)　「インフォームド・コンセント」との関係

　診療債務においては，患者自身の意思決定・選択という側面を意識した「インフォームド・チョイス（informed choice）」あるいは「インフォームド・ディシジョン（informed dicision）」に着目する必要がある。医師と患者のコミュニケーションの程度如何によって，説明義務の範囲や程度もまた変化しうると考える必要がある。

　医師と患者の関係においては，一般的に情報格差が圧倒的であり，患者は常に情報不足の中におかれている。したがって，具体的な診療債務の内容を決定していく際も，医師の説明義務や情報提供義務，顛末報告義務などが重要となる契機が存在する（もちろん，医師の裁量権にも配慮する必要がある）。

　説明義務を尽くさずしてなされた治療行為は，「専断的治療行為」として，患者の「自己決定権の侵害」あるいは「選択機会の喪失」として，医師の不法行為に基づく損害賠償責任を導く可能性がある。但し，専門的知識の乏しい患者の選択や自己決定に過度の機能を求めることは困難であり，適切でもない。患者自身の状態によっては，治療への同意能力・拒絶能力を，いかなる機関が，どのような基準で判断しうるかもまた難問である。医師と患者の間の協同関係・信頼関係を支えるプロフェッションとしての医師の自律的・倫理的行為規範の中核をなす**インフォームド・コンセント**の問題とも関わる。移植手術のドナーの臓器提供の例を出すまでもなく，ときには，本人の自己決定・家族の意向との緊張関係の中で，専門家としての医師の社会的責任が問われる局面の問題でもある。

(3)　診療債務と「医療水準論」

(a)　いわゆる「医療水準論」とは

医療水準論に関しては，いくつかの判例を見ることが理解を助けよう。

①　「輸血梅毒感染事件」（最判昭和36・2・16民集15巻2号244頁＝医判百〈初版〉80事件＝医判百〈第2版〉45②事件98頁）

　「医師が直接診察を受ける者の身体自体から知覚し得る以外の症状その他判断の資料となるべき事項は，その正確性からいつて，血清反応検査，視診，触診，聴診

等に対し従属的であるにもせよ，問診によるより外ない場合もあるのであるから，原判決が本件において，たとい給血者が，信頼するに足る血清反応陰性の検査証明書を持参し，健康診断及び血液検査を経たことを証する血液斡旋所の会員証を所持する場合であつても，これらによつて直ちに輸血による梅毒感染の危険なしと速断することができず，また陰性又は潜伏期間中の梅毒につき，現在，確定的な診断を下すに足る利用可能な科学的方法がないとされている以上，たとい従属的であるにもせよ，梅毒感染の危険の有無について最もよく了知している給血者自身に対し，梅毒感染の危険の有無を推知するに足る事項を診問し，その危険を確かめた上，事情の許すかぎり（本件の場合は，一刻を争うほど緊急の必要に迫られてはいなかった）そのような危険がないと認められる給血者から輸血すべきであり，それが医師としての当然の注意義務であるとした判断は，その確定した事実関係の下において正当といわなければならない。」

② 「水虫放射線障害事件」最判昭和44・2・6民集23巻2号195頁＝医判百〈初版〉189頁

「人の生命および健康を管理する業務に従事する医師は，その業務の性質に照らし，危険防止のため実験上必要とされる最善の注意義務を要求されるとすることは，すでに当裁判所の判例（当裁判所第一小法廷判決昭和31年(オ)第1065号，同36・2・16民集15巻2号244頁参照）とするところであり，したがつて，医師としては，患者の病状に十分注意しその治療方法の内容および程度等については診療当時の医学的知識にもとづきその効果と副作用などすべての事情を考慮し，万全の注意を払つて，その治療を実施しなければならないことは，もとより当然である。」

③ 「未熟児網膜症事件」最判昭和57・3・30判時1039号66頁，最判昭和57・7・20判時1053号96頁，最判昭和61・5・30判タ606号37頁など。

「原審が認定した事実の要旨は，(1)E医師が上告人Aの診療に当たつていた昭和45年初めにおいては，光凝固法は，本症についての先駆的研究家の間で漸く実験的に試みられ始めたという状況であつて，一般臨床眼科医はもとより，医療施設の相当完備した総合病院ないし大学医学部附属病院においても光凝固治療を一般的に実施することができる状態ではなく，患児を光凝固治療の実施可能な医療施設へ転医させるにしても，転医の時期を的確に判断することを一般的に期待することは無理な状況であつた，(2)光凝固治療の実施時期を的確に判断するためには眼底検査が必要であるところ，未熟児の眼底検査は，眼底の未熟性という検査対象の特殊性からいつても特別の訓練を要する特殊作業であつて，本件当時における未熟児の眼底検査についてのE医師の技術水準は，平均的眼科医のそれよりは進んでいたとはいうものの，本症の専門的研究者には到底及ばなかつた，(3)上告人Aの本症の病変は，当時の専門家にも未知な複雑な臨床経過を示した，(4)E医

師が上告人 A の眼底検査をしたのは，光凝固治療を目的とするものではなく，副腎皮質ホルモンの投与の時期を見はからうために実施したものである，というのであり，右事実認定は，原判決挙示の証拠関係に照らして肯認することができる。／思うに，人の生命及び健康を管理すべき業務に従事する者は，その業務の性質に照らし，危険防止のため実験上必要とされる最善の注意義務を要求されるが（最高裁昭和 31 年(オ)第 1065 号同 36 年 2 月 16 日第 1 小法廷判決・民集 15 巻 2 号 244 頁参照），右注意義務の基準となるべきものは，診療当時のいわゆる**臨床医学の実践における医療水準**であるから，前記事実関係のもとにおいて，所論の説明指導義務及び転医指示義務はないものとしたうえ，被上告人の不法行為責任及び債務不履行責任は認められないとした原審の判断は正当であつて，その過程に所論の違法はない。」

(b)　医療水準の類型論

「医療水準に従った注意義務」のあり方といっても必ずしも一様ではなく，ある程度類型的に考えていかざるをえず，実際には，「当該医療行為のなされた時期，当該医師の専門分野，当該医師のおかれた社会的，地理的その他の具体的環境（たとえば，当該医師が医療行為に携っている場所が，一般開業医院か，総合病院や大学医学部附属病院かといった点）等諸般の事情を考慮して具体的に判断され」（最判平成 7・6・9 民集 49 巻 6 号 1499 頁＝医判百〈初版〉65 事件，同〈第 2 版〉45 事件［米村滋人］事件［未熟児網膜症事件］，最判平成 8・1・23 民集 50 巻 1 号 1 頁＝医判百〈初版〉67 事件，同〈第 2 版〉46 事件［小谷昌子］［医薬品添付文書と医師の注意義務］），専門性・地域性・緊急性などによっても変化しうるものと言うべきであろう。

(c)　転医義務と一般的医療水準

他方で，「転医義務」をめぐる議論は，むしろ客観的医療水準論への揺り戻しと見ることができるかもしれない。開業医として，必要があれば，より高度な医療機関への転送をなす義務が語られており，専門性や地域性などだけから類型的に，医療水準を語ることが許されないことを示しているからである。

たとえば，最判平成 15・11・11 民集 57 巻 10 号 1466 頁（医判百〈初版〉68 事件］，同〈第 2 版〉47 事件［橋口賢一］）では，開業医が，その下で通院治療中の患者について，初診から 5 日目になっても投薬による症状の改善がなく，点滴後もおう吐の症状が全く治まらず，軽度の意識障害等を疑わせる言動があり，これに不安を覚えた母親が診察を求めたことなどから，その病名は特定できないまでも，自らの開設する診療所では検査及び治療の面で適切に対処することができな

い何らかの重大で緊急性のある病気にかかっている可能性が高いことを認識することができたなどの事情の下で，当該開業医には，上記診察を求められた時点で，直ちに当該患者を診断した上で，高度な医療を施すことのできる適切な医療機関へ転送し，適切な医療を受けさせる義務があるとして次のように述べる。

「被上告人は，初診から 5 日目の昭和 63 年 10 月 3 日午後 4 時ころ以降の本件診療を開始する時点で，初診時の診断に基づく投薬により何らの症状の改善がみられず，同日午前中から 700 cc の点滴による輸液を実施したにもかかわらず，前日の夜からの上告人のおう吐の症状が全く治まらないこと等から，それまでの自らの診断及びこれに基づく上記治療が適切なものではなかったことを認識することが可能であったものとみるべきであり，さらに，被上告人は，上告人の容態等からみて上記治療が適切でないことの認識が可能であったのに，本件診療開始後も，午前と同様の点滴を，常時その容態を監視できない 2 階の処置室で実施したのであるが，その点滴中にも，上告人のおう吐の症状が治まらず，また，上告人に軽度の意識障害等を疑わせる言動があり，これに不安を覚えた母親が被上告人の診察を求めるなどしたことからすると，被上告人としては，その時点で，上告人が，その病名は特定できないまでも，本件医院では検査及び治療の面で適切に対処することができない，<u>急性脳症等を含む何らかの重大で緊急性のある病気にかかっている可能性が高いことをも認識することができたものとみるべきである。</u>／上記のとおり，この重大で緊急性のある病気のうちには，その予後が一般に重篤で極めて不良であって，予後の良否が早期治療に左右される急性脳症等が含まれること等にかんがみると，被上告人は，上記の事実関係の下においては，本件診療中，点滴を開始したものの，上告人のおう吐の症状が治まらず，上告人に軽度の意識障害等を疑わせる言動があり，これに不安を覚えた母親から診察を求められた時点で，直ちに上告人を診断した上で，上告人の上記<u>一連の症状からうかがわれる急性脳症等を含む重大で緊急性のある病気に対しても適切に対処し得る，高度な医療機器による精密検査及び入院加療等が可能な医療機関へ上告人を転送し，適切な治療を受けさせるべき義務があったものというべきであり，被上告人には，これを怠った過失があるといわざるを得ない。</u>」

本判決の議論からすれば，患者は，たまたま赴いた医師等の人的，物的設備に制約されることなく，等しく一定水準の医療サービスを受ける機会が法的に保障されることになる（山之内紀行「転移勧告義務」畔柳達雄ほか編・民事弁護と裁判実務(6)［1996 年］241 頁）。

(d) 「医療水準論」を超えた債務の存在？

以上のような医療水準論に対して，あらたに，これを超えたプラスアルファの債務が考えられるのではないかという問題を提起したのが，名古屋高判昭和

61・12・26判時1234号45頁である。判決は，未熟児網膜症により失明したことを理由とする慰謝料の請求について担当の眼科医師に注意義務違反を認めて，

「患者はなお医師に，医師としてのその全知識全技術を尽くした誠実な医療を求めるものであり，医療契約の中には，……医療水準の如何に拘らず緻密で真摯かつ誠実な医療を尽くすべき約が内包されているというべきであり，医師は本来そのような注意義務を負う」とした。その上で，医師は本来そのような注意義務を負うものと解するのが相当であり，「医師がその義務に反して著しく粗雑，ずさんで不誠実な医療をした場合において，疾病によって生じた結果が重大で患者側に医療に対する心残りやあきらめ切れない感情が残存することが無理からぬと思われる事情が認められるときは，医師のその作為・不作為と右結果との間に相当因果関係が認められなくても，医師は，その不誠実な医療対応自体につき，これによって患者側に与えた右精神的苦痛の慰謝に任ずる責任がある」

として慰謝料請求を認めた。

しかしながら，最判平成4・6・8判時1450号70頁は，これに対し，

「本症に対する光凝固法は，当時の医療水準としてその治療法としての有効性が確率され，その知見が普及定着してはいなかったし，本症には他に有効な治療法もなかったというのであり，また，治療についての特別な合意をしたとの主張立証もないのであるから，E医師には，本症に対する有効な治療法の存在を前提とするち密で真しかつ誠実な医療を尽くすべき注意義務はなかったというべきであり，被上告人らが前記のようなあきらめ切れない心残り等の感情を抱くことがあったとしても，E医師に対し，B1に光凝固法等の受療の機会を与えて失明を防止するための医療行為を期待する余地はなかった」として，結局，本件医療契約の内容として，同医師に対し，医療水準を超えた医療行為を前提とした上で，ち密で真しかつ誠実な医療を尽くすべき注意義務を求め，その義務違反による法的責任を肯認した」のは，結局，本件医療契約の内容として，同医師に対し，医療水準を超えた医療行為を前提とした上で，ち密で真しかつ誠実な医療を尽くすべき注意義務を求め，その義務違反による法的責任を肯認したものといわざるを得ず，「右事実は，一般人の医師に対する信頼を著しく裏切るものであって，強く非難されるべきではあるけれども，本件請求の原因とされている同医師の医療行為に係る法的責任とは，別個の問題である。」

と述べた。

結局，「医師は，患者との特別の合意がない限り，〔診療当時の臨床医学の実践における〕医療水準を超えた医療行為を前提としたち密で真しかつ誠実な医療を尽くすべき注意義務まで負うものではな（い）」ということになる。果たしてこれで良いか。下級審では，治療の機会を捕える余地さえ与えられずに，無為に過

ぎざるを得なかった両親の「ぬぐい難い痛恨の思い」に対する慰謝料が認められたものがある（同旨を述べる仙台高判平成2・8・13判タ745号206頁参照）。

(4) チーム医療・高度医療

　分業体制にあるチーム構成メンバー同士においては，《他が適切な行動に出るであろうことを信頼して行為した場合は，その他人の不適切な行動によって結果が発生しても責任を負わない》とする「信頼の原則」が働いている。しかしそれは，あくまで内部関係においてであって，対外的には，チーム全体として組織的な責任が発生すると考える余地がある。

　今日では，器具の管理体制，診療体制の不備そのものが問題とされるべき局面も増大している。さらに，説明義務の履行の場面においても同様の問題を生ずることは，最判平成20・4・24（民集62巻5号1178頁＝医事法判百〈第2版〉38事件［日山亨］，平成20年度重判民[8]事件）で，明らかにされた。判決理由は，

　　「一般に，チーム医療として手術が行われる場合，チーム医療の総責任者は，条理上，患者やその家族に対し，手術の必要性，内容，危険性等についての説明が十分に行われるように配慮すべき義務を有するものというべきである。」とした。もっとも結果的には，「チーム医療の総責任者は，上記説明を常に自ら行わなければならないものではなく，手術に至るまで患者の診療に当たってきた主治医が上記説明をするのに十分な知識，経験を有している場合には，主治医に上記説明をゆだね，自らは必要に応じて主治医を指導，監督するにとどめることも許されるものと解される。そうすると，チーム医療の総責任者は，主治医の説明が十分なものであれば，自ら説明しなかったことを理由に説明義務違反の不法行為責任を負うことはないというべきである。」

として，担当医師の説明内容，C医師が本件手術の必要性，内容，危険性等について説明をするのに十分な知識，経験を有していたか等について更に審理を尽くさせるために，原審差戻しとしている。

　今日の高度医療では，多くの場合，大がかりなプロジェクトが組まれ，チームの統括責任者の下に個々の医師や看護婦はそれぞれの専門的立場で「各パーツでの医療行為」が受け持たれる。かような，チーム医療の場合，各個人のレベルを超えて，実施計画やマニュアル策定の段階から，診断結果についての協議（カンファレンス）・治療方針の策定，具体的治療行為の協働実施など，あらゆる場面で「組織としての注意義務」ひいては「**組織としての過失**」が問題とされざるをえない。全体としてのプロジェクトやマニュアル策定の段階で問題があったため

に，治療が効を奏しなかったような場合もあり得るが，そのような場合は，個々の担当医師や看護婦の責任を個別に問題とするかどうかはともかく，チーム全体をコントロールしている実施責任者や病院代表者の責任へと端的に問題を収斂させていくことが必要であろう。

(5)　情報に関する義務その他

(a)　医療情報と情報の偏在

診療情報・医療情報は，患者本人の利益だけでなく，第三者や公益にも深く関わっている場合があるため個人情報の保護と公益との相克を避けがたい。医師の義務には，診療録やカルテの保管，死因の解明や，顛末についての報告義務などが含まれる。

医療事故訴訟において，患者には，当該医療事故の内容を判断するための資料や経過に関する情報は皆無に等しく，その専門性・密室性のゆえに，訴訟遂行上の困難が容易に予想される（「**情報偏在型訴訟**」と呼ばれる所以である）。そこで，かかる医療事故訴訟の特殊性をふまえた審理手続が構築されねばならない。

(b)　各種の医療情報・診療情報

第1に，患者の個人情報がある。情報の利用可能性・公益保護と社会的責任をどう考えるかが問題である。医療機関の情報収集可能性についても一定の規制があるので注意を要する（HIVの無断検査につき東京地判平成15・5・28判タ1136号114頁）。

第2に，医療機関側の個別情報（当該医療機関の提供しうる医療の具体的内容・治療実績にかかる情報，医師の専門分野・従来のキャリア・手術の経験数および成功率など）については，医療法上の広告規制の問題がある。

第3に，一般的・客観的情報（一般的医学知見情報，医療機器・医薬品関連情報その他の情報）の扱いをどうするか。これらの情報は，何のための情報であるかによって扱われ方が異なってくる。①患者の治療目的，②患者の自律的決定の支援目的，③公衆衛生の増進・医学研究・教育などの公益目的，④事故防止・リスク管理目的，⑤その他，診療報酬計算・薬剤開発・商品開発などの企業活動目的などが考えられるが，診療債務との関係では，とりわけ①②が重要となる。

(c)　「**患者に関する情報**」の作成・保存・管理・開示（後掲資料参照）

(d)　医師の「**守秘義務**」については「**ヒポクラテスの誓い**」以来，確立した義

務となっている。

(e) **患者の情報アクセス権**

患者の「診療録閲覧請求」については，東京高判昭和 61・8・28（判時 1208 号 85 頁＝医判百〈初版〉15 事件，東京高判平成 22・1・28（判タ 1328 号 167 頁＝医事法判例百選〈第 2 版〉21 事件［我妻学］）が，これを認めた。曰く，

「患者の生命や健康は，患者本人のみならず家族にとっても極めて重要な保護法益であると考えることができ，また，医療機関には，診療契約（準委任契約）に基づいて患者本人又はその家族に診療内容を報告すべき義務があるから，医療行為を経た後に悪しき結果が生じた場合には，患者本人またはその家族はその原因の究明を試みることについても法的な利益を有していると解されるところ，診療録や看護記録は，医療行為を記録した最も重要な資料であるから，医療機関が診療録や看護記録の適切な管理を怠ったために患者又はその家族による悪しき結果の原因を究明するための手段が制約され，これによって患者またはその家族が精神的苦痛を被った場合には，医療機関側の対応如何によって，患者又はその家族の法的利益を侵害したものとして，不法行為が成立する余地がある。……［B 病院は］X に対して本件診療録の開示に関して法的措置を執るよう促していたにもかかわらず，本件診療録が所在不明となったことを理由にこれを本件訴訟に提出せず……，このために X は，B 病院における医療行為の適否についての意見を求めた知り合いの医師らに本件診療録を示すことができなかった［と認められるから］，Y は，故意又は過失により X が本件診療録の開示を受ける不法行為上の法的利益を侵害した」

と。

こうして診療録等に対する患者のアクセス権は，診療債務における顚末報告義務の一環であるとされると同時に，プライバシー権の一つとして，自己情報コントロール権などからも基礎づけられる。平成 15（2003）年 5 月からの個人情報保護法全面施行により，そこでの規制にも服することになる。

4 小　括

診療関係の中で医師が負う行為規範は，契約合意レベルで患者との関係で課せられた義務に適合的な形で給付をなすにとどまらず，各種の業法で定められた公的な義務によって裏打ちされている。おそらく，診療債務においては，合意で形成された中核層に加えて，信義則によって形成された補充層，行政的規制等によって公法上規制された外部層などが重層的に医師・医療機関の行為規範を形造っており，それが，民事責任を論ずる際の債務内容へと再び反映していると見

るのが適切である（図2）。

図［2］

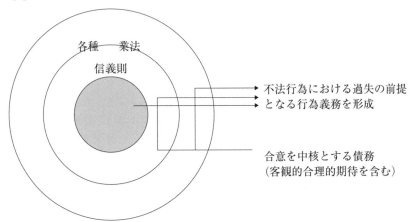

cf.　初出は、河上「診療債務について（覚書）」法学74巻6号748頁（2010年）

医師の死因解明義務について
第6講 ——手段的訴訟物考

> **ここでの課題**　ここでは，医師の死因解明義務をめぐる近時の裁判例を素材に，
> 医師の過失を理由とする損害賠償請求のような本来的訴訟物の「前提」あるいは
> その「代替」となる，いわば「手段的訴訟物」とでもいうべきものを措定し，検
> 討する。診療債務の中では，かなり特殊な性格を持ち，人格的利益擁護の義務と
> して，単なる契約合意からではなく，契約関係を支配する信義則に導かれて登場
> することが多い。

1　はじめに

　医師の死因解明義務は，一定の契約関係における中心的義務である行為義務・
給付義務そのものでなく，その実現に奉仕すべき義務あるいは付随する義務とし
て登場する。同様の問題は，地震保険不加入に対する説明義務違反に基づく慰謝
料請求の可否（最判平成15・12・9民集57巻11号1887頁［消極］[*1]）や，貸金業
者に対する制限超過利息の返還を求める訴訟の過程で登場した「取引履歴開示義
務」問題（最判平成17・7・19判時1906号3頁［積極］[*2]）をはじめ，投資関連取
引における注意義務違反や損害額等の具体的立証の困難な局面で現れる「助言義
務」や「適合性原則」（最判平成8・10・28金法1469号49頁［積極］，最判平成
17・7・14民集59巻6号1323頁［消極］）などについても生じている現象であ
り[*3]，今日では決して珍しいことではない。

　確かに，従来も，法律上の前提となる事項について終局判決に至る前に攻撃防
御方法や訴訟要件に関する争いに独立した中間判決（民訴245条），が下される例
は存在した。しかし，近時のそれは，むしろ本来的訴訟物についての争いの限界
を乗り越えようとして登場している。そして，このような動きの背景にある事情
は，当事者を裁判外の紛争処理の促進へと導く可能性があり，ときには，かかる
手段的訴訟物に関する判決が，不必要な訴訟を回避させる方向に作用する場合も
ある[*4]。それが本来の訴訟物にとっていかなる意味を持つかを意識しておくこ
とは，適切な紛争解決のあり方を考えるにあたっても一定の意味を持つように思
われる。

（＊1）　最判平成 15・12・9 は，火災保険に付帯する地震保険に加入しない旨の意思確認欄に押印した保険契約者が，地震保険に関する情報提供・説明義務違反を理由に保険会社に慰謝料請求をなした事案で，それが「財産的利益に関すること」を顧慮して，「仮に保険会社側からの情報の提供や説明に何らかの不十分な点があったとしても，特段の事情が存しない限り慰謝料請求権の発生を肯認し得る違法行為と評価することはできない」旨を判示した。もっとも，最判平成 16・11・18（民集 58 巻 8 号 2222 頁＝判時 1883 号 62 頁）は，団地建替えに伴う現在の入居者の優先購入に関して，建替事業者が信義則に著しく違反して必要な説明を怠り，購入者において分譲住宅価格の適否を検討したうえで契約を締結するかどうかを決定する機会を奪ったとされる事案で，それが財産的利益であることを認めながらも慰謝料請求を肯定した。後者については，志田原信三・曹時 58 巻 3 号 280 頁，野澤正充・判タ 1187 号 102 頁，久保宏之・ジュリ臨時増刊 1291 号（平成 16 年度重要判例解説）70 頁，安永正昭・判例時報 1912 号（判評）195 頁など参照。

（＊2）　最判平成 17・7・19 は，貸金規制業法の趣旨に加えて「一般に，債務者は，債務内容を正確に把握できない場合には，弁済計画を立てることが困難となったり，過払金があるのにその返還を請求できないばかりか，更に弁済を求められてこれに応ずることを余儀なくされるなど，大きな不利益を被る可能性があるのに対して，貸金業者が保存している業務帳簿に基づいて債務内容を開示することは容易であり，貸金業者に特段の負担は生じないことにかんがみると，貸金業者は，債務者から取引履歴の開示を求められた場合には，……特段の事情のない限り，貸金業法の適用を受ける金銭消費貸借契約の付随義務とし，信義則上，保存している業務帳簿（……）に基づいて取引履歴を開示すべき義務を負うものと解すべきであ（り），……貸金業者がこの義務に違反して取引履歴の開示を拒絶したときは，その行為は違法性を有し，不法行為を構成する」として，過払金返還請求の可否とは別に精神的損害についての賠償請求を肯定した。本件については，福田剛久・ジュリスト 1314 号 129 頁の調査官解説のほか，塩崎勤・民事法情報 229 号 72 頁，小野秀誠・金判 1230 号 64 頁，潮見佳男・NBL822 号 10 頁，角田美穂子・判評 568 号（判時 1925 号）176 頁，小粥太郎・別冊ジュリ平成 17 年度重要判例解説 71 頁など参照。とくに，手段的権利・暫定的実体権につき小粥・前掲 72 頁参照。

（＊3）　投資関連取引では，法律行為的問題処理の困難を克服しつつ中間的処理をもたらすべく「説明義務違反」に基づく不法行為が語られ，また，「適合性原則」については，米国の SEC のような行政取締りが期待できない我が国で司法による緊急避難的救済の試みと見ることができよう。司法の場が，行政的規制の手段として（機能不全の受け皿として）利用されるという意味では，「鶴岡灯油一

円訴訟」（最判平成元 12・8 民集 43 巻 11 号 1259 頁＝判時 1340 号 3 頁）なども，同様の意味合いを含むものであろう。

（＊4）　たとえば，貸金事業者の取引履歴の開示も，訴訟になれば貸金業者が業務帳簿を任意に提出しない場合でも文書提出命令によって提出義務を負うことになるが（名古屋高決平成 15・5・23 および同平成 15・6・6 金商 1188 号 52 頁，大阪高判平成 15・9・25 判時 1695 号 6 頁など），訴訟になるまでは貸金業者が取引履歴を開示しなくてもよいとすれば不必要な訴訟を増加させるだけであり，逆に，取引履歴開示拒絶を許さず，義務としてそれを肯定することで，裁判外での問題解決が促進される結果となる。この関連では，相続争いとの預金者の「取引経過開示請求権」についても同様のことが指摘できよう（淺生重機ほか・金法 1700 号 73 頁以下など参照）。

2　裁判例の紹介

まずは，医師の死因解明義務をめぐる 3 つの裁判例の紹介から始めよう。

①**事件**：広島地判平成 4・12・21（判タ 814 号 202 頁）［確定］

【事案】　脳出血により重い脳機能障害状態にある患者が，開頭血腫除去手術後に，血液透析を必要とする腎機能障害を併発し，炎症性疾患も加わって全身状態が悪化し，心停止により死亡した事案で，当初，医師が，心臓マッサージの際にのどの切開部分から大量の黒褐色の液体が排出されたことから，担当医師は，死因を嘔吐した胃内容物の誤飲による窒息死と説明した（しかし裁判上の鑑定によれば，死因は，重い脳障害と腎機能障害など全身状態の悪化により急性心不全を起こして死亡したものであり，後に，病院側もこれを認めている）。患者の遺族（X ら）は，裁判上の鑑定を受けて，Y 病院の過失による延命期待利益の侵害を理由とする損害賠償とともに，「死因について誤飲による窒息死であるとの誤った事後説明を行ったことが医師の遺族に対する不法行為に当たる」として慰謝料を請求して，本訴に及んだ。

【判旨】　「生命の重要性，これを前提に高度の専門的知識を有する者が特別の資格に基づいて行う業務とされる医療の特殊性，医師が患者に対する診療内容について報告義務を負うとされること（民法 645 条参照），死亡の経過及び原因は，多くの場合診療に当たった医師にしか容易には説明できず，少なくとも当該医師によって説明されるにふさわしい事項であることなどの事情を総合的に考察すると，死亡の経過及び原因の説明を診療を行った医師に対して求める患者の遺族の側の心情ないし要求は，それが医師の本来の責務である診療行為の内容そのものには属しないことを踏まえても，なお，法的な保護に値する……自己が診療した患者が

死亡するに至った場合，患者が死亡するに至った経緯・原因について，診療を通じて知り得た事実に基づいて，遺族に対し適切な説明を行うことも，医師の遺族に対する法的な義務である」が，あくまでも診療に携わったことを契機とする付随的義務としての性格を有し，その説明内容の正確性等について過度の要求をすることは妥当でない……。「少なくとも，医師の基礎的な医学上の知識の欠如等の重大な落度によって，患者の死亡の経緯・原因についての誤った説明が行われたような場合には，この点について医師に不法行為上の過失があるというべきであり……医師の賠償すべき損害の中には，誤った説明によって遺族の受けた精神的苦痛が法的に見て金銭的な賠償を相当とする程度に重大なものである場合における慰謝料も含まれる」

　本件では，病院の過失による延命期待利益の侵害を理由とする損害賠償という本来的な訴訟物とは別に（あるいはそれと併行して），担当医師の死因に関する誤った事後説明が医師の遺族に対する不法行為に当たるとして慰謝料請求がなされており，後者は，いわば予備的主張としての性格をも帯びている。そして，一般論としてではあるが，医師の死因解明義務が「診療に携わったことを契機とする付随的義務」として肯定されているのである。その結果，医師の治療活動の当否とは別の次元で，死因について誤った説明を受けた遺族の精神的苦痛に対する慰謝の要否が論じられることとなった。しかし，そのいずれにしても，真の病因を見抜けず対応した医師に対する遺族の批難と不満の発露であることに代わりはない。

　②**事件**：東京高判平成 10・2・25（判時 1646 号 64 頁＝判タ 893 号 119 頁）
【事案】　平成 5 年 9 月，下腹部・腰部の不快感と下痢・嘔吐の症状を訴える A（67 歳）が Y 病院救急外来を訪れた。担当の B 医師は，腹部レントゲン検査，血液検査の結果などから急性腸炎と診断，なお，尿路結石，腰椎骨の変化なども疑われるとして入院させ，点滴による栄養補給，抗生物質の投与，鎮痛剤の投与などを行って治療を続けた。しかし 3 日後，A は意識不明となって状態が急激に悪化し，死亡した。Y は，A の死因を急性心筋梗塞と判断し，その判断に基づいて遺族等（X ら）に死因についての説明を行った。X らは，病院の説明に納得せず，担当医師に診療義務違反，死因説明義務違反，病的原因の解明義務違反などがあると主張して，A の逸失利益，慰謝料等の損害賠償を請求して本訴に及んだ。
　第 1 審判決（東京地判平成 9・2・25 判時 1627 号 118 頁）は，Y に診療義務違反

はないとしたが，死体解剖保存法の定め，病院の機能及び役割，死者を悼む遺族等の感情を実質的根拠として，「病院に入院中の患者が死亡した場合において，死因が不明であり，又は病院側が特定した死因と抵触する症状や検査結果があるなど当該死因を疑うべき相当な事情があり，かつ，遺族が死因の解明を望んでいるときは，病院としては，遺族に対し，病理解剖の提案又はその他の死因解明に必要な措置についての提案をして，それらの措置の実施を求めるかどうかを検討する機会を与える信義則上の義務を負っている」として，Y病院が死因解明義務を尽くさなかったことによるXらの精神的苦痛につき総額400万円の賠償を命じた。XYともに，控訴。

【判旨】　Xの控訴棄却。「⑴死体解剖保存法は，専ら『公衆衛生の向上を図るとともに，医学の教育又は研究に資する』ことを目的として……死体の解剖等の適正を期すべく，一定の行政上の規制を定めた法規であって，……医療機関と患者の遺族との私法上の法律関係を規律する死因解明・説明義務なるものを導き出す根拠を見出すことはできない。」また「⑵医療機関は，患者との間の診療契約に基づいて，患者に対し真摯かつ誠実な医療を尽くすべき義務を負うのであるが，右の診療契約の内容として，医療機関が死亡した患者の遺族に対して……死因解明・説明義務を負担していると解することには無理がある」。さらに，「⑶いわゆる医師の説明義務は，基本的には，患者の自己決定の尊重の理念に基礎をおくものであって，患者自らが，その受けるべき医療行為の内容を主体的に選択，判断することを可能とするための前提条件の提供に関わるものであるから，……患者の死亡後における遺族に対する医療機関の対応に関わる死因解明・説明義務をいわゆる医師の説明義務から直接に導き出せるということも困難である」。もっとも「⑷医療行為が高度に専門技術的性質を有する行為であることや，そのような医療行為を提供する医療機関に寄せる患者及びその配偶者と子ら近親者の期待や信頼，そして，患者に施行した医療行為の内容や患者が死への転帰をたどった経過については，患者の死亡の時点においては当該医療機関のみがこれをよく知る立場にあること，したがって，患者の死因についても，当該医療機関が最もよく知りうる立場にあるということ，等を考慮すると，医療機関においては，死亡した患者の配偶者及び子ら遺族から求めがある場合は，信義則上，これらの者に対し，患者の死因について適切に説明を行うべき義務を負」い，「一般に病理解剖が患者の死因解明のための最も直接的かつ有効な手段であることが承認されていることを併せ考慮すれば，具体的な事情のいかんによっては，社会通念に照らし，医療機関において，死亡した患者の配偶者及び子ら遺族に対し……病理解剖の提案をし，その実施を求めるかどうかを検討する機会を与え，その求めがあった場合には，病理解剖を適宜に実施し，その結果に基づいて，患者の死因を遺族に説明すべき

信義則上の義務を負うべき場合があり得る」が，本件では，そこまでの義務を負っていたものと認めることはできない。（控訴審判決につき，金川・後掲，齋藤・後掲，岡林・後掲，第1審判決につき，稲垣・後掲の各研究がある。）

　本判決は，医師の遺族に対する信義則上の死因解明（病理解剖の提案）義務の存在を示唆したものであるが，ここでも，死因解明それ自体が遺族にとって重要であったというより，医師の不手際による不幸な転帰ではなかったかという疑いを証明する手段と機会を失ったことにこそ問題の根源があったのではないか。ちなみに，本件の上告審判決は，主位的請求である診療義務違反そのものを認めて東京高裁に破棄差戻しとし，医師の死因解明義務違反に関する具体的判断は示さなかったと伝えられる（土居256頁）。

　③**事件**：東京高判平成16・9・30（判時1880号72頁）

【事案】　慢性関節リウマチ治療のため都立H医院に入院中のAは，左中指滑膜切除手術を受け，術後療養中，担当看護婦が投与薬剤を誤ったために（ヘパリンナトリウム生理的食塩水→ヒビテングルコネート液［消毒液］）死亡した。院長Yは，医師法21条所定の異常があることを認識しながら本件事故を警察に届け出ず，また，病理解剖の結果が判明した後になっても，遺族に病理解剖の結果をそのまま説明せず，薬の取り違えの可能性が高くなったと伝えるにとどまった。さらに院長Yは，担当医Bに［保険金請求のため必要となった］死亡診断書の死因欄に虚偽の死因（病死・自然死）を記載させ，誤投薬の事実を遺族に伝えなかった。そこで，遺族（Xら）は，東京都および院長YがAの死因を開示して顛末を報告する義務に違反したとして慰謝料を請求したのが本件である。

　第一審（東京地判平成16・1・30判時1861号3頁）は，院長Yが東京都の履行補助者としてAの遺族に対して死因解明及び説明義務を履行する信義則上の義務を負うとした上で，Yの行為は死因解明義務・説明義務に違反するとしてXらの請求を認容した。Y控訴，Xら付帯控訴（第1審判決につき，三谷・後掲の研究がある）。

　【判旨】「医療情報の提供の必要性及び医療情報の偏在という事情に上記法令［医療法1条の4，民法645条］の規定を併せ考えると，病院の開設者及びその全面的代行者である医療機関は，診療契約に付随する義務として，特段の事情がない限り，所属する医師等を通じて，医療行為をするに当たり，その内容及び効果をあらかじめ患者に説明し，医療行為が終わった際にも，その結果について適時に適切な説明をする義務を負うものと解される。病院側が説明すべき相手方は，通常

は診療契約の一方当事者である患者本人であるが，患者が意識不明の状態にあったり死亡するなどして患者本人に説明することができないか，又は本人に説明するのが相当でない事情がある場合には，家族（患者本人が死亡した場合には遺族）になることを診療契約は予定していると解すべきであるので，その限りでは診療契約は家族等第三者のためにする契約も包含していると認めるべきである。患者と病院開設者との間の診療契約は，当該患者の死亡により終了するが，診療契約に付随する病院開設者及びその代行者である医療機関の遺族に対する説明義務は，これにより消滅するものではない」としつつ，一審判決後，既に東京都から一定金員が見舞金として支払われていることから，その限りで Y の損害賠償債務は消滅したとして，一審判決を超える損害を認めず，付帯控訴を棄却した。

　なお，院長 Y の医師法 21 条違反の刑事事件については，最判平成 16・4・13（刑集 58 巻 4 号 247 頁＝判時 1861 号 140 頁〔医師法違反，虚偽有印公文書作成，同行使被告事件〕）が，次のように述べて合憲判断を下している。

　「本件届出義務は，警察官が犯罪捜査の端緒を得ることを容易にするほか，場合によっては，警察官が緊急に被害の拡大防止措置を講ずるなどして社会防衛を図ることを可能にするという役割をも担った行政手続上の義務と解される。そして，異状死体は，人の死亡を伴う重い犯罪にかかわる可能性があるものであるから，上記のいずれの役割においても本件届出義務の公益上の必要性は高いというべきである。他方，憲法 38 条 1 項の法意は，何人も自己が刑事上の責任を問われるおそれのある事項について供述を強要されないことを保障したものと解されるところ（最高裁昭和 32 年 2 月 20 日大法廷判決・刑集 11 巻 2 号 802 頁参照），本件届出義務は，医師が，死体を検案して死因等に異状があると認めたときは，そのことを警察署に届け出るものであって，これにより，届出人と死体とのかかわり等，犯罪行為を構成する事項の供述までも強制されるものではない。また，医師免許は，人の生命を直接左右する診療行為を行う資格を付与するとともに，それに伴う社会的責務を課するものである。このような本件届出義務の性質，内容・程度及び医師という資格の特質と，本件届出義務に関する前記のような公益上の高度の必要性に照らすと，医師が，同義務の履行により，捜査機関に対し自己の犯罪が発覚する端緒を与えることにもなり得るなどの点で，一定の不利益を負う可能性があっても，それは，医師免許に付随する合理的根拠のある負担として許容されるものというべきである。以上によれば，遺体を検案して異状を認めた医師は，自己がその死因等につき診療行為における業務上過失致死等の罪責を問われるおそれがある場合にも，本件届出義務を負うとすることは，憲法 38 条 1 項に違反するものではないと解するのが相当である。」（芦澤政治・ジュリスト 1278 号 132 頁の本件解説も参照）

　民事事件の判決は，医師の顛末報告義務と第三者のためにする契約を重ね合わ

せることで，遺族に対する医師の死因説明義務を肯定するものであるが，同時に，医師の証拠隠滅行為に対する強い非難を内包している。しかも，医師の職業倫理は，刑事訴追の端緒となる可能性にさえ優先するものとしている点で，きわめて興味深い。

3　医師の「説明義務」との関係

(1)　準委任契約を前提とする医師の説明義務

　医師の説明義務は，大きく分けて，(I)患者の治療への有効な同意を得るためのもの，(II)療養方法の指導（転医勧告等を含む）のためのものがあり，前者は，(I a) 治療に伴う患者の身体への侵襲の違法性を阻却する前提であり，(I b) 患者自身の治療方法選択の前提としても意味を持つ。後者は，(II a) 治療活動（診療債務の履行）の内容そのもの，あるいは(II b) 治療活動に伴う付随的義務ともいえる。しかし，ここで問題となっているのは，そのいずれにも属さない，第3のタイプたる顛末報告的な説明義務であり，ときに「弁明義務」などと呼ばれることもあるものである。

　通説にしたがい，医療契約を「準委任契約」であると考えると，少なくとも患者の存命中は，これらの説明義務の履践は，委任事務処理の状況報告義務，顛末報告義務（645条）に対応させて語ることが可能である（もちろん，これにとどまらない）。第3のタイプの説明義務についても，患者自身の存命中に医療機関が本人に対する診療経過や治療結果について説明すべき義務を負うことには，さほど疑問がなく，裁判例もこれを認める（札幌地判昭和52・4・27判タ262号310頁，東京高判昭和61・8・28判時1208号85頁，最近のものとして，さいたま地判平成16・3・24判時1879号96頁など[*5]）。

　しかし，患者が死亡した場合は，準委任契約関係の終了がもたらされ，死因等の説明義務が誰との間で，いかなる根拠で，いかなる範囲で履践されるべきかがあらためて問題となり，同時に，いかなる利益が保護法益で，義務違反に対する効果がいかにあるべきかも問い直される。この点について，②事件判決は，一定の場合に，医療機関が死亡した患者の遺族に対し病理解剖の提案をし，その実施を求めるかどうかを検討する機会を与え，その求めがあった場合には，病理解剖を適宜に実施し，その結果に基づいて，患者の死因を遺族に説明すべき「信義則上の義務」を負うべき場合があり得るものとする。さらに，①事件判決は，死亡の経過及び原因の説明を求める患者の遺族の心情ないし要求を一種の保護法益と

認めて，医師が診療を通じて知り得た事実に基づいて，遺族に対し適切な説明を行うことが，医師の遺族に対する法的義務であると明言する。そして，③判決は，医療機関が診療契約に「付随する義務」として説明義務（顚末報告義務を含む）を負い，診療契約は家族等「第三者のためにする契約」も内包しているとして，遺族に対する説明義務の存在を基礎づけたわけである。

(2)　委任者死亡による委任契約終了後の善処義務

　一般に，委任契約終了の場合でも，必要があれば，その相続人や法定代理人が委任事務を処理することができるようになるまで受任者が必要な処分をなす義務（善処義務）を負うことは民法654条の定めるところであり（医療契約終了の際の医療機関側の措置義務につき，大阪地判昭和60・9・13判タ596号50頁も参照。またドイツ民法BGB672条，673条は委任継続を擬制する），この義務ゆえに，信義則上，報酬請求権を含む様々な権利・権能も維持されると説明されることがある（鳩山一郎・債権法各論下632頁，我妻栄・民法講義・債権各論中二698頁など）。また，委任の趣旨から，委任者死亡後も事務処理が行われることが予定されている場合は，その限りで受任者の委任契約上の債務は存続すべきものと解されている（最判平成4・9・22金法1358号55頁［このとき，委任の趣旨から，相続人による任意解除も否定される］）。もちろん，かりに死亡によって委任契約が終了するとしても，既発生の報酬請求権や費用償還請求権，受領物引渡義務・権利移転義務などは，相続人に引き継がれていくわけであるから，**顚末報告義務**もまた同様に解すべきではないかという議論も成り立とう。ただ，そのことが直ちに医師の**「死因解明義務」**や**「病理解剖提案義務」**にまでつながるわけではなく，さらに一歩踏み込んだ法的根拠が必要である。そこでは，一応の診療経過や顚末を事実として報告するにとどまらず，積極的に，その医学的な機序を解明する責任を課す結果となるからである。

（＊5）　顚末報告義務の根拠について，岩藤美智子「ドイツ法における報告義務と顚末報告義務(4)」彦根337号113頁以下は，①事務処理を委任者自身がコントロールするという委任者の本質的権利を保障するため，情報提供が要請されること，②事務処理に関する受任者の義務違反の存否を明らかにし，義務違反が存在する場合にはこれに基づく責任追及の準備をするため情報提供が要請されること，③このような事務処理に関する情報の必要性にもかかわらず，委任者は情報を有しない一方で，事務処理を行った受任者は右情報を有していることを指摘する。また，医療行為の特性に配慮しつつ，さいたま地判平成16・3・24

（判時 1879 号 96 頁）は，「医療契約は，患者に対する適切な医療行為の供給を目的とする準委任契約であって，医療行為は高度の専門性を有するものであるから，委任者たる患者は，医師らの説明によらなければ，治療内容等を把握することが困難であること，医療行為が身体に対する侵襲を伴うものであり，医師らとの間に高度の信頼関係が醸成される必要があること等のことから，医療契約における受任者である医療機関は，その履行補助者である医師らを通じ，信義則上，医療契約上の付随義務として，患者に対し，適時，適切な方法により，その診療経過や治療内容等につき説明する義務を負うと解すべきである」という。これに関連して，手嶋・後掲 41 頁は，事後の顛末報告義務には，医療の一環たる「療養上の指示」としての側面と，医療行為の「結果の不首尾に関する申し開き」としての側面があるが，とくに後者は，患者や遺族が不良な転帰に終わった結果を運命として甘受するか，何らかの法的手段を採るかを決するために重要な意味を持ち，真実を明らかにし，紛争を事前に予防するための手段としても義務の明確化が重要であると指摘する。付随的にせよ，事後の説明義務・報告義務を法的義務として承認することの必要性については，西野・後掲 87 頁，医療問題研究会編・医療事故の上手な対処法 [民事法研究会，1993年] 22 頁，野田寛・医事裁判と医療の実際 [成文堂，1985 年] 7 頁など参照。

4　死因の解明・説明義務（医師の弁明義務）の法的根拠

(1)　対患者の責務として

　医師の死因解明・説明義務の根拠として考えうる最有力のものは，やはり医師・患者間の診療契約に基礎をおく考え方であって，①診療契約上の医師の善管注意義務の拡張，あるいは②患者に対する医師の説明義務（インフォームド・コンセント法理）の拡張である。しかし，ひるがえって考えてみると，診療上の医師の主たる義務は，あくまで「患者に対して向けられた診察・治療」であり，患者死亡後の医療機関の行為義務とは直接に結びつきにくい。拡張された付随的義務であるとしても，かかる拡張の根拠が必ずしも明らかではない。また，インフォームド・コンセント法理の拡張と考えるとすると，あらためて何のための説明義務であるのかという疑問にぶつかろう。インフォームド・コンセントは，患者の自己決定，治療選択権，治療を受けるかどうかの判断の基礎となるべき情報提供をその中核とするものであるだけに，患者死亡後の医療機関の対応に関わる死因解明・説明義務に結びつけることには無理がありそうである。他方，死因解明と説明による「弁明」は，むしろ医師の側の治療行為の正当性を明らかにし，遺族の治療活動への不満や疑念を払拭するためのものではないかと考えるなら，

対患者の責務としての説明義務とは明らかに異質なものが含まれている。

　もちろん，仮に患者が生存していたとすれば，通常は「自分の身に何が起きたのか，それはなぜか」を知りたいと考えるであろうから，かかる顛末報告を求める権利を遺族が代行することは，充分考えられよう。従来の裁判例にも，③診療契約に付随する義務（もしくは準委任契約における顛末報告義務）プラス相続構成を採用したものが見られる。たとえば，東京控訴院判大正6・11・17（新聞1355号25頁）は，死亡後も，事務処理が適切に行われたかの確認にとっては必要なことであり，患者本人の受任者（医療機関）に対する顛末報告請求権は，［請求権者の範囲は，自ずと財産的権利の場合とは異なるものの］相続の対象となりうると解すべきであると判示した（松井・後掲174頁も相続構成を支持されるようである。①広島地判平成4・12・21も同旨か）。その限りで，（病因や死因を含む）顛末報告を医師に求める患者の権利の一身専属性（896条但書）が緩和されていることになるが，それが適当かは別問題である。そもそも，かかる権利が相続に馴染むものかという根本的な疑問が払拭し得ないからである。いずれにせよ，医師と患者の間の診療契約上の合意のみから，死因解明義務を基礎づけることには困難を伴う。

(2)　対遺族の責務として

　患者本人に対する責務（およびその相続）という観点にとらわれることなく，医師の死因解明義務を，遺族に対する責務として論ずることが可能であろうか。

　死因解明義務を遺族に対する「顛末報告義務」として構成する議論は，次のように述べる。すなわち，診療契約を準委任契約と把握する以上，顛末報告義務の適用の結果として，死因に関する説明をなすべき義務が導出されるべきであって，患者が死亡した場合にも，診療契約そのものあるいは信義則上，医師は遺族に対して死因などを含めた顛末を説明すべき義務を負うべきであるという（西野喜一・後掲87頁，中村哲・後掲95頁，岡林・後掲155頁）。上述の裁判例も，多かれ少なかれ，このような方向で遺族の請求を基礎づけている。

　そもそも，説明義務の相手方は，当初から患者だけに限定されているわけではなく，意思無能力者・意識不明者，ガン告知の場合など，本人に説明することが困難な状況では，主要な家族等に説明すべきことが診療契約の付随的義務として内包されている場合が少なくなく，患者死亡の場合も同様に考えることが可能というべきかもしれない。この点を，契約法的に説明する試みの一つが③判決であ

り，「患者本人に説明することができないか，又は本人に説明するのが相当でない事情がある場合には，家族（患者本人が死亡した場合には遺族）になることを診療契約は予定していると解すべきであるので，その限りでは診療契約は家族等第三者のためにする契約も包含している」というわけである。診療契約の実態を反映した巧みな構成であるが，このアイデアには，医療機関との関係における患者家族を「契約当事者集団」として把握している観がある。もちろん，かつての「家団論」的発想を，診療契約という，ときに極めて個人的な人格的利益に関わる場面に無限定で持ち込むことには慎重であるべきであろう。

　この際，医師の死因解明義務や死因説明義務が，契約上の責務として当初の診療契約上の合意から根拠づけられねばならないものなのか，という点にも検討の余地がありそうである。たとえば，端的に不法行為法上の保護法益として，患者の死因に対する疑いを晴らしたいという遺族感情，ひいては患者の死を納得をもって受容したいという感情を正面から認め，[契約責任そのものではないが]契約プロセスに関連した付随的責務を考えることも不可能ではあるまい（契約交渉段階の信義則などと等質の帰責原理）。この場合の損害賠償の目的は近親遺族の精神的苦痛の慰謝であるから，法的根拠は711条の類推適用ということになろうか。

(3)　対社会的責務として

　既述のように，医師の死因解明・説明義務には，医療行為の密室性を前提とした医師の有する専門的知識・医療活動への期待と信頼に応える社会的責務という側面がある。

　医療の密室性と，情報の偏在について，①事件判決は，「高度の専門的知識を有する者が特別の資格に基づいて行う業務とされる医療の特殊性」を語り，②事件判決は，「患者に施行した医療行為の内容や患者が死への転帰をたどった経過については，患者の死亡の時点においては当該医療機関のみがこれをよく知る立場にある」という事情を語る。そして，それ以上に興味深いのは，③事件の民事判決が，医療法1条の4を援用し，その刑事判決が医師法21条や死体解剖保存法上の異状死体届出義務を「医師免許に付随する合理的根拠のある負担」と述べていることである。加えて，医療法施行規則11条4号は，「医療機関内における事故報告等の医療の安全の確保を目的とした改善のための方策を講ずること」を求め，異状な転帰をたどった患者の死因を社会的に明らかにすることが要請され

ていることである。確かに，②事件判決は，死体解剖保存法に関連して，「一定の行政上の規制を定めた法規であるから」，医療機関と患者の遺族との私法上の法律関係を規律する死因解明・説明義務を導き出す根拠とはならない旨を判示している。しかし，患者遺族に，重大な利害関係者として，信義則あるいは条理を媒介項として社会的期待・公益の代弁者たる資格を認めることができないわけではない。

　かくして，患者の死因について納得したい心情を遺族固有の保護法益としつつ，医師の対患者の責務と対社会的責務が，信義則を媒介としながら，死因解明に向けた遺族の権利に収斂していると考えることができようか（イメージ図）。ここでは，遺族・患者の「知る権利」（中村・後掲97頁）を持ち出すまでもあるまい。

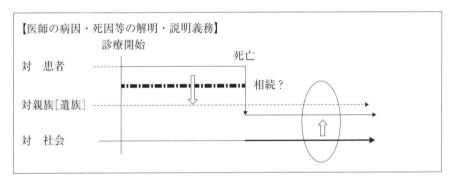

5　医師の「病理解剖提案義務」？

　②事件の第1審である東京地判平成9・2・25は，医師の遺族に対する信義則上の病理解剖提案義務を基礎づける要件として，(i)死因が不明であること，(ii)病院側が特定した死因と抵触する症状や検査結果など当該死因を疑うべき相当な事情があること，(iii)遺族が死因の解明を望んでいること，の3つを挙げている。はたして，かような義務に対応する形で，医師の病理解剖に対する遺族の請求権は認められるであろうか？

　死体の解剖には，その目的により**系統解剖**［死体解剖法］，**法医解剖**（司法解剖［刑事訴訟法223条］・**行政解剖**［死体解剖保存法8条］），**病理解剖**［死体解剖保存法2条］の三種があるといわれる。このうち系統解剖は，医学の教育や研究のため，法医解剖のうち，司法解剖は犯罪の捜査や鑑定のため，行政解剖は変死者

の死因解明のために行われ，病理解剖は，もっぱら医学の研究，とくに病死した者の病因の解明や死亡前の医療措置の妥当性の検討資料を得るために行われるものである。これ以外に，たとえば，遺族に対する死因解明・説明のための解剖は法制上の明文では定められていない。したがって，遺族には，医療側に解剖を要求する積極的権利はないというのが一般的見解である（石原寛編・医者と患者の法律相談 138 頁など参照）。もっとも，今日では，死体解剖保存法は，公衆衛生の向上や伝染病予防・治療に役立たせるためというより，「死因や死因の種類を中心とする死をめぐる事実関係の究明により，遺族・医療関係者または行政間の権利義務関係・責任関係の明確化のための医学的根拠を示す機能を果たしている」と指摘されている（岡林・後掲 151 頁）。これは，遺族からのカルテの開示請求権とも密接に関係する問題である。それにしても，遺族に対する私法上の義務を基礎づけるのは困難であり，果たして単に信義則を媒介とすることだけで乗り越えられる問題であるかには，なお疑問がある。

　実質的には，問題事例において医療機関の側が死因を明らかにするための解剖提案しないことで，遺族の原因事実解明の機会喪失が問題となること，また，事実関係を不明にし，それにより証明責任を負担する側の立証を困難にし，その解明に費用を要しているという事実に基づいて，独立した民事責任を考える余地があるかが問題である。この点は，適期のレントゲン不撮影などについても同様の問題が潜んでいる。先に述べた医師の死因の解明・説明義務（弁明義務）を前提として，医師が，死因解明に必要な措置の提案をなすべきであると考えられる場合には，これに対応する反射的権利として病理解剖に対する遺族の請求権を認めるのが適当であろう。その意味では，単なる私法上の義務というだけではなく，社会的責務としての要素を加味して，これを肯定すべきであるように思われる。

6　診療義務違反問題との混線

　以上に見てきたように，患者の死因が何であるかを明らかにする作業と，医師の診療上の義務違反が存在したかどうかの問題は，結果において密接に関連する。死因解明・説明義務は，不幸な転帰をたどった医療結果について，医師の治療活動がどの程度，いかなる形で関与していたかの事実関係（過失の有無を含む）を示すことでもあるからである。ここに，医療事故で医師の過失を具体的に証明できない患者遺族が，間接的に医師の義務違反を問う代替手段となりうる契機がある。②事件上告審判決が，主位的請求である診療義務違反を認めたことは，こ

のことを端的に示しており，同様のことは，青森地判昭和 63・4・26（判時 1280号 113 頁）についても言える。すなわち，同判決では，担当医が分娩時の子宮不完全破裂を見過ごして産婦が出血多量で死亡した事例につき，患者遺族側からの，「医師が患者家族から手術の結果などについて説明を求められた場合に誠意をもって正確にこれを説明する義務があるところ，患者の死亡後にその症状の経過及び死亡原因について説明を求めたにもかかわらず誠意ある説明をせず，この義務を履行しなかった」との主張に対して，医師の「技術上の過誤」を肯定して3200 万円余の損害賠償を肯定した。

　この点について，新堂教授は，医師が患者に対して予想外の結果をもたらさないという一種の不作為債務を負担し，患者はかかる予想外の結果が発生したことの主張によって医師の不完全履行の立証が尽くされたと構成する。この場合，医師は自己に過失がなかったことの証明を果たす必要があり，民法 645 条の受任者の報告義務を拡張・類推し，実体法上の義務として医師に積極的に患者に対し顛末について説明・弁明する義務を負わせることを提案される（新堂・後掲 29 頁，手嶋・民事法情報 85 号 41 頁も参照）。これは，「一応の推定」のような手続法上の手法ではなく，実体法上の証明責任の転換を図るとともに，診療録開示等をより合理的に説明せんとする意図に出たものと考えられる。だとすれば，ここでの死因解明義務は，患者およびその遺族による医師に対する過失責任追及の場面での攻撃防御のあり方をめぐる紛争解決規範の問題として位置付けられることになる。もっとも，「予想外の責任」とは何かが明らかではなく（中野貞一郎・過失の推認 103 頁，109 頁［弘文堂，1978 年］），説明義務と訴訟上の反駁責任は区別されるべきではないか（稲垣喬・医療過誤訴訟の理論 210 頁［日本評論社，1985 年］），「結局は医師に過失がなかったことの立証を求めるもので難きを強いることにならないか」（金川琢雄・法時 55 巻 4 号）といった批判を受けている。確かに，顛末報告義務を過度に強調すると，医師は，死因を説明して，自己の無過失・不可抗力を立証できない限り，不幸な転帰をたどった事例では常に責任を負うことにもなりかねない。ここでは，医師の説明義務を通じての債務の拡張と，その責任追及場面における訴訟上の反駁責任負担の問題が混同されているとの批判が妥当しよう。診療過誤に関する立証責任・立証負担の問題として解決されるべき問題と，診療過誤の有無とは別に遺族が死亡原因解明の機会を失ったことに対する補償問題との意識的整序が必要である。

　「手段的訴訟物」と見られたものには，少なくとも保護法益の拡大にともなう

債務や責任内容の拡張部分と，当事者間における情報の偏在や立証上の限界を前提として，攻撃防御のあり方をめぐる主張・立証負担の再分配の問題が含まれている。そして前者については，通常の合意を基礎とした契約関係のみからは導くことの困難な，あらたな責任が生成しつつあり，そこには信義則を媒介としつつ，当事者のみならず第三者の保護法益や紛争予防や事故抑止に向けた公益的配慮が流れ込んでいることが知られるのである。ここには，従来，専門家責任として語られていた何かが潜んでいるように思われる。

【参考文献】

齋藤大巳・平成 11 年度主要民事判例解説（民法 47 事件）114 頁：②事件判決評釈

稲垣喬・1998 年私法判例リマークス（下）16 頁：②事件の第 1 審判決解説

岡林伸幸・名城法学 49 巻 4 号 145 頁：②事件の判例研究

金川琢雄・判評 481 号（判時 1661 号）183 頁：②事件判決評釈

手嶋豊「医師の顛末報告義務に関する学説・裁判例の最近の動向」民事法情報 85 号 41 頁（1993 年）

石原寛編・医師と患者の法律相談（41 頁「病院からの解剖要請と応諾義務」，136 頁「遺族からの解剖要請」[佐々木幸孝執筆]）

土居久子「弁明義務」石原寛編・医療紛争の法律相談 251 頁以下所収（青林書院，2003 年）

松井和彦・判評 559 号（判時 1897 号）171 頁：③事件評釈

三谷仁美「民事判例研究」法時 77 巻 5 号 114 頁（2005）：③事件の判例研究

宇津木伸「判批」年報医事法学 14 号 149 頁

新堂幸司「診療義務の再検討——医師の弁明義務を手がかりとして」ジュリスト 619 号 29 頁

西野喜一「説明義務，転医勧奨，患者の承諾，自己決定権」判タ 686 号 87 頁

中村哲「医師の説明義務とその範囲」新・裁判実務大系(1)医療過誤訴訟 95 頁

手嶋豊＝吉田謙一「対談・医療関連死——届出・解剖・死因究明」法教 300 号 20 頁（2005 年）

（初出は平井宜雄先生古稀記念）

第7講　医療広告及び医療情報

> **ここでの課題**　ここでは，医療広告規制及び医療情報の提供の在り方について検討する。もともと医療機関の広告は，患者が適切な治療を受けるために医療情報を受診等の誘引目的で実施するものであって，客観性や正確性が求められる。あわせて，医療機関が患者から得た医療情報・診療情報など患者の個人情報の保存・管理の在り方の問題にも触れよう。

1　医療広告

(1)　医療広告の規制

「**医療広告**」を行う者は，その責務として，患者等が広告内容を適切に理解して，適切に治療等を選択できるよう，客観的で正確な情報の伝達に努めなければならない。さらに，広告は，一面で患者の受診等を誘引する目的を有するものの，患者等の利用者へ向けた客観的で正確な情報伝達の手段として実施されるべきであり，また，医療機関等が自らの意思により行う必要がある。

医療広告の規制については，**医療法**に基づく規定の他に，不当景品類及び不当表示防止法（昭和37年法律第134号。以下「**景表法**」という。），医薬品，医療機器等の品質，有効性及び安全性の確保等に関する法律（昭和35年法律第145号。以下「医薬品医療機器等法」あるいは単に「**薬機法**」という。）等があり，これら他法令やそれら法令に関連する広告の指針に違反する広告は，当該法令に基づく指導・処分等の対象となり得る。

厚生労働省は，平成29年6月14日付けで公布された「医療法等の一部を改正する法律」（平成29年法律第57号）により，医療に関する広告規制の見直しを行い，法律の成立後，医療情報の提供内容等のあり方に関する検討会等における議論を踏まえて，「医療法施行規則等の一部を改正する省令」（平成30年厚生労働省令第66号）により，医療法施行規則（昭和23年厚生省令第50号）等の一部を改正し，平成30年厚生労働省告示第219号示により，「医業，歯科医業若しくは助産所の業務又は病院，診療所若しくは助産所に関して広告することができる事項」（平成19年厚生労働省告示第108号），「医業若しくは歯科医業又は病院若しくは診療所に関する広告等に関する指針（**医療広告ガイドライン**）」を策定している。

(2)　規制対象となる広告

「医療広告ガイドライン」（https://www.mhlw.go.jp/content/000772066.pdf）によれば，広告の規制対象となる媒体の具体例として，①チラシ，パンフレットその他これらに類似する物によるもの（ダイレクトメール，ファクシミリ等によるものを含む。），②ポスター，看板（プラカード及び建物又は電車，自動車等に記載されたものを含む。），ネオンサイン，アドバルーンその他これらに類似する物によるもの，③新聞，雑誌その他の出版物，放送（有線電気通信設備による放送を含む。），映写又は電光によるもの，④情報処理の用に供する機器によるもの（Ｅメール，インターネット上の広告等），⑤不特定多数の者への説明会，相談会，キャッチセールス等において使用するスライド，ビデオ又は口頭で行われる演述によるもの，が掲げられている。その対象は，すこぶる広い。

同法第6条の5等の規定に違反し，又は違反が疑われる広告は，これら広告等を規制する他法令の規定に違反し，又は違反している可能性がある。とくに，①患者の受診等を誘引する意図があること（**誘引性**），②医業若しくは歯科医業を提供する者の氏名若しくは名称又は病院若しくは診療所の名称が特定可能であること（**特定性**），③「誘引性」は，広告に該当するか否かを判断する情報物の客体の利益を期待して誘引しているか否かにより判断することとされており，①②のいずれの要件も満たす場合は，医療法第2章第2節「医業，歯科医業又は助産師の業務等の広告」の規定による規制の対象たる医療広告に該当する。つまり，およそ病院等の医療機関が特定される形で受診を誘引するような広告は，広く規制対象とされている。そもそも「医療」は患者を誘い込むような性格の事業とは考えられていないのである。

ときに，健康食品の広告や美容医療の宣伝をするTVや新聞などに，「これは広告ではありません」，「これは，取材に基づく記事であり，患者を誘引するものではありません」，「これは個人の感想です」といった記述や文言を見かけることもあるが，病院名等が記載されていたり，「医療法の広告規制のため，具体的な病院名は記載できません」と表示をしつつ，住所，電話番号及びウェブサイトのアドレス等から病院等が特定可能にしているもの，治療法等を紹介する書籍，冊子及びウェブサイトの形態をとりつつ，特定の病院等の名称が記載されていたり，電話番号やウェブサイトのアドレスが記載されることで，一般人が容易に当該病院等を特定できるような場合もあり，実質的に上記①②の要件をいずれも満たす場合は，広告に該当する。

　また，新しい治療法に関する書籍に「当該治療法に関するお問い合わせは，○○研究会へ」と掲載されている場合のように，当該書籍等では直接には，病院等が特定されないていない場合で，「当該書籍は純然たる出版物であって広告ではない」等として，広告規制の対象となることを回避しようとする場合もある。このような場合も，連絡先が記載されている「○○研究会」や出版社に問い合わせると特定の医療機関をあっせんするなど，当該医療機関が別の個人や出版社等を介在させることにより，広告規制の対象となることを回避しようとしていると認められる場合は，いわゆる「タイ・アップ本」や「バイブル本」と呼ばれる書籍や記事風広告として，実質的には，上記①②に示したいずれの要件も満たし，「広告」として取り扱うことが適当な場合がある。

　加えて，患者等に広告とは気付かれないよう行われる，いわゆる「**ステルス・マーケティング**」等についても，医療機関が広告料等の費用負担等の便宜を図って掲載を依頼しているなど，実質的には①②に示したいずれの要件も満たす以上，同様に広告として取り扱うことが適当である。

ひと口メモ

◯ 漢方医学

　漢方医学とは，中国の医学ではなく，日本独自の伝統医学。起源は古代中国（当時の漢）の伝統医学にある。これが5・6世紀，渡来人により日本に伝わり，その後日本独自に発展した医学を「漢方医学」と呼んでいる。オランダ医学の「蘭方」と区別して「漢方」と呼んだ。ちなみに中国で発展した伝統医学は「中医学」と呼ばれ，起源は同じであるが漢方とは区別されている。「漢方薬」と似た概念に「生薬」がある。生薬は植物，動物，鉱物など自然に存在し，かつ薬理作用があるものの総称で，漢方薬はそれらを一定割合で組み合わせたもので，生薬からなる混合薬である。漢方薬の名称には葛根湯など「湯」の名がつく事が多いが，これは中国語でスープを意味する。本来の漢方薬は複数の生薬を煎じた液状のものである事が一般的であるが，現在医療の現場で利用されているのは，エキスを抽出し乾燥させ保管や携帯性などの利便性を高めた「エキス製剤」が主流になっている。

◯ ジェネリック

　先行する新規医薬品の特許が切れた後に，別のメーカーが同じ有効成分の医薬品・後発薬を製造する場合をジェネリックという。先発薬と同じ有効成分であるため，同等の効能・効果が期待されるが，研究開発費等のコストを必要としないため，安価に市販することが可能である。そのため，医療費抑制にもつながり，

患者としても費用負担が小さくて済むことになるが，反面で，膨大な費用をつぎ込んで新薬開発を行った企業にとっては，研究開発に要したコストを回収できず，新薬の開発に消極的になるおそれもある。したがって，後発薬拡大と先発薬に関する権利保護のバランスが，特許法上の重要な課題である。

(3)　美容医療サービスを例に

　地下鉄や TV の広告に氾濫する「美容医療サービス」を例に考えよう。一般に，「美容医療サービス」とは，医療脱毛，脂肪吸引，二重まぶた手術，包茎手術などの医療サービスを指し，医療法上の「医行為」に該当する。美容医療とそれ以外のエステでの施術の間にも，区別の困難なサービスがある。

(a)　医療機関のホームページでの情報提供

　内閣府消費者委員会は，平成 23 年 12 月 21 日に「エステ・美容医療サービスに関する消費者問題についての建議」を発出し，とくに美容医療サービスに関して，厚生労働大臣及び内閣府特命担当大臣（消費者）に対し，不適切表示・広告の取り締まりの徹底及び消費者への説明責任の徹底等を求めた。この建議を受け，厚生労働省は，平成 24 年 9 月，医療法（昭和 23 年法律第 205 号）に関する「医療機関のホームページの内容の適切なあり方に関する指針（以下「医療機関HP ガイドライン」）を策定し，また，平成 25 年 9 月に，「美容医療サービス等の自由診療におけるインフォームド・コンセントの取扱い等について」を都道府県知事，保健所設置市の市長等に通知するという対策を講じている。しかし，かかる対策が講じられた後も，美容医療サービスに関する身体被害を含む消費者トラブルは発生し続け，国民生活センターが集約するパイオネット（PIO-NET）に登録された美容医療サービスの相談件数は，平成 23 年度に約 1,600 件であったものが，平成 26 年度には約 2,600 件にのぼり，厚生労働省が講じた対策では効果が不十分であった。そのため，平成 25 年 7 月 7 日，消費者委員会は，改めて「美容医療サービスに係るホームページ及び事前説明・同意に関する建議」をとりまとめて発出した。この建議で最も重視されているのは，医療機関の HP の情報提供の適正化である。

　これまで，医業もしくは歯科医業又は病院若しくは診療所に関する広告については，患者やその家族あるいは住民（以下「患者等」）の利用者保護の観点から，医療法（昭和 23 年法律第 205 号）その他の規定によっても制限されてきたところであるが，従来は医療機関のウェブサイトを，原則として，規制対象とせず「医

療機関のホームページの内容の適切なあり方に関する指針（医療機関 HP ガイドライン）について」（平成 24 年 9 月 28 日付け医政発 0928 第 1 号厚生労働省医政局長通知）により関係団体等による自主的取組みを促すにとどまっていた。しかし，美容医療に関する相談件数が増加する中，消費者委員会から，医療機関のウェブサイトに対する法的規制が必要である旨の再度の建議（消費者委員会平成 27 年 7 月 7 日）を踏まえて，平成 29 年通常国会で成立した医療法等の一部を改正する法律（平成 29 年法律第 57 号）により，医療機関のウェブサイト等についても，他の広告媒体と同様に規制の対象とし，虚偽又は誇大等の表示を禁止して，是正命令や罰則等の対象とすることとなった。

(b)　インターネットのホームページ規制

　HP の表示に誘引されて契約関係に入る消費者の割合が比較的高い現実を考えると，インターネットを通じた情報提供の重要性には疑いがない。

　美容医療サービスを提供する医療機関の HP においては，「ガイドライン」で掲載すべきでないとされた，①他との比較により自らの優良性を示そうとするもの，②手術・処置等の効果・有効を強調する術前術後の写真の掲載，③早急な受診を過度にあおる表現または安価な費用を過度に強調するもの，などが散見されることは，周知の通りである。なかには，厚生労働省によって「広告」該当性が明確化されているバナー広告及びそのリンク先のページ等についても，一見すると同一の内容に見える別の HP を脱法的に設けて不適切な表示をしているものが存在する。

　医療機関 HP ガイドラインが遵守されず，その実効性が確保されない原因の一つは，医療機関の HP が景品表示法等に基づく「広告」規制の対象とされず，不適切な情報提供が行われていても，改善措置を命ずるなどの法律上の措置がないことにある。厚生労働省は，医療機関の HP が広告規制の対象とされないことについて，患者等に対する医療情報の提供を一層推進していく必要があるためと説明する。しかし，情報提供を推進するというときの「情報」は，あくまで質の良い適正な医療情報でないと意味がない。適正な情報提供の推進という大目標のためにも，医療機関の HP に一定の法的規制は必要であろう。だいいち，バナー広告から閲覧するか検索エンジンから閲覧するかの違いで「広告」該当性を異にする合理性は，ほとんどない。

　かくして厚生労働省は，美容医療サービスに係るインターネットによる情報提供の適正化を図るべく，新たな対応案を示した。その内容は，広告に該当するか

否かに関わらず，患者や国民に対して虚偽又は誇大な表示や説明等を行うことは，医療法第28条及び第29条における「医事に関する不正行為」に該当するおそれがあることを明確化し，監視・指導を強化するというものである。しかし，法第28条及び第29条が適用される場合でも，極端に悪質な事例しか対象とならない可能性もある。少なくとも虚偽又は誇大な表示や説明等を行うことは，法第28条及び第29条における「医事に関する不正行為」に該当することを明確にし，監視・指導体制を強化する必要があろう。医療機関のHPを正面から法に基づく「広告」として取り扱い，法第6条の5の規定に基づく広告規制において，都道府県等が，同条に違反しているおそれがあると認めるときは，「当該広告を行った者に対し，必要な報告を命じ，当該広告を行った者の事務所に職員を立ち入らせ，当該広告に関する文書その他の物件を検査させることができることとした（法第6条の8第1項）。さらに「違反していると認める場合には，当該広告を行った者に対し，期限を定めて，当該広告を中止し，又はその内容を是正すべき旨を命ずることができる」（同条第2項）とされた。

　さしあたり，厚生労働省は，医療機関のホームページにおける情報提供の適正化を図るため，医療機関のホームページについて，是正命令や命令に違反した場合の措置等を設けることにより医療機関に対する指導監督の実効性が確保されよう，法令の改正に向けた検討を行い，(1)法第6条の5の規定に基づき規制の対象とされている「広告」概念を拡張し，医療機関のホームページも「広告」に含めること。(2)少なくとも法第6条の5第3項の規定に基づき禁止されている「虚偽」の広告並びに同条第4項及び医療法施行規則（昭和23年厚生省令第50号）第1条の9の規定に基づき禁止されている類型（比較広告，誇大広告，広告を行う者が客観的事実であることを証明できない内容の広告及び公序良俗に反する内容の広告）の広告を，医療機関のホームページについても禁止することとなった。

(c)　事前の説明・同意の適正化

　いま一つの美容医療サービスをめぐる大きな課題は，事前説明・同意の適正化である。

　美容医療サービスにおける事前説明・同意に関するパイオネット（PIO-NET）の相談状況からは「説明不足」と「虚偽説明」が多くのトラブルを惹起しており，これら二つを合計した相談件数が，平成23年度頃から大きく増加している。美容医療は，多かれ少なかれ侵襲性を有する施術を伴うものであるから，患者の十分な理解と同意の上で行われるべきものであるが，実際には不適切な説明

や説明不足により，被害につながっている。

　厚生労働省が，平成 25 年に発した「通知」では，「美容医療サービス等の自由診療におけるインフォームド・コンセントに関して特に留意すべき事項」として示された 5 項目は，なお抽象的な表現にとどまっていた。消費者にとって美容医療サービスは，施術を受ける緊急性が低い一方で，一度施術を受けると場合によっては回復できないリスクがあるため，「通知」の解釈や指導の基準（Q & A 等）を速やかに示して，施術前の適切な説明を遵守させ，患者の充分な理解と同意を得た上で施術を行うべきであり，とくに，消費者トラブルの原因となりやすい「即日施術」を厳に慎むべきことを徹底すべきであろう。

　もちろん，消費者に対する注意喚起も必要であるが，とくに厚生労働省は，美容医療サービスに係る法令やガイドラインに違反する事例を把握し，都道府県等が医療機関に対する指導監督を効果的に行えるようにするため，PIO-NET や医療安全支援センターに蓄積された情報の活用を図り，医療安全支援センターの相談窓口の活用が求められる。加えて，厚生労働省及び都道府県等における指導・監督の執行体制の不十分さにも目を向ける必要がある。医療機関 HP への規制を強化する場合，被害は都道府県を超えて広域に及ぶのが通例である。それゆえ，都道府県等が適正に業務を遂行できるよう，必要な体制の整備が不可欠と考えられる。

　法第 6 条の 5 第 1 項の規定により，内容が虚偽にわたる広告は，患者等に著しく事実に相違する情報を与えること等により，適切な受診機会を喪失したり，不適切な医療を受けるおそれがあることから，罰則付きで禁じられている。同様の観点から，法第 6 条の 5 第 2 項の規定及び医療法施行規則（昭和 23 年厚生省令第 50 号）第 1 条の 9 により，次の広告は禁止されている。(ⅰ)比較優良広告，(ⅱ)誇大広告，(ⅲ)公序良俗に反する内容の広告，(ⅳ)患者その他の者の主観又は伝聞に基づく，治療等の内容又は効果に関する体験談の広告，(ⅴ)治療等の内容又は効果について，患者等を誤認させるおそれがある治療等の前又は後の写真等の広告である。

2　医療情報の取り方と入手した個人情報の扱い

(1)　医療情報と個人情報保護法
(a)　医　療　情　報
「医療情報」とは，広く医療に関する情報全般を指す用語であり，個人情報で

あるかどうか，秘密であるかどうか，あるいは記録の有無やその媒体も問わない。医療情報の内容は多岐にわたる。医療技術，医療体制，診療実績などの医療機関側の情報や，医薬品に関する情報があるほか，患者側の住所・氏名，病状，検査・治療内容，既往歴，遺伝情報，家族関係，職業など，医療に関連して得られた患者の個人情報などの全てが含まれる。

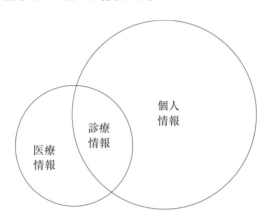

　医師や医療従事者は，治療のために（治療の過程で），必然的に患者のセンシティブ情報を含む個人情報に触れることになる。そして，その保存・管理・開示は，さまざまな局面で問題となる。特に，個人情報は，それがきちんと管理されていなければ，患者は安心して医療機関に身を委ね，情報を提供することができない（ひいては治療効果にも影響しよう）。他方，診療情報は，患者本人の利益だけでなく，第三者や公益にも深く関わっている場合がある。また，医療従事者は，医療行為にとって必要な専門情報を保有しており（保有していない場合にも，アクセスが容易である），そのような情報をどのような形で利用すべきかも問題となる。さらに，技術の進歩と共に，患者や他の医療機関との情報の共有，そのための標準化，電子情報化が語られる中，個人情報の保護・公益上の要請そして医師の裁量権の衝突といった問題も深刻である。

　いずれにせよ，診療記録等の開示が患者から求められた場合には，これに応じなければならないのが原則である。患者が死亡した場合は，遅滞なく，遺族等に対し，死亡に至るまでの診療経過，死亡原因などについての診療情報を提供しなければならない。

　　＊手嶋豊「医療情報の提供に関する各種指針」医事法判例百選〈第2版〉35頁な

ど。

(b)　個人情報の記録媒体

患者の個人情報の記録媒体は，「カルテ」と呼ばれる**診療録**のほかに，レント
ゲン写真，看護日誌，病棟日誌，手術記録（術中ビデオ，内視鏡ビデオなど），検
査所見記録，剖検記録，組織標本，処方箋，レセプト，紹介状などがあり，最近
では「電子カルテ」のような電磁的記録媒体も普及している。こうした医療情報
の管理・利用は，常に問題となる。（医事判百〈第2版〉15，16，17，18事件）

(c)　個人情報の法的保護

他方で，2003年に成立した「個人情報保護法」（2005年から全面施行）により，
国民の間では個人情報に対する関心が高まり，医療の分野でも**医療に関する患者
の個人情報の法的保護**が強く意識されるようになった。医療に関する患者の個人
情報には，ときにセンシティブ情報が含まれており，保護の必要性は，通常の個
人情報に較べて保護の必要性が高い。しかし，患者の医療情報は，国家的・社会
的に有用な情報資源でもあり，社会的利益や医学研究等のために有効活用したい
との要請もある。捜査機関からの照会にどこまで応ずるべきかといった問題もあ
る。患者の医療情報の第三者提供や医療情報の管理，情報提供に対する患者の同
意の取り方などが問題となる。

従来より，患者の個人情報に関しては医師の守秘義務の存在が認められ，近時
では，患者の「自己情報コントロール権」に基づく，情報開示請求なども論じら
れるようになった。

【参考文献】

増成直美・診療情報の法的保護の研究（成文堂，2004年），村山淳子「診療情報の
第三者提供をめぐる我が国の法状況の考察——異質の法領域の架橋を志向して」西
南学院大学法学論集37巻1号（2004年），開原成充＝樋口範雄・患者の個人情報
とセキュリティ〈第2版〉（有斐閣，2005年），村山淳子「医療情報の第三者提供
の体系化（1〜3）西南学院法学論集39巻3号，4号，40巻1号（2007年），村山
淳子「医療と情報——守るべき情報，与えるべき情報」賠償科学44号（2016年），
宇賀克也・個人情報保護法の逐条解説〈第5版〉（有斐閣，2016年）など。

なお，刑事法上の医師の秘密漏洩罪は，医師が基本的な医行為を行う過程で常
に患者等の秘密に接し，それを保管することになるという医師の業務に着目し
て，業務上取り扱ったことについて知り得た人の秘密を漏らすことを刑罰の対象
としたものである。したがって，同条は，第一次的には，このような患者等の秘

密を保護するため，第二次的（あるいは反射的）には，患者等が安心して医師に対し秘密を開示することができるようにして，医師の基本的な医行為が適正に行われるようにすることを企図し，いわば医師の業務自体を保護することも目的として制定されたものといえる。

鑑定資料等に関する守秘義務を認めた最判平成24・2・13（刑集66巻4号405頁）は，精神科医が，精神医学的判断を内容とする鑑定を命じられ，そのための鑑定資料として少年らの供 述 調書等の写しの貸出しを受けていたところ，正当な理由がないのに，同鑑定資料や鑑定結果を記載した書面を第三者に閲覧させ，少年及びその実父の秘密を漏らした事件で，次の点を明らかにした。

①医師としての知識，経験に基づく診断を含む医学的判断を内容とする鑑定を命じられた医師が，当該鑑定を行う過程で知り得た人の秘密を正当な理由なく漏らす行為は，医師がその業務上取り扱ったことについて知り得た人の秘密を漏示するものとして刑法134条1項の秘密漏示罪に該当する。

②医師が医師としての知識，経験に基づく診断を含む医学的判断を内容とする鑑定を命じられた場合の刑法134条1項の「人の秘密」には，鑑定対象者本人の秘密のほか，同鑑定を行う過程で知り得た鑑定対象者本人以外の者の秘密も含まれる。

③医師が医師としての知識，経験に基づく診断を含む医学的判断を内容とする鑑定の過程で知り得た鑑定対象者本人以外の者の秘密を漏示した場合には，その秘密を漏示された者は，刑訴法230条にいう「犯罪により害を被った者」として，告訴権を有する。

(2)　具体的ケースから

【例1】　45歳のS夫人がハンチントン（舞踏）病を発症した。ハンチントン病は，不治の遺伝病で，中年以上に発現し，15〜20年で死亡することが多く，子供に遺伝する率は2分の1である。S夫人には3人の子や多くの親族がいるものの，S夫人は，この事実を誰にも伝えないで欲しいと担当医に頼んでいる。担当医は，どうすべきだろうか。（樋口・医療と法を考える161頁より）

【例2】　最高裁決定平成17・7・19刑集59巻6号600頁（医事法判百〈初版〉45事件）では，正当な医療行為の過程で採取された尿から違法な薬物反応が出たことについて，警察に通報した医師の行為について，刑法134条の秘密漏洩罪に係る正当理由があることを認めた。

　例 1，例 2 ともに難問である。第 1 に，周囲の者は，病気についての知識なしに病状の発現に適切に対処・サポートすることは困難である。第 2 に，本人の意思は尊重すべきであるがこれを貫徹して良いか（本人が「知りたくない」という場合もある）。第 3 に，個人情報といえども，家族や親族への遺伝のような問題は，本人だけの問題ではないのではないか。第 4 に，かりに発症の可能性を知らされても，不治の病気であるとすると，知る利益は乏しいのではないか。そもそも医療機関は，どこまで患者の情報を収集できるのかも問題になる（HIV の無断検査につき：東京地判平成 15・5・28 判タ 1136-114 ＝医事法判百〈初版〉22 事件）。

　問題を考える際は，それらの情報が何のための情報であるのかに注意する必要がある。たとえば，①患者の治療目的，②患者の自立的決定の支援目的，③公衆衛生の増進・医学研究・教育などの公益目的（刑事司法上の要請は別途検討の必要がある），④事故防止・リスク管理目的，⑤その他，診療報酬計算・薬剤開発・商品開発などの企業活動目的などである。とくに，患者の治療目的，患者の自立的決定の支援目的の場合には，基本的に本人の意向がより重視されるべきである。

2　「患者に関する情報」の作成・保存・管理・開示

(1)　診療記録の適切な作成・保存義務
　診療記録の記載事項としては，医師法施行規則 23 条（①患者の住所／氏名／性別／年齢，②病名／主要症状，③治療方法（処方・処置），④診療年月日）→なお，「電子保存された診療録情報交換のためのデータ項目」（財団法人・医療情報システム開発センター作成）が基本となる（診療録については，医師法 24 条 1 項，歯科医師法 23 条 1 項を参照）。保存については医療法 21 条 1 項 9 号に定めがある。これらは，基本的に**公法上の義務**である。しかし同時に，診療契約に基づいて医療機関が患者に対して負担する**私法上の義務**でもあることに留意しなければならない。つまり，二重の性格を帯びているのである。

　なお診療録の「改ざん」行為は，刑事上，証拠隠滅罪を構成し（医事法判百〈初版〉17 事件：東京地判平成 16・3・22LEX/DB28095468），訴訟当事者の間では改ざんが証明妨害に当たる場合もある（甲府地判平成 16・1・20 判時 1848 号 119 頁＝医事法判百〈初版〉16 事件）。

(2)　診療記録の具体的内容は，医療法施行規則 20 条 10 号によれば，過去 2 年

間の病院日誌，各科診療日誌，処方箋，手術記録，検査所見記録，エックス線写真，入院患者・外来患者数を明らかにする帳簿などであるが，これ以外にも存在する（地域医療支援病院・特定機能病院につき，医療法22条2号，医療法施行規則21条の5第2号で，「紹介状」および退院した患者にかかる入院期間中の診療経過の要約が加わる）。

(3)　**医師・医療機関の守秘義務**は，「ヒポクラテスの誓い」以来，確立したものであるが，この根拠法は，刑法134条［秘密漏示罪］（医師・薬剤師・医薬品販売業者・助産師・弁護士・弁護人・公証人またはこれらの職にあった者），各種医療関係法規（保険助産師看護師法42条の2；救急救命士法47条；歯科衛生士法13条の5；歯科技工士法20条の2；精神福祉士法40条・44条，45条，臨床検査技師23条，感染症67条，母体保護法33条など）に求められている（証言拒否に関する民訴197条1項2号，刑訴149条なども参照）。厚生労働省「医療・介護関係事業者における個人情報の適切な取り扱いのためのガイドライン」（平成16年），「診療情報の提供に関する指針」も参照されたい（後掲・資料）。

(4)　**患者による情報へのアクセス権（患者の「知る権利」）**
患者のカルテ・診療録閲覧請求等の情報請求権をめぐる議論がある。診療録閲覧請求（東京高判昭和61・8・28判時1208-85＝医事法判百〈初版〉15事件）
医師は，要求があれば，診療録そのものを本人に示し，閲覧させねばならないか？［消極］
これまでのところ，診療録の所有権・管理権，閲覧権の法的根拠，受任者の報告義務［民法656条，645条］の射程，医師の裁量権などを理由に，消極説が通説であったが，近時は肯定説が増加している。理論的根拠はあいまいであったが，顛末報告義務の一環であるとするもの［新堂］，プライバシー権の一つとするもの［新美］，自己情報コントロール権とするもの［増成］などがある。医療契約は一種の準委任契約と解せられることから，基本的には民法645条の法意により，医師は，少なくとも本人の請求があるときは，その時期に説明・報告することが相当でない特段の事情のない限り，本人に対し，診断の結果，治療の方法，その結果等について説明・報告をしなければならないと解すべきであろう。
しかし，このように義務と解される説明・報告の内容・方法等については，患者の生命・身体に重大な影響を及ぼす可能性があり，かつ，専門的判断を要する医療契約の特質に応じた検討が加えられなければならないが，この場合の説明・報

告に当たっては，診療録の記載内容のすべてを告知する義務があるとまでは解されず，その方法も，当然に，診療録を示して行わなければならないものではない。それぞれの事案に応じて適切と思料される方法で説明・報告をすればよいと考えられる（ちなみに，2002 年度厚労省調査によれば，約 7 割の患者がカルテの内容を知りたいと考えているが，実際の開示率は 2 割程度であった）。

　平成 15 年 5 月の個人情報保護法により，①自己の個人情報の開示請求，②自己に関する情報が間違っている場合の訂正請求，③誰に対していかなる情報の利用を認めるかの自己決定の保障が明らかにされた。

　　＊（自己情報コントロール権）について　　国連原則 19 では，患者（その代理人・弁護士など）が，診療録等の医療情報の開示を受ける権利（患者に対する悪影響・第三者の利益侵害との調整：医師の情報留保，守秘義務）に配慮が求められている。個人情報法保護法 25 条について，本人又は第三者の生命・身体・財産その他の権利・利益を害するおそれがある場合の情報不開示が定められている。なお，精神医療などでは，患者の同意能力や真意の判定に問題があることにも留意する必要がある。

　遺伝子情報ほか，個人情報（とくにセンシティブ情報）の管理問題は，プライバシー権に繋がる。

　「証明書交付義務」と「診断書の交付拒否」に関しては，大阪高判昭和 61・1・30（判タ 589 号 108 頁）がある＊。

　　＊大阪高判昭和 61・1・30 判タ 589-108 ＝医事法判百〈初版〉18 事件
　　治療過誤についての鑑定依頼に必要であるとして，歯科医師に対する診断書・診療録・レントゲンフィルムの交付を請求（なお，歯科医師法 19 条 2 項）。X は診断書の範囲を超える所見の記載を求めていた。患者は，書面による送付を求めながらも，手数料を支払っていない。Y は既に裁判所の送付嘱託に応じている。裁判所は，共有物との指摘は，独自の見解であって採用しない，として交付拒否に「正当事由」有りとした（第 1 審の判断を支持）。

　HIV 感染に関する情報の開示（東京地判平成 11・2・17 判時 1697 号 73 頁＝医事法判百〈初版〉23 事件）については，どうか。HIV 感染症に関する患者の情報を本人の同意なく開示してもよいかについて，裁判所は，開示の動機・動機の正当性・開示の当事者（双方の立場）・開示情報の秘密性などについての総合的判断によるべきであるとした。

　【東京地判平成 11・2・17】　A 大学歯学部に在籍中の学生 X が，同大学付属病院で HIV 感染症の診断を受けたところ，同病院の医師 B 教授が，X の病状を X の承諾なしに X の在籍する同大学歯学部 C 教授に開示（X のカルテの記載に従い検査

データの概要を説明）した。これは歯科臨床実習への参加の可否などを組織的に検討していたために問い合わせたものであった。Xは，守秘義務違反を理由に慰謝料1000万円を請求した。判決は次の通り。

「医療従事者は患者に対し，診療契約上の付随義務として，診療上知り得た患者の秘密を正当な理由なく第三者に漏らしてはならない義務を負う。特に，HIV感染症・エイズの特徴・治療方法の現状に照らせば「HIV感染者の病状，とくに免疫機能に関する情報は秘密性が非常に高（く）……HIV感染者の治療に携わる医療従事者は，その患者の診療上知り得た右のようなHIV感染者の病状については，診療契約上相当高度な守秘義務を負うというべきであり，正当な理由がないのに右データを第三者に漏らした場合には，診療契約上の債務不履行責任を負うものと解すべきである。」……しかし，「本件開示に関する動機は，極めて正当なものであった」だけでなく，……「プライバシー保護の観点から見ても，B教授が本件開示を行った相手が不相当であったとはいえない」。また，XはHIV感染の事実を歯学部教授らに開示しており，感染の事実は歯学部教授内において周知の事実であった。開示内容は，客観的データであって，相手に誤った認識を与えるようなものでもない。……諸般の事情を総合すると「B教授がC教授に対してした本件開示には，正当な理由があったというべきであり，右開示行為には違法性ないし過失がなかったとするのが相当である」

ひとロメモ

○ 個人情報保護

　生存する個人に関する情報で，当該情報に含まれる氏名，生年月日その他の記述等により特定の個人を識別できるもの，および，個人識別符号が含まれるものを個人情報という（個人情報保護法2条1項）。医療機関における個人情報の例としては，診療録・処方箋・手術記録・助産録・看護記録・検査所見記録・X線写真・紹介状などのほか，退院患者の入院期間中の診療経過の要約・調剤録などがある（医療・介護関係事業者における個人情報の適切な取扱いのためのガイドライン）。個人情報の内で，特にその取扱いに配慮を要する要配慮個人情報は，「本人の人権，信条，社会的身分，病歴，犯罪の経歴，犯罪により害を被った事実その他本人に対する不当な差別，偏見その他の不利益が生じないようにその取扱いに特に配慮を要するものとして政令で定める記述等が含まれる個人情報」を意味しており（個人情報2条3項），広範な医療情報がこれに該当する。要配慮個人情報の取得については，原則として，事前に本人の同意を得ることが必要であり（公人情報17条2項），勝手に第三者に情報を提供することは許されない（個人情報23条2項）。もっとも，匿名加工情報については，別途利用の道が開かれている。個人情報保護法は，個人が自己情報コントロール権を有することを制度化したものであり，その扱いについて，医療関係者には，厳正な配慮義務がある。

3　薬に関する情報・宣伝

　医師・医療機関は，常に善良な管理者として最新の薬事情報を入手すると同時に，その使用法等について知識を得る研鑽義務がある。

　医薬品等の流通は，旧薬事法を引き継いだ医薬品医療機器法（薬機法）のもとで，医薬品・医薬部外品・化粧品・医療機器・再生医療機器等製品の5類型を規制対象とし，その目的に応じて，規制内容が構築されている。

　医薬品の宣伝方法に関しては，最判昭和57・9・28刑集36巻8号787頁が，食品衛生法上の食品添加物とされるクエン酸を主成分とする粉末や錠剤を高血圧・糖尿病等に効果があると謳って販売した事例で次のように述べている。

　「現行薬事法の立法趣旨が，医薬品の使用によってもたらされる国民の健康への積極・消極の種々の弊害を未然に防止しようとする点にあることなどに照らすと，同法2条1項2号にいう医薬品とは，その物の成分，形状，名称，その物に表示された使用目的・効能効果・用法用量，販売方法，その際の演述・宣伝などを総合して，その物が通常人の理解において「人又は動物の疾病の診断，治療又は予防に使用されることが目的とされている」と認められる物をいい，これが客観的に薬理作用を有するものであるか否かを問わないと解するのが相当であ［る］（最高裁昭和46年㋐第147号同年12月17日第2小法廷決定・刑集25巻9号1066頁，昭和54年㋐第654号同年12月17日第2小法廷決定・刑集33巻7号939頁各参照）」……したがって，「本件「つかれず」及び「つかれず粒」は，いずれもクエン酸又はクエン酸ナトリウムを主成分とする白色粉末（八〇グラムずつをビニール袋に入れたもの）又は錠剤（300粒入りのビニール袋をさらに紙箱に入れたもの）であつて，その名称，形状が一般の医薬品に類似しているうえ，被告人らはこれを，高血圧，糖尿病，低血圧，貧血，リユウマチ等に良く効く旨その効能効果を演述・宣伝して販売したというのであるから，たとえその主成分が，一般に食品として通用しているレモン酢や梅酢のそれと同一であつて，人体に対し有益無害なものであるとしても，これらが通常人の理解において「人又は動物の疾病の診断，治療又は予防に使用されることが目的とされている物」であると認められることは明らかであり，これらを薬事法2条1項2号にいう医薬品にあたるとした原判断は，正当である。」

○ **医薬分業**　　　　　　　　　　　　　　　　　　　ひと口メモ

　薬剤師法19錠は，薬剤師でない者は，販売又は授与の目的で調剤してはならない」と定め，調剤業者の独占を規定する。この調剤というのは，具体的薬剤を個別患者のために取りそろえ，患者に説明・交付する一連の行為を指しており，医

薬分業の原則に基づき，処方・処方箋交付は医師が，調剤は薬剤師が担当することを原則とする（なお，同条但書きも参照）。中規模以上の医療機関では，多くの患者は，院外調剤薬局で調剤を受けるのが一般である。最近ではネット薬局も存在しており，便利ではあるが，薬剤師としての説明義務や併用禁忌薬剤の提供など十分に行えるかには疑問もある。お薬手帳の適正管理など，患者の側で気をつけるべきことも多い。

4　医療事故訴訟と情報

　医療事故訴訟における情報の所在と開示は，重要な役割を演ずるが，これについては証拠保全手続，文書提出命令，情報公開条例による開示請求んどが用いられている。

　裁判例では，診療録の不提出・証明妨害につき東京地判平成6・3・30判時1523号106頁（医事法判百〈初版〉19事件），診療録の紛失につき浦和地判平成7・10・27判タ905号215頁，診療録のねつ造につき東京地判平成15・11・28（最高裁HP）など参照。また，「医療事故経過報告書」の提出義務をあきらかにした東京高決平成15・7・15判時1842号57頁（医事法判百〈初版〉20事件），死因解明義務に関する裁判例も重要である（後掲・医事法判百〈初版〉61事件［河上]）。

5　小　　　括

　医療情報は誰のものかという問題は，情報一般の問題でもある。収集目的・センシティブ情報・プライバシーによる分析から，更に検討が必要である。医療の安全と医療の質の向上にかかる課題と対策に関する情報の共有，医療過誤・医療事故情報の収集・分析，医療従事者と患者（必要に応じて家族）の間でのリスク情報を含めた情報の共有，医療関係者の間での情報交換・情報共有と，その限界について，今後立ち入った検討を必要とする。なお，医療情報の標準化・電子データ化の傾向は，データの保全・管理とプライバシー保護を含めて，医療情報の利用・提供をめぐる新たな問題に繋がっている。

　【文献など】
　加藤良夫編・医事法講義
　開原成充＝樋口範雄・医療の個人情報とセキュリティ（第2版）[2005年]
　NPO法人患者の権利オンブズマン編『医療事故・カルテ開示・患者の権利 [第2

版]』（明石書房，2006）

増成直美『診療情報の法的保護の研究』（成文堂，2004）

....

〈補〉死因の説明過誤事件【医事法判例百選〈初版〉】61 事件より

　　①　東京高判平成 10・2・25（平成 9 年㈬第 906 号，第 1038 号，各損害賠償請求
　　控訴事件）（判時 1646 号 64 頁＝判タ 992 号 205 頁）

　　②　広島地判平成 4・12・21（昭和 58 年㈦第 181 号，損害賠償請求事件）（判タ
　　814 号 202 頁）

　　③　東京高判平成 16・9・30（平成 16 年㈬第 1186 号・第 3330 号，損害賠償請求
　　控訴，附帯控訴事件）（判時 1880 号 72 頁）［確定］

〈事実の概要・判旨〉

①**事件**：東京京高判平成 10・2・25

【事案】　A が，下腹部・腰部不快感と下痢・嘔吐の症状を訴えて Y 病院救急外
来を訪れ，担当医師 B は，検査結果などから急性腸炎と診断。さらに，尿路結
石，腰椎骨の変化なども疑われるとして入院させ，点滴による栄養補給，抗生物
質投与，鎮痛剤投与などを行って治療を続けたところ，3 日後に，A の状態は急
激に悪化し死亡した。Y は，A の死因を急性心筋梗塞と判断し，これに基づき
遺族等（X ら）に死因について説明を行ったが，X らは，Y の説明に納得せず，
担当医師の診療義務違反，死因説明義務違反，病的原因の解明義務違反などを主
張し，A の逸失利益，慰謝料等の損害賠償を請求した。第 1 審判決（東京地判平
成 9・2・25 判時 1627 号 118 頁）は，Y の診療義務違反を否定したが，死体解剖保
存法の定め，病院の機能及び役割，死者を悼む遺族等の感情を実質的根拠とし
て，「病院に入院中の患者が死亡した場合において，死因が不明であり，又は病
院側が特定した死因と抵触する症状や検査結果があるなど当該死因を疑うべき相
当な事情があり，かつ，遺族が死因の解明を望んでいるときは，病院としては，
遺族に対し，病理解剖の提案又はその他の死因解明に必要な措置についての提案
をして，それらの措置の実施を求めるかどうかを検討する機会を与える信義則上
の義務を負っている」とし，Y 病院が死因解明義務を尽くさなかったことによる
X らの精神的苦痛につき総額 400 万円の賠償を命じた。XY ともに，控訴。

【判旨】　判決は，死体解剖保存法，診療契約上の義務，医師の説明義務などから
医療機関の死因解明・説明義務を導くことは困難としつつ，次のように述べ，一
般論として信義則上の義務としての存在を肯定した。すなわち，「医療行為が高

度に専門技術的性質を有する行為であることや，そのような医療行為を提供する医療機関に寄せる患者及びその配偶者と子ら近親者の期待や信頼，そして，患者に施行した医療行為の内容や患者が死への転帰をたどった経過については，患者の死亡の時点においては当該医療機関のみがこれをよく知る立場にあること，したがって，患者の死因についても，当該医療機関が最もよく知りうる立場にあるということ，等を考慮すると，医療機関においては，死亡した患者の配偶者及び子ら遺族から求めがある場合は，信義則上，これらの者に対し，患者の死因について適切に説明を行うべき義務を負」い，「一般に病理解剖が患者の死因解明のための最も直接的かつ有効な手段であることが承認されていることを併せ考慮すれば，具体的な事情のいかんによっては，社会通念に照らし，医療機関において，死亡した患者の配偶者及び子ら遺族に対し……病理解剖の提案をし，その実施を求めるかどうかを検討する機会を与え，その求めがあった場合には，病理解剖を適宜に実施し，その結果に基づいて，患者の死因を遺族に説明すべき信義則上の義務を負うべき場合があり得る」が，本件では，そこまでの義務を負っていたものと認めることはできない（上告。なお，上告審判決は主位的な請求である診療義務違反そのものを認めて，東京高裁に差し戻され，医師の死因解明義務違反に関する具体的判断は示されなかったと伝えられる（土居・後掲256頁））。

②**事件**：広島地判平成4・12・21

【事案】　脳出血により重い脳機能障害状態にある患者Aが，Y病院での開頭血腫除去手術後に，血液透析を必要とする腎機能障害を併発し，炎症性疾患も加わって全身状態が悪化，心停止により死亡した。当初，心臓マッサージの際に喉の切開部分から大量の黒褐色の液体が排出されたことから，Yは死因を嘔吐した胃内容物の誤飲による窒息死と説明した（しかし裁判上の鑑定によれば，死因は，重い脳障害と腎機能障害など全身状態悪化により急性心不全を起こして死亡したものらしく，後にY側もこれを認める）。Aの遺族（Xら）は，裁判上の鑑定結果を受け，Yの過失によるAの延命期待利益侵害を理由とする損害賠償とともに，死因につき誤った説明をしたことが遺族に対する不法行為に当たるとして慰謝料を請求。

【判旨】　「生命の重要性，これを前提に高度の専門的知識を有する者が特別の資格に基づいて行う業務とされる医療の特殊性，医師が患者に対する診療内容について報告義務を負うとされること（民法645条参照），死亡の経過及び原因は，多

くの場合診療に当たった医師にしか容易には説明できず，少なくとも当該医師に
よって説明されるにふさわしい事項であることなどの事情を総合的に考察する
と，死亡の経過及び原因の説明を診療を行った医師に対して求める患者の遺族の
側の心情ないし要求は，それが医師の本来の責務である診療行為の内容そのもの
には属しないことを踏まえても，なお，法的な保護に値する……。……自己が診
療した患者が死亡するに至った場合，患者が死亡するに至った経緯・原因につい
て，診療を通じて知り得た事実に基づいて，遺族に対し適切な説明を行うこと
も，医師の遺族に対する法的な義務である」が，あくまでも診療に携わったこと
を契機とする付随的義務としての性格を有し，その説明内容の正確性等について
過度の要求をすることは妥当でない……が，「少なくとも，医師の基礎的な医学
上の知識の欠如等の重大な落度によって，患者の死亡の経緯・原因についての
誤った説明が行われたような場合には，この点について医師に不法行為上の過失
があるというべきであり……医師の賠償すべき損害の中には，誤った説明によっ
て遺族の受けた精神的苦痛が法的に見て金銭的な賠償を相当とする程度に重大な
ものである場合における慰謝料も含まれる」。

③**事件**：東京高判平成16・9・30
【事案】　慢性関節リウマチ治療のため都立H医院に入院中のAが，左中指滑膜
切除手術を受け，術後療養中，担当看護婦が投与薬剤を誤ったため死亡。院長Y
は，医師法21条所定の異常があることを認識しながら本件事故を警察に届け出
ず，また，病理解剖の結果が判明した後も，遺族に結果をそのまま説明せず，薬
の取り違えの可能性が高くなったと伝えたにとどまる。さらにYは，担当医B
に［保険金請求のため必要となった］死亡診断書の死因欄に虚偽の死因（病死・
自然死）を記載させ，誤投薬の事実を遺族に伝えなかった。遺族（Xら）は，東
京都および院長YがAの死因を開示して顛末を報告する義務に違反したとして
慰謝料を請求。

　第一審（東京地判平成16・1・30判時1861号3頁）は，Yが東京都の履行補助者
としてAの遺族に対して死因解明及び説明義務を履行する信義則上の義務を負
うとした上で，Yの行為は死因解明義務・説明義務に違反するとしてXらの請
求を認容。Y控訴，Xら付帯控訴。
【判旨】　「医療情報の提供の必要性及び医療情報の偏在という事情に上記法令
［医療法1条の4，民法645条］の規定を併せ考えると，病院の開設者及びその

全面的代行者である医療機関は，診療契約に付随する義務として，特段の事情が
ない限り，所属する医師等を通じて，医療行為をするに当たり，その内容及び効
果をあらかじめ患者に説明し，医療行為が終わった際にも，その結果について適
時に適切な説明をする義務を負うものと解される。病院側が説明すべき相手方
は，通常は診療契約の一方当事者である患者本人であるが，患者が意識不明の状
態にあったり死亡するなどして患者本人に説明することができないか，又は本人
に説明するのが相当でない事情がある場合には，家族（患者本人が死亡した場合に
は遺族）になることを診療契約は予定していると解すべきであるので，その限り
では診療契約は家族等第三者のためにする契約も包含していると認めるべきであ
る。患者と病院開設者との間の診療契約は，当該患者の死亡により終了するが，
診療契約に付随する病院開設者及びその代行者である医療機関の遺族に対する説
明義務は，これにより消滅するものではない」。

〈なお，院長 Y の医師法 21 条違反の刑事事件については，本件届出義務を負う
とすることが憲法 38 条 1 項に違反するものではないとした最判平成 16・4・13
（刑集 58 巻 4 号 247 頁：芦澤政治・ジュリスト 1278 号 132 頁）参照〉。

■判例の解説

(1) 医師の「説明義務」との関係

　従来，問題とされた医師の説明義務は，主として「患者の治療・侵襲への有効
な同意を得るため」あるいは，「療養方法等の指導（転医勧告等を含む）のため」
のものである。しかし，ここで問題とされているのは，このいずれにも属さない
第 3 のタイプの「顛末報告のための説明義務・弁明義務」である。医療契約を準
委任契約であるとすると，少なくとも患者存命中は，本件のような説明義務を，
受任者の事務処理の状況報告・顛末報告義務（645 条）に対応させて，診療経過
や治療結果について説明すべき義務とすることには，あまり問題がない（札幌地
判昭和 52・4・27 判タ 262 号 310 頁，東京高判昭和 61・8・28 判時 1208 号 85 頁，さい
たま地判平成 16・3・24 判時 1879 号 96 頁など）。しかし，患者が死亡した場合，誰
との間で，いかなる根拠で，いかなる範囲で死因等の説明義務が問題となるかは
必ずしも明らかでない。この点，①判決は，一定の場合に，医療機関が死亡した
患者遺族に対し病理解剖の提案をし，求めがあった場合は病理解剖を適宜に実施
し，その結果に基づいて，患者の死因を遺族に説明すべき信義則上の義務を負う
べき場合があるとする。さらに②判決は，死亡の経過及び原因の説明を求める患

者の遺族の側の心情ないし要求を一種の保護法益と認め，診療を通じて知り得た事実に基づいて，遺族に対し適切な説明を行うことが，医師の遺族に対する法的義務であると明言した点で注目される。また，③判決は，医療機関が診療契約に付随する義務として説明義務（顛末報告義務を含む）を位置づけ，この診療契約は家族等の「第三者のためにする契約」も包含するとして，遺族に対する説明義務を契約的に基礎づけたことに特徴がある。

(2)　死因の解明・説明義務の法的根拠

　医師による遺族に対する死因解明・説明義務は，しばしば，①行政上の規制を定めた諸法規（死体解剖保存法等）の趣旨から，②診療契約上の善管注意義務の一内容として，③医師の説明義務，インフォームド・コンセントの一環として語られるが，いずれも情報提供の必要性及び医療情報の偏在という事情を背景とした実質論であり，遺族の直接の請求権を法的に基礎づけるには必ずしも十分ではない。そこで，④診療契約上の顛末報告義務プラス相続構成が考えられる（西野喜一「説明義務，転医勧奨，患者の承諾，自己決定権」判タ686号87頁，中村・後掲5頁，岡林後掲155頁）。しかし，かかる権利義務が果たして相続に馴染むものかには疑問があり，他方で，説明の相手方は，当初から患者だけに限定されているわけでなく，意識不明，ガン告知の場面など，本人に説明することが困難な状況では，主要な一定家族等に説明すべきことが診療契約の付随的義務と解され，患者死亡の場合にも同様に考えることができる。その意味では，⑤．診療契約は第三者のためにする契約を包含しているといえなくはない（③判決）。もっとも，診療契約を医師と患者家族集団との契約と考えたり，すべての医療機関の責務を診療上の合意から導く必然性はない。とすると，⑥保護法益たる遺族感情との関連で医師の信義則上の義務（行為規範）を見出し，契約責任そのものではないが契約に関連した付随的責務（専門的知識・医療活動への期待と信頼に応える責務）としてこれを説明することも考えられ（②判決はこの立場か），一般的には，これが最も無難な説明のように思われる。

(3)　遺族の病理解剖請求権

　死体解剖には，その目的により系統解剖［死体解剖法］・法医解剖（司法解剖［刑事訴訟法223条］・行政解剖［死体解剖保存法8条］・病理解剖［死体解剖保存法2条］の3種があり，いずれも，ある種の公益にかかわるもので，遺族のための死因解明の解剖は法制上定められていない。したがって，遺族は，医療側に解剖を要求する積極

的な権利はないというのが一般的見解である（石原寛編・医者と患者の法律相談138頁など）。ただ、今日の死体解剖保存法は、公衆衛生の向上や伝染病予防・治療に役立たせるためというより、「死因や死因の種類を中心とする死をめぐる事実関係の究明により、遺族・医療関係者または行政間の権利義務関係・責任関係の明確化のための医学的根拠を示す機能を果たしている」ことも事実である（岡林151）。①判決の第1審判決（東京地判平成9・2・25）は、①死因が不明であること、②病院側が特定した死因と抵触する症状や検査結果など、当該死因を疑うべき相当な事情があること、③遺族が死因の解明を望んでいることの3要件を掲げ、医師に［遺族に対して］死因解明に必要な措置の提案をなすべき「信義則上の義務」ありとしたが、解剖に係る根拠法令等に鑑みると、私法上の義務というより、まずは医師の社会的責務としてこれを肯定すべきものである。その上で、医師が、遺族に対し死因解明に必要な措置の提案をなすべき場合は、対応する反射的権利として、信義則を媒介としつつ、病理解剖に対する遺族の請求権を認めるのが適当であろうと思われる。

(4)　診療義務違反との関係

　死因が何かを明らかにする作業と、医師の診療上の義務違反が存在したかどうかの問題は密接に関連している。死因解明・説明義務は、不幸な転帰をたどった医療結果について、医師の治療活動がどの程度関与していたかの機序（過失の有無を含む）を示すことでもある。したがって、医療事故で医師の過失を具体的に証明できない患者遺族が、間接的に医師の義務違反を問う代替手段となりうる点に留意する必要がある（本来的争訟物に対し、手段的争訟物をめぐる争いというべきか）。医師の死因解明・説明義務が広く肯定される場合、医師は、自己の無過失や不可抗力を立証できない限り、不幸な転帰をたどった事例で常に結果責任を負うことにもなりかねない。新堂幸司「診療義務の再検討——意思の弁明義務を手がかりとして」（ジュリスト619号29頁）は、実体法上証明責任の転換を図るとともに診療録の開示等をより合理的に説明せんとする意図のもと、受任者の報告義務を拡張・類推し、実体法上の義務として医師に積極的に患者に対し顛末について説明・弁明する義務を負わせる。しかし、ここには、訴訟上の反駁責任と本来の義務違反に基づく責任との混線があり、診療過誤に関する立証責任（負担）の問題として解決されるべき問題と、死亡原因解明の機会を失ったことに対する補償問題との整序が必要である。

【参考文献】

①判決につき，金川琢雄・判評 481 号（判時 1661 号）183 頁，齋籐大巳・平成 11 年度主要民事判例解説（判タ 1036 号）114 頁，岡林伸幸・名城法学 49 巻 4 号 145 頁（2000 年），第 1 審判決につき，稲垣喬・私法判例リマークス 17 号〈1998〔下〕〉67 頁（1998 年），②判決につき，金川琢雄・医療過誤判百［第 2 版］7 事件，③判決につき，松井和彦・判評 559 号（判時 1897 号）171 頁，③の第 1 審判決につき，三谷仁美「民事判例研究」法時 77 巻 5 号 114（2005 年）の各研究がある。その他，手嶋豊「医師の顛末報告義務に関する学説・裁判例の最近の動向」民事法情報 85 号 41 頁（1993 年），石原寛編・医師と患者の法律相談（41 頁「病院からの解剖要請と応諾義務」，136 頁「遺族からの解剖要請」），土居久子「弁明義務」石原寛編・医療紛争の法律相談 251 頁（青林書院，2003 年），宇津木伸「判批」年報医事法学 14 号 149 頁，中村哲「医師の説明義務とその範囲」新・裁判実務大系 ⑴医療過誤訴訟 69 頁以下，92 頁以下（青林書院 2000 年）。

医療事故訴訟における因果関係を考える

> **ここでの課題** ここでは，若干の裁判例を素材に，医療事故訴訟における因果関係の問題について検討する。医療行為に過誤があり，これにより医療事故が発生して患者が死亡・重度障害等の不利益を被った場合，医療行為を行った関係者の法的責任を問うには，当該医療行為が原因となって，患者の不利益が発生したという事実的因果関係が必要である。その因果関係の立証ができない場合，医療関係者は，たとえ患者に不利益が発生したとしても，当該不利益についての責任を負うことはない。疾病・傷害等によって患者の死亡そのものは早晩避けられなかったというとき，そのような状態の患者の治療にあたった医師が，死亡そのものは疾病の最終的結果であるから患者に対して一切責任を負うことはないとするのはいかがなものか。

1 医療事故における因果関係

医療事故は，他の事故類型と異なり，多様な身体反応を有する身体を対象とするもので，しかも医師・患者間には専門知識や情報の格差，具体的事件における資料の偏在といった事情があり，生じた結果が疾病の進行であるのか，事故であるのかが分かりにくい。それだけに，医療事故における因果関係の立証負担は患者にとっては極めて重い。そこで，治療の失敗によって患者が有していた「延命利益の侵害」あるいは，適切な医療を受ける「期待権の侵害」，誤った治療を実施したことによる「（適切な）治療機会の喪失」といった議論が，生じていた。

(1) 法的因果関係についての基本的な考え方

(a) 因果関係とは

不法行為法における因果関係には，「責任設定的因果関係」と「責任範囲の因果関係」の2つがある。損害が発生したことについて，被害者の権利が侵害されていることと官会社の行為の間に因果関係があるかろ問うのが責任設定的因果関係であり，加害行為によってどの範囲までの損害が賠償されるべきかを確定するための因果関係が責任範囲の因果関係と呼ばれるものである。損害賠償の範囲は，民法416条によって定まるが，基本的には「あれなければこれ無し（but for rule）」で定まる「事実的因果関係」によるが，他方で，様々な原因の中で実質的要素であることが求められる（substantial factor rule）。このように考えてくると，因果関係の存否は，一定の法的評価にかかる規範的問題であることがわかる。

⒝　**因果関係をめぐる問題**

因果関係をめぐっては，いくつか問題がある。

第1，因果の鎖が連綿と続いて第一次の「直接的損害」だけでなく「間接の後続損害」が次々と発生した場合にどこで賠償されるべき損害を限定するか（相当因果関係）。

第2，ある損害の発生についていくつかの原因が重なり合っている場合に責任のあり方をどう考えるべきか（原因競合問題）。

（ⅰ）　賠償されるべき損害の範囲について，判例は「相当因果関係」という概念を用いている（416条をその手がかりとする）。有名な「富貴丸事件」（大判大正15・5・22民集5巻386頁）は，次のように述べて，その後の判例準則となっている。

　「民法416条の規定は，共同生活の関係において，人の行為とその結果との間に存する相当因果関係の範囲を明らかにしたるものに過ぎずして，独り債務不履行の場合のみに限定せらるべきものにあらざるをもって不法行為に基づく損害賠償の範囲を定むるについても，同条の規定を類推して，その因果律を定むべきものとす」

同旨は，最判昭和48・6・7民集27巻6号681頁，最判昭和49・4・25民集28巻3号447頁などで，繰り返し述べられている。

⒞　**「相当因果関係説」への批判と平井説**

通説・判例の相当因果関係についての考え方に対しては，その後，平井宜雄教授によって根本的批判を受けた。平井説は，おおよそ次のように説いた。

民法416条の本質は損害賠償の範囲を予見可能性によって制限しようとすることに付き，そのオリジンはイギリス判例法に求められるもので，ドイツの相当因果関係論とは無関係である。そもそも，相当因果関係という法技術は損害についての「差額説」的理解と完全賠償主義に立脚するドイツ法においてこそ意味ある議論であり，我が国のようにもともと完全賠償主義を採っているとは言えないところでは，責任の限界付を相当因果関係に求める論理的必然性はない。民法416条は，契約関係のように特定の債権債務関係にある者の予見可能性を基礎に据え

た規定であって，特定の関係に立たない，しかも突発的に生じることの多い事実的不法行為に適用するのは不適切である。従来の判例・通説が「相当因果関係」という用語のもとで扱ってきたものの中には，実は性質の異なる三つの要素が含まれている。一つは，まさに「あれなければこれなし」という関係の有無によって判断される「事実的因果関係」の問題。第 2 は，事実的因果関係にあるものの内，賠償責任を負わされるもの，つまり法律上保護されるべき損害の範囲は何かという所謂「保護範囲」の問題。第 3 は，賠償されるべき損害という事実を金銭に換算する作業である「損害の金銭的評価」の問題である。

　もっとも，平井説に言う「保護範囲」は法政策的判断に関わる，いささか客観性を欠くものであるところから，「帰責範囲」は「危険性関連」，「危険範囲」などをもって語られることも多い。

　ここでの一応の考え方としては，いわゆる「取引的不法行為」に関しては，416 条の類推適用がむしろ望ましいが，一般の「事実的不法行為」に関しては，予見可能性を語ること自体が困難かつ不適当であり，「過失」を当事者の「客観的行為義務違反」と捉える以上，当該状況下で加害行為自体が一般に帯びている危険性の範囲を客観的に判断して，そこで保護されるべき利益内容を決するほかないのではないかと考えられる。要するに，加害行為の固有の危険が現実化したと評価される限りで，法的因果関係を肯定することになる。

(d)　医療事故の場合

　ただ，医療事故の場合は，損害発生のプロセスからして，出会い頭の関係ではないこと，既に事故や疾病で患者の身体状態が悪化しており，しかも，個々の患者の身体的反応の個性が大きいことを考慮する必要がある。

2　医療事故訴訟における判例の考え方

　医療事故訴訟における因果関係についての裁判所の考え方を検討するため，2 つの最高裁判所判決を取り上げよう。

① 　**最判昭和 50・10・24 民集 29 巻 9 号 1417 頁 = 判時 792 号 3 頁**
　　【要旨】　重篤な化膿性髄膜炎に罹患した 3 才の幼児が入院治療を受け，その病状が一貫して軽快していた段階において，医師が治療としてルンバール（腰椎穿刺による髄液採取とペニシリンの髄腔内注入）を実施したのち，嘔吐，けいれんの発作等を起こし，これにつづき右半身けいれん性不全麻痺，知能障害及び運動障害等の病変を生じた場合，右発作等が施術後 15 分ないし 20 分を経て突然に生じ

たものであつて，右施術に際しては，もともと血管が脆弱で出血性傾向があり，かつ，泣き叫ぶ右幼児の身体を押えつけ，何度か穿刺をやりなおして右施術終了まで約30分を要し，また，脳の異常部位が左部にあつたと判断され，当時化膿性髄膜炎の再燃するような事情も認められなかつたなど判示の事実関係のもとでは，他に特段の事情がないかぎり，右ルンバールと右発作等及びこれにつづく病変との因果関係を否定するのは，経験則に反する。

　　　民法判百Ⅱ〈第8版〉176頁［米村滋人］，医事法判百〈初版〉154頁［米村滋人］，医事法判百〈第2版〉136頁［水野謙］，民事訴訟判百〈第4版〉122頁［上原敏夫］

判決理由は次の通り。

　「一　訴訟上の**因果関係の立証**は，一点の疑義も許されない自然科学的証明ではなく，経験則に照らして全証拠を総合検討し，**特定の事実が特定の結果発生を招来した関係を是認しうる高度の蓋然性**を証明することであり，その判定は，**通常人が疑を差し挟まない程度に真実性の確信を持ちうるものであることを必要とし，かつ，それで足りるものである。**

　　これを本件についてみるに，原審の適法に確定した事実は次のとおりである。

　1　上告人（当時3才）は，化膿性髄膜炎のため昭和30年9月6日Yの経営する東京大学医学部附属病院小児科へ入院し，医師T，同Fの治療を受け，次第に重篤状態を脱し，一貫して軽快しつつあつたが，同月17日午後零時30分から1時頃までの間に福田医師によりルンバール（腰椎穿刺による髄液採取とペニシリンの髄腔内注入，以下「本件ルンバール」という。）の施術を受けたところ，その15分ないし20分後突然に嘔吐，けいれんの発作等（以下「本件発作」という。）を起し，右半身けいれん性不全麻痺，性格障害，知能障害及び運動障害等を残した欠損治癒の状態で同年11月2日退院し，現在も後遺症として知能障害，運動障害等がある。

　2　本件ルンバール直前におけるX人の髄膜炎の症状は，前記のごとく一貫して軽快しつつあつたが，右施術直後，F医師は，試験管に採取した髄液を透して見て「ちっともにごりがない。すっかりよくなりましたね。」と述べ，また病状検査のため本件発作後の同年9月19日に実施されたルンバールによる髄液所見でも，髄液中の細胞数が本件ルンバール施術前より減少して病状の好転を示していた。

　3　一般に，ルンバールはその施術後患者が嘔吐することがあるので，食事の前後を避けて行うのが通例であるのに，本件ルンバールは，Xの昼食後20分以内の時刻に実施されたが，これは，当日担当のF医師が医学会の出席に間に合わせるため，あえてその時刻になされたものである。そして，右施術は，嫌がつて泣き叫ぶXに看護婦が馬乗りとなるなどしてその体を固定したうえ，F医師によつて実施されたが，一度で穿刺に成功せず，何度もやりなおし，終了まで約30分間を

要した。

　4　もともと脆弱な血管の持主で入院当初より出血性傾向が認められたＸに対し右情況のもとで本件ルンバールを実施したことにより脳出血を惹起した可能性がある。

　5　本件発作が突然のけいれんを伴う意識混濁ではじまり，右半身に強いけいれんと不全麻痺を生じたことに対する臨床医的所見と，全般的な律動不全と左前頭及び左側頭部の限局性異常波（棘波）の脳波所見とを総合して観察すると，脳の異常部位が脳実質の左部にあると判断される。

　6　Ｘの本件発作後少なくとも退院まで，主治医のＴ医師は，その原因を脳出血によるものと判断し治療を行つてきた。

　7　化膿性髄膜炎の再燃する蓋然性は通常低いものとされており，当時他にこれが再燃するような特別の事情も認められなかつた。

　二　原判決は，以上の事実を確定しながら，なお，本件訴訟にあらわれた証拠によつては，本件発作とその後の病変の原因が脳出血によるか，又は化膿性髄膜炎もしくはこれに随伴する脳実質の病変の再燃のいずれによるかは判定し難いとし，また，本件発作とその後の病変の原因が本件ルンバールの実施にあることを断定し難いとして上告人の請求を棄却した。

　三　しかしながら，(1)原判決挙示の乙第1号証（Ｔ医師執筆のカルテ），甲第1，第2号証の各1，2（Ｆ医師作成の病歴概要を記載した書翰）及び原審証人Ｔの第2回証言は，Ｘの本件発作後少なくとも退院まで，本件発作とその後の病変が脳出血によるものとして治療が行われたとする前記の原審認定事実に符合するものであり，また，鑑定人Ｋは，本件発作が突然のけいれんを伴う意識混濁で始り，後に失語症，右半身不全麻痺等をきたした臨床症状によると，右発作の原因として脳出血が一番可能性があるとしていること，(2)脳波研究の専門家である鑑定人Ｈは，結論において断定することを避けながらも，甲第3号証（Ｘの脳波記録）につき「これらの脳波所見は脳機能不全と，左側前頭及び側頭を中心とする何らかの病変を想定せしめるものである。即ち鑑定対象である脳波所見によれば，病巣部乃至は異常部位は，脳実質の左部にあると判断される。」としていること，(3)前記の原審確定の事実，殊に，本件発作は，Ｘの病状が一貫して軽快しつつある段階において，本件ルンバール実施後15分ないし20分を経て突然に発生したものであり，他方，化膿性髄膜炎の再燃する蓋然性は通常低いものとされており，当時これが再燃するような特別の事情も認められなかつたこと，以上の事実関係を，因果関係に関する前記1に説示した見地にたつて総合検討すると，他に特段の事情が認められないかぎり，経験則上本件発作とその後の病変の原因は脳出血であり，これが本件ルンバールに因つて発生したものというべく，結局，Ｘの本件発作及びその後の病変と本件ルンバールとの間に因果関係を肯定するのが相当

である。」

〈検　討〉

本判決理由は，「訴訟上の証明」とは何かを端的に示している。

では，訴訟上の証明は，一応の蓋然性の心証で足りる「疎明」なのか。「本判決は，訴訟における法律上の因果関係が科学上の論理必然的な証明ではなく，帰責判断という価値評価を内包する歴史的事実の証明であるとする……実務の伝統的立場を宣明した」（調査官解説）と説明されており，「優越的蓋然性説」への動きを示すものではないかと考えられる。つまり，裁判官の主観的確信と，高度の蓋然性による通常人が疑いを差し挟まない程度の真実性の確信が考慮されたのではないかと考えられる。

本件は医師の「作為」事例で，他原因が主張された事例である。判断の前提にある①ルンバールと脳出血の一定の因果法則，②脳出血があったことを推認させる事実，③ルンバール施行と本件発作の時間的近接性，④化膿性髄膜炎の再燃の蓋然性の低さは，通常人の常識的判断たる因果法則へ繋がっている。

医師の不作為事例ではどうなるかは定かではなかったが，最判平成11・2・25民集53巻2号234頁（医事判百〈第2版〉65事件［越後純子］）で援用されて，次のように述べられている。

1. 医師が注意義務に従って行うべき診療行為を行わなかった不作為と患者の死亡との間の因果関係は，**医師が右診療行為を行っていたならば患者がその死亡の時点においてなお生存していたであろうことを是認し得る高度のがい然性が証明されれば肯定され**，患者が右診療行為を受けていたならば生存し得たであろう期間を認定するのが困難であることをもって，直ちには否定されない。

2. 肝硬変の患者が後に発生した肝細胞がんにより死亡した場合において，医師が，右患者につき当時の医療水準に応じた注意義務に従って肝細胞がんを早期に発見すべく適切な検査を行っていたならば，遅くとも死亡の約6箇月前の時点で外科的切除術の実施も可能な程度の大きさの肝細胞がんを発見し得たと見られ，右治療法が実施されていたならば長期にわたる延命につながる可能性が高く，他の治療法が実施されていたとしてもやはり延命は可能であったと見られるとしながら，仮に適切な診療行為が行われていたとしてもどの程度の延命が期待できたかは確認できないとして，医師の検査に関する注意義務違反と患者の死亡との間の因果関係を否定した原審の判断には，違法がある。

次に掲げる最判平成12・9・22は，この判決を一歩進めて，「高度の蓋然性」を「相当程度の可能性の存在」の立証まで軽減し，その軽減理由を，「生命を維

持することが人にとって最も基本的な利益であるから」とする。もちろん，相当
程度の可能性の立証すらできなかった場合には，賠償は認められない（最判平成
17・12・8＝医事判百〈第2版〉48事件106頁［小池泰］参照）。

> ＊【文献】　米村滋人「『相当程度の可能性』法理の理論と展開」法学74巻6号913
> 頁，尾島明「生存についての相当程度の可能性」高橋譲編・医療訴訟の実務
> （2013年）564頁，大嶋洋志「相当程度の可能性理論，期待権の侵害，延命利
> 益，自己決定権等」秋吉仁美編著・医療訴訟（2009年）468頁など。

② **最判平成 12・9・22** 民集54巻7号2574頁＝判時1728号31頁

【要旨】　医師が過失により医療水準にかなった医療を行わなかったことと患者の
死亡との間の因果関係の存在は証明されないけれども，右医療が行われていたな
らば患者がその死亡の時点においてなお生存していた相当程度の可能性の存在が
証明される場合には，医師は，患者が右可能性を侵害されたことによって被った
損害を賠償すべき不法行為責任を負う。

> 民法判百Ⅱ〈第8版〉178頁［手嶋豊］，医事判百〈第2版〉69事件148頁
> ［手嶋豊］，平成12年度重判69頁［窪田充見］，平成12年度主要民事判例114
> 頁［加藤新太郎］

〈判決理由〉

「一　原審が適法に確定した事実関係の概要は，次のとおりである。

1　平成元年7月8日午前4時30分ころ，Mは，突然の背部痛で目を覚まし，庭
に出たところ，しばらくして軽快した。その後，妻であるXの強い勧めもあっ
て，Mは，子のTと共に自動車でYの経営する横浜総合病院に向かった。自宅か
らY病院までは車で6，7分くらいの距離であり，当初M自身が運転していたが，
途中で背部痛が再発し，Tが運転を替わった。

2　午前5時35分ころ，MはY病院の夜間救急外来の受付を済ませ，その後間も
なくして，外来診察室において，O医師の診察が開始された。

3　Mの主訴は，上背部（中央部）痛及び心か部痛であった。触診所見では心か
部に圧痛が認められたものの，聴診所見では，特に心雑音，不整脈等の異常は認
められなかった。Mは，O医師に対し，7，8年前にも同様の痛みがあり，その
ときは尿管結石であった旨伝えた。O医師は，Mの痛みから考えて，尿管結石に
ついては否定的であったが，念のため尿検査を実施した。その結果，潜血の存在が
否定されたので，その時点でO医師は，症状の発現，その部位及び経過等から第
一次的に急性すい炎，第二次的に狭心症を疑った。

4　次にO医師は，看護婦に鎮痛剤を筋肉内注射させ，さらに，Mを外来診察室
の向かいの部屋に移動させた上で，看護婦に急性すい炎に対する薬を加えた点滴

を静注させた。なお，診察開始からMが点滴のために診察室を出るまでの時間は10分くらいであった。

5　点滴のための部屋に移ってから5分くらい後，Mは，点滴中突然「痛い，痛い」と言い，顔をしかめながら身体をよじらせ，ビクッと大きくけいれんした後，すぐにいびきをかき，深い眠りについているような状態となった。Tの知らせで向かいの外来診察室からO医師が駆けつけ，呼びかけをした。しかし，ほどなく，呼吸が停止し，O医師がMの手首の脈をとったところ，触知可能ではあったが，極めて微弱であった。そこで，O医師は体外心マッサージ等を始めるとともに，午前6時ころ，Mを二階の集中治療室に搬入し，駆けつけた他の医師も加わって各種のそ生術を試みたが，午前7時45分ころ，Mの死亡が確認された。

6　Mは，自宅において狭心症発作に見舞われ，病院への往路で自動車運転中に再度の発作に見舞われ，心筋こうそくに移行していったものであって，診察当時，心筋こうそくは相当に増悪した状態にあり，点滴中に致死的不整脈を生じ，容体の急変を迎えるに至ったもので，その死因は，不安定型狭心症から切迫性急性心筋こうそくに至り，心不全を来したことにある。

7　背部痛，心か部痛の自覚症状のある患者に対する医療行為について，本件診療当時の医療水準に照らすと，医師としては，まず，緊急を要する胸部疾患を鑑別するために，問診によって既往症等を聞き出すとともに，血圧，脈拍，体温等の測定を行い，その結果や聴診，触診等によって狭心症，心筋こうそく等が疑われた場合には，ニトログリセリンの舌下投与を行いつつ，心電図検査を行って疾患の鑑別及び不整脈の監視を行い，心電図等から心筋こうそくの確定診断がついた場合には，静脈留置針による血管確保，酸素吸入その他の治療行為を開始し，また，致死的不整脈又はその前兆が現れた場合には，リドカイン等の抗不整脈剤を投与すべきであった。しかるに，O医師は，Mを診察するに当たり，触診及び聴診を行っただけで，胸部疾患の既往症を聞き出したり，血圧，脈拍，体温等の測定や心電図検査を行うこともせず，狭心症の疑いを持ちながらニトログリセリンの舌下投与もしていないなど，胸部疾患の可能性のある患者に対する初期治療として行うべき基本的義務を果たしていなかった。

8　**O医師がMに対して適切な医療を行った場合には，Mを救命し得たであろう高度の蓋然性までは認めることはできないが，これを救命できた可能性はあった。**

二　原審は，右事実関係に基づき，O医師が，医療水準にかなった医療を行うべき義務を怠ったことにより，Mが，適切な医療を受ける機会を不当に奪われ，精神的苦痛を被ったものであり，同医師の使用者たるYは，民法715条に基づき，右苦痛に対する慰謝料として200万円を支払うべきものとした。／論旨は，原審の右判断を不服とするものである。

三　本件のように，疾病のため死亡した患者の診療に当たった医師の医療行為が，

その過失により，当時の医療水準にかなったものでなかった場合において，**右医療行為と患者の死亡との間の因果関係の存在は証明されないけれども，医療水準にかなった医療が行われていたならば患者がその死亡の時点においてなお生存していた相当程度の可能性の存在が証明されるとき**は，医師は，患者に対し，不法行為による損害を賠償する責任を負うものと解するのが相当である。けだし，生命を維持することは人にとって最も基本的な利益であって，右の可能性は法によって保護されるべき利益であり，医師が過失により医療水準にかなった医療を行わないことによって患者の法益が侵害されたものということができるからである。

原審は，以上と同旨の法解釈に基づいて，O医師の不法行為の成立を認めた上，その不法行為によって守が受けた精神的苦痛に対し同医師の使用者たるYに慰謝料支払の義務があるとしたものであって，この原審の判断は正当として是認することができる」

〈検討〉

　この判決については，不作為による不法行為の事実的因果関係と「相当程度の可能性」，「高度の蓋然性」との関係はどう考えるべきか，保護法益としての「相当程度の可能性」とは何かを検討する必要がある。

　最判平成15・11・11（民集57巻10号1466頁）の転送義務判決にみる**保護法益**は，次の通りである。

　「1. 開業医が，その下で通院治療中の患者について，初診から5日目になっても投薬による症状の改善がなく，午前中の点滴をした後も前日の夜からのおう吐の症状が全く治まらず，午後の再度の点滴中に軽度の意識障害等を疑わせる言動があり，これに不安を覚えた母親が診察を求めたことなどから，その病名は特定できないまでも，自らの開設する診療所では検査及び治療の面で適切に対処することができない何らかの重大で緊急性のある病気にかかっている可能性が高いことを認識することができたなど判示の事情の下では，当該開業医には，上記診察を求められた時点で，直ちに当該患者を診断した上で，高度な医療を施すことのできる適切な医療機関へ転送し，適切な医療を受けさせる義務がある。

　2. 医師に患者を適時に適切な医療機関へ転送すべき義務を怠った過失がある場合において，上記転送が行われ，同医療機関において適切な検査，治療等の医療行為を受けていたならば，患者に重大な後遺症が残らなかった**相当程度の可能性の存在が証明されるとき**は，医師は，患者が上記可能性を侵害されたことによって被った損害を賠償すべき不法行為責任を負う。」

　本判決では，因果関係の存在に代わる要件としての「**相当程度の可能性**」が語られているようにも読める。しかし，「果たして何％かの生存可能性と高度の蓋

然性の証明度を掛け合わせたものを証明できるのか？」という問題があり，医療
訴訟実務で認定が可能なのかには疑問の声もある（加藤新太郎）。因果関係の終点
は「相当程度の可能性」か，患者の生存か死亡かも検討の余地のある問題であ
り，判例の論理は後者を暗黙の前提としているように思われる。

　「相当程度の可能性」という議論は，一定の「慰謝料」を引き出す手法なの
か，あるいは権利侵害構成に名を借りた「**確率的心証論**」ではないかとの意見も
ある。かりに，「**期待権**」の侵害と考える場合には加害者の行為の不法をとがめ
るものであって，議論の射程は生命侵害あるいは重大な後遺症例にとどまるとい
うものかもしれない。今後更に検討が必要であろう。

〈考えてみよう〉

　　Y_1 の運転する車による交通事故によって右足を複雑骨折した患者 A が，
Y_2 病院に運び込まれた。Y_2 の医師 B による措置が不完全であったため，右
足下腿部が壊死して切断せざるを得なくなった。このとき，Y_1 と Y_2 の責任
関係はどうなるだろうか。さらに，交通時の発生に際して，Y_1 の前方不注
意と A が左右確認を怠ったことが原因であったため，7 対 3 の過失相殺が
とられたとすると，このことは最終的な結果にどのように影響すると考える
べきか。

第9講　生殖補助医療をめぐる問題

> **ここでの課題**　ここでは，人間の生にまつわる医学的問題として生殖補助医療と法の関係について検討しよう。そもそも人は，どの時点から「人の萌芽」として法的保護の対象となるのかといった基本的なところから，よくわからない。医療技術の目覚ましい進展と共に，医事法として考えるべきことも多い。法的・倫理的問題を抱えた分野であり，今後どのような方向が目指されるべきかを考えよう。

　生殖医学や妊娠に関連する法律問題は多岐にわたる。たとえば，①胎児に与える薬物傷害に対する法的対応，②水俣病における胎児への被害のような公害問題，③人工妊娠中絶と母体保護法のような胎児の法的保護をめぐる議論をはじめ，それ以前の，④胚保護の問題，⑤体外受精，⑥ひと胚の研究利用などの生殖補助医療をめぐる諸問題などが論じられている。

　ここでは，とくに生殖補助医療をめぐる諸問題に焦点を当てて考えよう。

1　前提となる知識

(1)　「胚」の法的地位

　人の「胚」をめぐるルールは，法の空白地帯といってもよい状態である。法的にみた場合の胚は，「物」でも「人」でもない，「生命の萌芽」に過ぎない存在である。

　「将来の子」として法的に認められた「胎児」の場合，原則として「権利能力」こそ有していないが（民3条参照），不法行為に基づく損害賠償請求権，相続，遺贈に関しては，既に生まれたものと看做されている（721条，886条，965条参照）。「胚」は，この胎児になるヨリも手前の段階にある。

　受精から出生までのプロセスは，概略，①受精→②細胞分裂（卵管から移動）［桑実胚（そうじつはい）］→③子宮内膜への着床［胚盤胞（はいばんほう）］→④「胎児」として成長→出生となる。胚は，受精卵または受精卵から発生を開始して，個体となる途上のものをいい，子宮内に着床すれば胎児として法的保護を受けることはほぼ明らかであるが，これに当たらないものとしての「胚」（典型的には試験管内に存在し，独立に保管・使用されるもの）の法的地位が問われる。

◯ 母子保健法

　母性ならびに乳児・幼児の健康の保持および増進を図るため，母子保健に関する原理を明らかにするとともに，母性ならびに乳児・幼児に対する保健指導，健康診査，医療その他の措置を講じ，もって国民保健の向上に寄与することを目的として制定された法律。1965年に児童福祉法の中に規定されていた母子保健に関する事項を分離・独立させて，単独の法律となった。母子保健の向上に関する措置として，母子保健に関する知識の普及，妊産婦等に対する保健指導，新生児の訪問指導，幼児の健康診査，母子手帳の交付，未熟児の訪問指導，未熟児に対する養育医療の給付などが規定されている。1994年改正で，3歳児健康診査などの基本的な母子保健サービスの実施主体を都道府県から市町村に委譲し，妊娠・出産・育児・乳幼児保健までの一貫したサービスの提供を図り，新たに1歳6ヶ月児の健康診査を法定した。最近では，子育て支援や母親の育児ストレス緩和など，新たなニーズに対する取り組みもすすめられている。なお，平成28年1月1日から，マイナンバー制度の施行に伴って，妊娠届出書の提出に際し，母子健康手帳が交付される時に，妊婦本人の個人番号（マイナンバー）の記入が必要となり，社会保障や税番号と紐付けられるようになった。

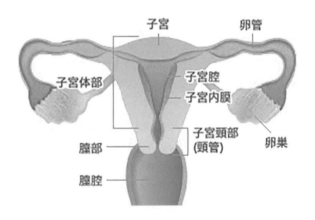

　胚については，厳格な使用規制のある立法例もあるが，我が国では「クローン技術規制法」における特定胚規制以外には，法令や行政指針などは存在しない。もっとも，日本産科婦人科学会の「会告」によるルールがあり，それによれば「ヒト胚および卵子の凍結保存と移植に関する見解」として，「凍結されている胚は，それを構成する両配偶子の由来する夫婦に帰属する」とされ，「胚の保管・処分は夫婦の同意に基づくべきもの」とされている。

　刑法学説では，ヒト胚が窃盗罪等の財産犯の客体となる「財物」に該当するか否かが論じられ，多数説は，「生命」としてヒト胚の「財物性」を否定しつつ，現行法上は堕胎罪によって保護される胎児以外には，生成中の生命は保護されないため，ヒト胚の盗取・毀棄（きき）行為は犯罪を構成しないとされている（山口厚・刑法各論〈第 2 版〉[有斐閣，2010 年] 5 頁，町野朔・犯罪各論の現在 [有斐閣，1996 年] 110 頁。ただし，前田雅英・刑法各論講義〈第 4 版〉[東京大学出版会，2007 年] 13 頁は器物損壊罪の成立を認める）。

　民事法上は，通常のヒト組織と同様に，一定の「物」としての性質は承認されることになろう。従って，所有の対象となり（従って配偶子提供者の共有），占有侵害からも保護される存在となろう。もっとも，第三者提供の配偶子となると，法律関係の確定には困難を伴う（米村・医事法 279 頁参照）。

(2)　体外受精の諸問題

　体外で精子と卵子を受精させて，その胚を母体に戻して子どもを得るという「体外受精」の成功例の報告は，英国で 1978 年，日本では 1983 年である。不妊治療としての体外受精をめぐっては，その技術的な進展により，人工的な遺伝子操作の可能性，性別の判定・選別，遺伝病の回避（着床前診断），有料の代理母，借り腹・借り卵（卵子養子），クローニング，キメラ，ハイブリッドの出現なども考えられるようになり，他方で，受精卵用の細胞核を取り出した精子や卵子を用いた動物実験，ひとの精子とハムスターの卵子を用いたハムスターテストや，顕微鏡下で卵子に穴を開けて受精しやすくする「顕微授精（けんびじゅせい）」なども実験的に行われた。それらにともなう様々な危険性や，「使用済み胚」の扱い，「余剰胚」の扱い，など多彩な倫理的・社会的問題が出現している。これらは，人間の尊厳にも関わる問題である。他方で，受精卵に対する損傷の危険，排卵誘発剤の使用による母体への大きな負荷，多胎妊娠（たたいにんしん）の危険（減数中絶可否（げんすうちゅうぜつ）の問題），奇形児発生のおそれ，凍結受精卵・凍結精子の扱い（保存期間・親死亡の場合の処理，受精卵の所有権帰属，譲渡可能性，その他）なども問題となっている。採卵時の女性の負担は大きく，排卵誘発剤の合併症（OHSS など）も少なくないといわれる（水野紀子ほか「座談会・生殖補助医療を考える」ジュリスト 1359 号 14 頁以下（吉村泰典発言）など参照）。

(3)　人　工　授　精

「人工授精」は，人工的に注入器などを用いて精液を女性性器管内に注入して

受精をおこなう生殖補助技術である。人工授精の種類は，注入精子の提供者が配偶者である場合（AIH：Artificial Insemination with Husbands'semen）と，非配偶者である場合（AID：AI with Donar's semen）に分かれる（可能性としては更に分かれ得る）。

AIH の適応は，精子無能力症や精子減少症，精液過少症による精液性状不良な精子運動率の低い症例や性器障害のために通常の性交が困難な場合，機能性不妊，重症の無排卵症などとされる。他方，AID の適応は，夫が不可逆的無精子症，精子死滅症，精子無能力症，極端な精子減少症，かつてパイプ・カットなどを行った場合の不妊，遺伝子疾患（断種が好ましいとされる事例），血液型不適合による習慣性流産，不育症 などである。

妻自身による出産困難	妻の体内での受精困難
夫の精子・妻の卵子 （代理母出産）借腹型	夫の精子・他女性の卵子 （妻出産）借卵型
他人の精子・妻の卵子 （代理母出産）	他男の精子・他女の卵子 （妻出産）

人工授精のほか，卵管内に精子・卵子といった配偶子を注入する「配偶子卵管内移植（GIFT：Gemete Intra-Fallopian Transfer）があり，これは卵管閉塞など，子宮腔内への精液注入では妊娠が得られない場合を中心に行われている。他の人工授精よりも侵襲性は高いが比較的安全に行うことができると言われる。

2　人工授精と親子関係

(1)　人工授精子の法的地位

人工授精子の法的地位については，東京高決平成 10・9・16（家月 51 巻 3 号 165 頁）がよく知られている。同事件は，離婚に際して夫婦が AID 子の親権をめぐって争った事件である。裁判所は，

> 「夫の同意を得て人工授精が行われた場合には，人工授精子は**嫡出推定の及ぶ嫡出子であ**」り，母親も夫と子の間に「親子関係がない旨の主張をすることは許されない」。しかし，「夫と未成年子との間に自然的血縁関係がないことは否定することができない事実であり，このことが場合によっては，**子の福祉**に何らかの影響を与えることがありうると考えられるから」，……「人工授精子の親権者を定めるについては，未成年子が人工授精子であることを考慮する必要がある」

とした。

他方，大阪地判平成 10・12・18（家月 51 巻 9 号 71 頁）は，AID について同意していなかった夫が AID 子に対して起こした嫡出否認の訴えを認めた。AID については，夫の同意の有無が，親子関係否認の可否の決め手となっているようである。

(2)　夫死亡後の人工授精子

夫死亡後にその凍結精子を用いた人工授精によって生まれた子についての嫡出親子関係の確認もしくは死後認知の可否については，最高裁まで争われた事件がある。

松山地判平成 15・11・12 判タ 1144 号 133 頁（第 1 審）

　　夫の死後の人工授精によって生まれた子の父子関係については「社会通念に照らして個別に判断していくほかない」問題であるところ，「法律上の父子関係が認められるか否かは，子の福祉を確保し，親族・相続法秩序との調和を図る観点のみならず，用いられた生殖補助医療と自然な生殖の類似性や，その生殖補助医療が社会一般に受容されているか否かなどを，いわば総合的に検討し，判断していくほかはない」→認知請求棄却。

高松高判平成 16・7・16 判タ 1160 号 86 頁（控訴審）

　　「人工授精の方法による懐胎の場合において，認知請求が認められるためには，認知を認めることを不相当とする特段の事情が存しない限り，子と事実上の父との間に自然血縁的な親子関係が存在することに加えて，事実上の父の当該懐胎についての同意が存することという要件を充足することが必要であり，かつ，それで十分である」→請求認容。

最判平成 18・9・4（民集 60 巻 7 号 2563 頁＝判時 1952 号 36 頁（上告審）＝医事判百〈第 2 版〉88 事件［中村恵］）

　　死後懐胎子と死亡した父との関係では，法律上の親子関係における基本的な法律関係（親権・扶養・代襲相続の可否など）が生ずる余地がない。「その両者の間の法律上の親子関係の形成に関する問題は，本来的には，死亡した者の保存精子を用いる人工授精に関する生命倫理，生まれてくる子の福祉，親子関係や親族関係を形成されることになる関係者の意識，更にはこれらに関する社会一般の考え方等多角的な観点から検討を行った上，親子関係を認めるか否か，認めるとした場合の要件や効果を定める立法によって解決されるべき問題であるといわなければならず，そのような立法がない以上，死後懐胎子と死亡した父との間の法律上の親子関係の形成は認められない」。→原判決破棄。

　本判決は，死後懐胎子と配偶子由来者との間に法的親子関係が認められるかを問題とした最高裁判所による初めての判断である。難問であるが，この問題については，少なくとも次の問いを検討されたい。①父子関係は，血縁を中心に判断されるべきか，②既に生まれた子についての判断は，制度一般の議論と異なり得るか，③懐胎時に父のいない子の出生を法が放任してよいか，④母親となる女性は「家」の論理に縛られて懐胎したのではないか，⑤亡き夫の忘れ形見が欲しいという女性の気持ちは尊重されるべきか，⑥相続法上，いつまでの夫の子が登場しうる可能性を認めて良いか，⑦子の福祉の観点から考えるとどうか。⑧基本的には，親子について「**同時存在の原則**」が妥当すると考えるべきではないか。

　現在の日本産婦人科学会による生殖補助医療に関するガイドラインでは，「精子の凍結保存に関する見解」(2007年) において，本人が死亡した場合，凍結精子は廃棄することになっている。

(3)　代理母

　代理懐胎によって出まれた子の母は誰かという問題がある。その前提として，代理懐胎の是非，代理懐胎契約の有効・無効の問題があるが，最高裁まで争われたのは，母子関係を問うものであった。事案は，日本人夫婦 AB（妻は子宮摘出手術を受けた）が自分たちの受精卵を用いた C との代理出産契約によって米国（ネバダ州）で子をもうけたところ，帰国後に出生届を提出したが，不受理扱いとなり，戸籍法118条に基づき出生届の受理を命じることを求めたものである。東京家審平成17・11・30家月59巻7号105頁（第1審）は，これを却下したが，東京高決平成18・9・29判時1957号20頁（原審）は，1審の審判を取り消して，本件出生届の受理を命じた。東京高決は，ネバダ州裁判の効力を承認することは実質的に公序良俗に反しないとし，民訴法118条の適用ないし類推適用により，ネバダ州裁判は効力を有するとした。これに対し，Y（品川区長）より上告して，最高裁判決となった。

　最決平成19・3・23民集61巻2号619頁（＝判時1967号36頁：医事判百〈第2版〉89事件 [石井美智子]）は次の通り。

　　日本人夫婦である相手方らが，相手方 X1 の精子と同 X2 の卵子を用いた生殖補助医療により，米国在住の米国人女性が懐胎し出産した子らについて，抗告人に対し，相手方らを父母とする本件出生届を提出したところ，本件出生届を受理しない旨の処分がなされ，これに対し，相手方らが，本件出生届の受理を命ずることを申立てた事案で，現行民法の解釈としては，出生した子を懐胎し出産した女

性をその子の母と解さざるを得ず，その子を懐胎，出産していない女性との間には，その女性が卵子を提供した場合であっても，母子関係の成立を認めることはできないとし，本件申立てを却下した原々決定を取り消して本件出生届の受理を命じた原決定を破棄し，原々決定に対する相手方らの抗告を棄却した。なお，ネバダ州修正法 126 章 45 条は，婚姻関係にある夫婦は代理出産契約を締結することができ，この契約には，親子関係に関する規定，事情が変更した場合の子の監護権の帰属に関する規定，当事者それぞれの責任と義務に関する規定が含まれていなければならないこと（1 項），同要件を満たす代理出産契約において親と定められた者は法的にあらゆる点で実親として取り扱われること（2 項），契約書に明記されている子の出産に関連した医療費及び生活費以外の金員等を代理出産する女性に支払うこと又はその申出をすることは違法であること（3 項）を規定しており，同章には，親子関係確定のための裁判手続に関する諸規定が置かれている。

【決定】

(1)　外国裁判所の判決が民訴法 118 条により我が国においてその効力を認められるためには，判決の内容が我が国における公の秩序又は善良の風俗に反しないことが要件とされているところ，外国裁判所の判決が我が国の採用していない制度に基づく内容を含むからといって，その一事をもって直ちに上記の要件を満たさないということはできないが，それが我が国の法秩序の基本原則ないし基本理念と相いれないものと認められる場合には，その外国判決は，同法条にいう公の秩序に反するというべきである（最高裁平成 5 年(オ)第 1762 号同 9 年 7 月 11 日第二小法廷判決・民集 51 巻 6 号 2573 頁参照）。

　実親子関係は，身分関係の中でも最も基本的なものであり，様々な社会生活上の関係における基礎となるものであって，単に私人間の問題にとどまらず，公益に深くかかわる事柄であり，子の福祉にも重大な影響を及ぼすものであるから，どのような者の間に実親子関係の成立を認めるかは，その国における身分法秩序の根幹をなす基本原則ないし基本理念にかかわるものであり，実親子関係を定める基準は一義的に明確なものでなければならず，かつ，実親子関係の存否はその基準によって一律に決せられるべきものである。したがって，我が国の身分法秩序を定めた民法は，同法に定める場合に限って実親子関係を認め，それ以外の場合は実親子関係の成立を認めない趣旨であると解すべきである。以上からすれば，民法が実親子関係を認めていない者の間にその成立を認める内容の外国裁判所の裁判は，我が国の法秩序の基本原則ないし基本理念と相いれないものであり，民訴法 118 条 3 号にいう公の秩序に反するといわなければならない。このことは，立法政策としては現行民法の定める場合以外にも実親子関係の成立を認める余地があるとしても変わるものではない。

(2)　我が国の民法上，母とその嫡出子との間の母子関係の成立について直接明

記した規定はないが，民法は，懐胎し出産した女性が出生した子の母であり，母子関係は懐胎，出産という客観的な事実により当然に成立することを前提とした規定を設けている（民法772条1項参照）。また，母とその非嫡出子との間の母子関係についても，同様に，母子関係は出産という客観的な事実により当然に成立すると解されてきた（最高裁昭和35年(オ)第1189号同37年4月27日第二小法廷判決（民集16巻7号1247頁参照））。

　民法の実親子に関する現行法制は，血縁上の親子関係を基礎に置くものであるが，民法が，出産という事実により当然に法的な母子関係が成立するものとしているのは，その制定当時においては懐胎し出産した女性は遺伝的にも例外なく出生した子とのつながりがあるという事情が存在し，その上で出産という客観的かつ外形上明らかな事実をとらえて母子関係の成立を認めることにしたものであり，かつ，出産と同時に出生した子と子を出産した女性との間に母子関係を早期に一義的に確定させることが子の福祉にかなうということもその理由となっていたものと解される。

　民法の母子関係の成立に関する定めや上記判例は，民法の制定時期や判決の言渡しの時期からみると，女性が自らの卵子により懐胎し出産することが当然の前提となっていることが明らかであるが，現在では，生殖補助医療技術を用いた人工生殖は，自然生殖の過程の一部を代替するものにとどまらず，およそ自然生殖では不可能な懐胎も可能にするまでになっており，女性が自己以外の女性の卵子を用いた生殖補助医療により子を懐胎し出産することも可能になっている。そこで，子を懐胎し出産した女性とその子に係る卵子を提供した女性とが異なる場合についても，**現行民法の解釈として**，出生した子とその子を懐胎し出産した女性との間に出産により当然に母子関係が成立することとなるのかが問題となる。この点について検討すると，民法には，出生した子を懐胎，出産していない女性をもってその子の母とすべき趣旨をうかがわせる規定は見当たらず，このような場合における法律関係を定める規定がないことは，同法制定当時そのような事態が想定されなかったことによるものではあるが，前記のとおり実親子関係が公益及び子の福祉に深くかかわるものであり，一義的に明確な基準によって一律に決せられるべきであることにかんがみると，現行民法の解釈としては，出生した子を懐胎し出産した女性をその子の母と解さざるを得ず，その子を懐胎，出産していない女性との間には，その女性が卵子を提供した場合であっても，母子関係の成立を認めることはできない。

　もっとも，女性が自己の卵子により遺伝的なつながりのある子を持ちたいという強い気持ちから，本件のように自己以外の女性に自己の卵子を用いた生殖補助医療により子を懐胎し出産することを依頼し，これにより子が出生する，いわゆる代理出産が行われていることは公知の事実になっているといえる。このように，

　現実に代理出産という民法の想定していない事態が生じており，今後もそのような事態が引き続き生じ得ることが予想される以上，代理出産については法制度としてどう取り扱うかが改めて検討されるべき状況にある。この問題に関しては，医学的な観点からの問題，関係者間に生ずることが予想される問題，生まれてくる子の福祉などの諸問題につき，遺伝的なつながりのある子を持ちたいとする真しな希望及び他の女性に出産を依頼することについての社会一般の倫理的感情を踏まえて，医療法制，親子法制の両面にわたる検討が必要になると考えられ，立法による速やかな対応が強く望まれるところである。

　(3)　以上によれば，本件裁判は，我が国における身分法秩序を定めた民法が実親子関係の成立を認めていない者の間にその成立を認める内容のものであって，現在の我が国の身分法秩序の基本原則ないし基本理念と相いれないものといわざるを得ず，民訴法118条3号にいう公の秩序に反することになるので，我が国においてその効力を有しないものといわなければならない。そして，相手方らと本件子らとの間の嫡出親子関係の成立については，相手方らの本国法である日本法が準拠法となるところ（法の適用に関する通則法28条1項)，日本民法の解釈上，相手方X2と本件子らとの間には母子関係は認められず，相手方らと本件子らとの間に嫡出親子関係があるとはいえない。」

　ここでは，「現行民法の解釈として」は，出生した子を懐胎し出産した女性をその子の母と解さざるを得ず，その子を懐胎，出産していない女性との間には，その女性が卵子を提供した場合であっても，母子関係の成立を認めることはできないとの判断が示された。

――〈考えてみよう〉――

ここでも，いくつかの問いについて検討されたい。
第1に，「分娩者＝母ルール」は何によって正当化されているのだろうか。
第2に，血縁と懐胎期間の存在をどう評価すべきか。
第3に，代理懐胎における代理母の身体的危険性：体内の「異物」に対する拒絶反応の存在をどう考えるか。
第4に，そもそも代理母は許されるべきか。許されるとすればどのような場合か。
第5に，もし，「生みの母」が親子関係を求めたらどう判断すべきか。
第6に，遺伝子上の両親が離婚し，子の引き取りを拒むような事態が生じたらどうなるのか。
第7に，代理母による出産は，母体を「産む機械」として道具視することに

　ならないのか。

　第8に,「子の福祉」の観点からは, どう考えるべきか?

【参考文献】

　　樋口範雄「人工生殖と親子関係」ジュリ 1059 号 129 頁 (1995 年)

　　　同　　「人工生殖で生まれた子の親子関係」法教 322 号 132 頁 (2007 年)

　　大村敦志「生殖補助医療と家族法」ジュリ 1243 号 12 頁 (2003 年)

　　水野紀子・判タ 1169 号 98 頁

　　石井美智子・ジュリ 1342 号 10 頁

　　西希代子「代理懐胎の是非」ジュリスト 1359 号 44 頁

　　町野朔＝水野紀子＝辰井聡子＝米村滋人編著・生殖医療と法 (信山社, 2010 年)

　　甲斐克則編・生殖医療と医事法 (医事法講座第 5 巻) (信山社)

　　より根本的な子の出生をめぐる問題については, 水野紀子「子の出生を考える」

　法学教室 502 号 72 頁以下 [2022 年] 参照。

ひと口メモ

　◯ 助産師

　厚生労働大臣の免許を受けて, 助産または妊婦, 褥婦もしくは新生児の保健指導を行うことを業とする者 (女性) を助産師という (保健師助産師看護師法 3 条)。男子に対する資格制限がある稀な例である。産前・産後の手当てに男性は不適当と言うことであろうか。助産は医師の行う医行為の一つではあるが, 助産師には, 妊婦等に異常があると認めた場合を除いて, 医師の指示がなくとも単独でこれを行うことが認められている (保助看法 37 条, 38 条)。そのため, 応召義務や出生証明書交付義務, 助産録記載・保存義務など, 医師法に準じた義務規定が定められている。最近では, 産科医の不足もあって, 院内助産, 助産外来など, 助産師が医師と協働で主体的に助産ケアを行う院内助産システムによる体制の整備も進められている。助産師のみによる助産所も存在している (医療法 2 条)。出張のみによって業務を行う者もある。かつては「産婆」などの俗称があったが, 最近では死語になっている。

〈参考〉

　2000 年の厚生省厚生科学審議会先端医療技術評価部会・生殖補助医療技術に関する専門委員会「精子・卵子・胚の提供等による生殖補助医療のあり方についての報告書」では,

　① 生まれてくる子の福祉を優先する。

　② 人を専ら生殖の手段として扱ってはならない。

③　安全性に十分配慮する。

④　優生思想を排除する。

⑤　商業主義を排除する。

⑥　人間の尊厳を守る。

が，大原則とされ，基本的に代理懐胎を認めないものとした。兄弟姉妹等からの精子・卵子・胚の提供を認めることとするかどうかについても，当分の間，認めない，とした。

2003年4月厚生労働省の厚生科学審議会生殖補助医療部会「精子・卵子・胚の提供等による生殖補助医療制度の整備に関する報告書」でも，代理懐胎を認めないこととしている。その目次は，次の通りで，問題の所在と複雑さを示すものである（一部は，町野朔ほか編・生殖医療と法（信山社，2010年）152頁以下でも紹介されている）。

その後，日本学術会議は2008年の「報告書」で代理懐胎全般を禁止すべしとする方向を公表したが（町野朔ほか・前掲書203頁以下に掲載されている），結局，立法には結びついていない。

いくつかの学会規制は，http://www.jsog.or.jp/ethic/index.html で閲覧可能である。

前述の厚労省報告書は，https://www.mhlw.go.jp/shingi/2003/04/s0428-5a.html#3 で閲覧できる。その目次は次の通り。論点はほぼ網羅されているので参考にされたい。

Ⅰ　はじめに

1　生殖補助医療に関する検討を必要とした背景

2　生殖補助医療技術に関する専門委員会における基本的事項の検討経緯

3　生殖補助医療部会における制度整備の具体化のための検討経緯

Ⅱ　意見集約に当たっての基本的考え方

Ⅲ　本論

1　精子・卵子・胚の提供等による**生殖補助医療を受けることができる者の条件**

(1)　精子・卵子・胚の提供等による生殖補助医療を受けることができる者共通の条件

(2)　精子・卵子・胚の提供等による生殖補助医療の**施術別の適用条件**

1)　**AID（提供された精子による人工授精）**

2)　提供された精子による体外受精

3)　**提供された卵子による体外受精**

4)　**提供された胚の移植**

5)　提供された卵子を用いた**細胞質置換及び核置換**の技術

6)　**代理懐胎（代理母・借り腹）**

(3)　**子宮に移植する胚の数の条件**

2　精子・卵子・胚の提供を行うことができる者の条件

(1)　提供者の年齢及び自己の子どもの有無
(2)　同一の者からの卵子提供の回数制限，妊娠した子の数の制限
(3)　提供者の感染症及び遺伝性疾患の検査
3　提供された精子・卵子・胚による生殖補助医療の実施の条件
(1)　精子・卵子・胚の提供の対価
　1)　精子・卵子・胚の提供に対する対価の授受の禁止
　2)　卵子のシェアリングにおける対価の授受等
(2)　精子・卵子・胚の提供における匿名性
　1)　精子・卵子・胚の提供における匿名性の保持
　2)　精子・卵子・胚の提供における匿名性の保持の特例
(3)　出自を知る権利
(4)　近親婚とならないための確認
(5)　精子・卵子・胚の提供者と提供を受ける者との属性の一致
(6)　提供された精子・卵子・胚の保存期間，提供者が死亡した場合の精子・卵子・胚の取扱い
4　インフォームド・コンセント（十分な説明と同意），カウンセリング
(1)　十分な説明の実施
　1)　提供された精子・卵子・胚による生殖補助医療を受ける夫婦に対する十分な説明の実施
　2)　精子・卵子・胚の提供者及びその配偶者に対する十分な説明の実施
(2)　同意の取得及び撤回
　1)　提供された精子・卵子・胚による生殖補助医療を受ける夫婦の同意
　2)　提供された精子・卵子・胚による生殖補助医療を受ける夫婦の同意の撤回
　3)　精子・卵子・胚の提供者及びその配偶者の同意
　4)　精子・卵子・胚の提供者及びその配偶者の同意の撤回
(3)　カウンセリングの機会の保障
(4)　子どもが生まれた後の相談
5　実施医療施設及び提供医療施設
(1)　実施医療施設及び提供医療施設の指定
(2)　実施医療施設及び提供医療施設の指導監督
(3)　実施医療施設における倫理委員会
6　公的管理運営機関の業務
(1)　情報の管理業務
　1)　同意書の保存
(1)　提供された精子・卵子・胚による生殖補助医療を受けた夫婦の同意書の保存
(2)　精子・卵子・胚の提供者及びその配偶者の同意書の保存

〈補論〉　子宮移植〈迷走する医事法〉

　子宮移植とは，第三者から提供を受けた子宮を女性に移植する技術で，定着した子宮に体外受精したカップルの受精卵を戻し，妊娠・出産をめざすものである。移植後は，拒絶反応を防ぐために，免疫抑制剤を使う必要があり，子宮の定着確認には１年ほどかかるといわれる。出産は帝王切開となり，子どもを産み終えたら子宮を摘出する。代理出産の場合に，代理母が出産リスクを負うことに加えて，民法上は，出産した女性が母親になる親子関係が複雑になる等の問題があることから，子宮のない女性が法律上の実子をもうけることのできる唯一の方法と位置づけられている。新聞報道によれば，（2021/07/19読売），日本医学会の検討委員会が，妊娠，出産を希望する子宮がない女性に対する子宮移植の臨床研究を容認する報告書を２年あまりの時間をかけてまとめたという。生体移植に大きなリスクが指摘される一方で，当事者がリスクを十分に理解し，実施したい意思がある場合，敢えて排除することまではできないというのが多数意見であったらしい。生まれつき子宮のない「ロキタンスキー症候群」の患者への実施を計画してきた大学病院は速やかに準備にかかるという。今後は子宮筋腫などで子宮を失った人も対象に加える考えのようである。

　臓器移植法で定められた脳死ドナーからの移植は，生命維持に関わる心臓，肺，肝臓などに限られており，子宮は対象外である。検討委員会は，臓器移植法等の法令改正を提言したが，厚生労働省は，「実現性や安全性のデータがそろっ

てから議論する」としており，実現には時間がかかりそうである。検討委員会は，臨床研究の条件として①患者は移植により妊娠・出産ができる可能性が高い人とすること（概ね40歳以下），②夫婦やドナーが，移植や無償提供に自発的に同意していることを確認すること，③当事者の長期的なカウンセリング体制を整備すること，④日本移植学会と日本産婦人科学会が合同で実施体制をチェックすること，を掲げている。

　翻って考えてみると，他人の子宮という臓器を借りて，当該臓器で子どもを産むことは，事実上，代理母制度を潜脱する結果ともなる。人の身体の一部を「道具視」する思想の延長上の発想ではないかとの疑問もある。「腹を痛めた我が子」を生みたいという女性の気持ちも理解できないではないが，生まれてくる子にとってみれば，「**生みの母**」・「**子宮の母**」・「**遺伝子上の母**」が登場する可能性が生ずることになる。さらに「費用」問題を考えれば，子宮の機能しない配偶者に実子を期待する社会的圧力があるような場面では，経済的負担も加わることになろう。リスク面，倫理面，費用面，産まれてくる子の利益など様々な問題が複雑に絡み合っている。単に，選択肢が増えれば良いという問題ではあるまい。

第 10 講　がんの告知について

> **ここでの課題**　ここでは「がんの告知」について考えよう。「がん」は，今日では必ずしも不治の病ではなくなり，種類やステージによって生存率も大きく変わる病気である。インフォームドコンセントの在り方を考えるとき，がんの告知は最も重要な試金石となる。

1　「がん」という病い

(1)　がんの告知

　数十年前の日本では患者に対してがんの告知を行わないことが当たり前で，主たる家族に対してのみ告げるということも少なくなかった。医師に任せる治療から，患者の自己決定を重視する治療へ——。治療方針について患者への説明が求められ，インフォームド・コンセントが重視されるようになるなど，医師と患者の関係性は大きく変化してきた。変化が端的に表れているのは「がんの告知」ではないだろうか。「非告知」原則から「告知」の時代となった転換点は，1990 〜 2000 年ごろである。世論からどのような要請があり，また，医師はどのように告知を受け入れたのか。

　告知率は，30 年で 80 ％増　昭和が終わり平成の始まる 1990 年前後に，厚生労働省の全国遺族調査などを見ると，日本のがん告知率は 15 ％ほどであった。しかし，厚生労働省が 2007 年（平成 19 年）から策定した「がん対策推進基本計画」では，「がん患者の就労支援」「がん患者の相談支援」などが重点項目に挙げられるなど，今では「告知」は政策の前提となっている。厚生労働省の全国調査によると，平成元年頃のがんの告知率は 15 ％ほどであったが，2016 年に国立がんセンターが行った「がん登録全国集計」では告知率は 94 ％に達している。告知率が急速に上がった理由は，告知に対する世論の要請が高まり，治療技術の進歩により治る確率が高くなったことが影響している。

　がんの告知を受けることは患者にとって非常に衝撃が大きいが，がんに向き合い受け入れることが治療の第一歩でもある。そのため病院では，検査結果からがんであると確定した後，速やかに患者本人に病名や状態を伝える方針を取るようになった。また，告知後も治療を進めていくうえで，担当医などの医療者との信

頼関係が重要となる。

　もちろん，がんの状態（早期がんか末期がんか）や，患者の精神状態，本人の認知力，患者の年齢，成人か子どもか，子どもであれば年齢はいくつかなどによっても異なろう。いずれにしてもがんの告知の方法は明確に決まっているわけではなく，患者の希望を含め様々なことを考慮したうえで適切な形で行われるというのが現状である。

⑵　告知後の患者の心の変化

　がんの告知を受けた患者の心の状態は時間の経過とともに変わっていくことが多いといわれている。まず告知を受けた直後は強い衝撃を受け，ショックや絶望感，不安や落ち込みが見られる。その後の心の変化は個人差があるものの，一般的には現実逃避をしたり怒りの感情が現れ，次第に現実に目を向けようとして，最終的には現実を受け入れてがんに向き合うというプロセスを辿るといわれる。具体的には次の通りである。

　　第①段階　ショック・不安を感じて落ち込む。
　　　死ぬかも知れない，頭が真っ白になる，ショックや不安で眠れない，これから先のことを考えられない。
　　第②段階　現実逃避をする。自分は悪い病気であるはずがないと思う。
　　　誰とも口をききたくない。治療のことや今後のことは考えたくない。
　　第③段階　現実に目を向けようとする。ジタバタしても仕方がない，がんになって運が悪かったと思う。何故こんな目に遭わなければならないのかと思う，治療を受けようと決心をする。
　　第④段階　現実を受け入れてがんに向き合う。
　　　ガンとの共生や将来に対して積極的になり，先の見通しを立てられるようになる。来年の仕事について考えるようになる。

⑶　告知後の治療

　がんに対する主な治療法には外科的にがんを切除する"手術"，抗がん剤で治療を行う"薬物療法（化学療法）"，がんやその周囲に放射線を照射する"放射線療法"がある。どの治療法が適しているかは，がんの部位や進行度，患者の状態などによって異なる。どの治療法を選ぶかは患者と家族で，それぞれの治療法にはメリット・デメリット，副作用や合併症のリスクもあるため，担当医の説明をよく聞き，分からないことがあれば理解できるまで質問し，自分自身で調べることも大切である。

　がん治療では，さまざまな合併症が懸念される。たとえば，手術治療後は傷の感染や痛みが生じることがあるほか，腹部の手術では腸閉塞などの合併症がみられることもある。また，放射線治療では体のだるさが生じたり出血しやすくなったりするなどの副作用が生じることもある。

　がんは再発や転移の可能性があるため，ひととおりの治療が終わっても通院して検査を受ける必要がある。経過観察の期間は一般的に 5 年程度といわれ，初めは 2 か月や 3 か月に 1 回程度の頻度で通院する必要がある。徐々に通院の間隔は広くなって，最終的に 1 年に 1 回程度のペースで済む場合もある。

(4)　実務の心得

　呉屋朝幸医師（杏林大学医学部外科）は，「急性期医療・がん治療と倫理」において，次のような文章を寄せている。少し長くなるが，引用しよう。

　「近年は移植医療とがん医療はとくに社会的合意と倫理的配慮を強く求められている。がんの告知，説明と同意の問題はがんを取り扱う医師にとって倫理的配慮の根幹をなしている。

　1.　がんの告知

　法律上の規定では，医師が患者を診察したときは，ただちに患者に対して病名を含めた診断内容，病状，予後などを告げるべきで，このことは診療契約上の義務（民法 645 条），あるいは医師患者関係に伴う医師の責務（医療法 1 条の 42 項，医師法 23 条参照）である。がんの告知にあたっては，何のために，どのように，なにを伝えるのかを熟慮のうえ，告知がなされなければならない。**告知は高度の医療行為である**ので，臨床経験の浅い医師が安易に行うべきではない。病気の進行状態や患者の体調，精神状態や感情の起伏などを十分に考慮して，またいたずらに先送りすることなく告知の時期を選び，臨床経験を積んだ上級医師が行うのが望ましい。

　がん患者には正しい病名，病状について患者本人に知らせることを大原則とする。その場合，告知にあたっては患者の精神面に十分に配慮する。当然のことながら，がん告知の内容を患者がどのように受け入れたか，どのように理解して受け取ったかを把握することは重要である。具体的には，告知に同席した看護師に，告知した医師のいないところで患者の理解内容を客観的に確認してもらうべきであろう。そして，告知後も患者を支援していくこと（体制）が重要である。告知後，患者に対してどのように対応するのかについて医師としての心構えがな

いと，単に病名を告げるだけの告知は残酷な話である。医師と患者・家族との信頼関係，つまり患者の最後の最後まで援助の手を差し伸べる医師としての自信と決意が重要な役割を果たす。このような信頼関係や医師としての自信と決意は告知以上に重要な意味をもつこともある。また，患者の希望する家族や友人が同席して，共に病気の説明を受けることは，共通の説明内容を複数の人が認識し，客観化できるので望ましい。患者に生きる望みを失わせるような表現は避けるべきである。

　今後は，がん診療は緩和医療を含めて，地域医療機関との連携が求められるが，この場合も患者にがんの告知がなされていないと連携医療が成り立たない。

　真実を告げることが患者に著しい悪影響を及ぼし，以後の治療に支障を来すおそれが強いと判断されるようなときには，告知を控える（先延ばしする）ことも考慮する。しかし，この判断はきわめて慎重でなければならない。このように判断する場合は，しかるべき家族に正しい病名，病状とともに告知内容に対する同意が必要である。しかしこの考え方は患者の自己決定理論と抵触するので適用にあたっては慎重でなければならない。

　予後不良例に対する告知は，種々の調査結果でもっとも説明されていない事項である。単に平均的な予後や予測数値を述べるだけでなく，予測自体の不確実性や併存疾患や既往歴から推測される種々のリスクを加味すること，そしてなにより原発臓器によって大きく異なることを提示し内容に幅をもたせて説明しなければならない。完全治癒が望めない場合は，苦痛の緩和や日常生活に支障のある症状緩和を当面の治療目標とするなど具体的に提示して説明する。

　2.　説明と同意（Informed Consent：IC）

　ニュールンベルグ綱領（1947），ヘルシンキ宣言（1964，アメリカの生命倫理に関する大統領委員会報告等をとおして，説明と同意が医療に関する意思決定の基本であり，患者の自己決定権が医療の原則であるとして確立した。

　説明と同意は生命倫理の3原則，つまり善行の原則，正義の原則，自立性の尊重の原則による。そして，患者の自己決定権は，能力のある患者が十分な情報を得ているときに初めて有効な行使が可能となる。説明と同意は医師基準（合理的ないし平均的医師がなすであろう説明）ではなく，合理的患者基準（合理的ないし平均的患者が必要と考える事項の説明）を医師に義務づけている。つまり，説明と同意ののち，患者がどのように理解したかが重要だと認識されている。治療法の選択根拠と予後について患者が理解できる言葉でかつ十分な内容を説明し，同意を

求めることになる。「詳しければよい」「学問的で科学的内容のほうがよい」とするのは間違いである。告知の場合と同様に同席した看護師に、告知した医師のいないところで患者の理解内容を客観的に把握してもらうことは重要である.

　説明と同意の前提には医師への質問の自由、患者の同意拒否の自由、同意撤回の自由、患者は拒否によって不利益を受けない、等が確保されなければならない。わが国では説明と同意は法制化されていないものの、患者と医療者の信頼関係の基本である。適切な医療を提供するための分かりやすい説明行為・療養指導は医療法・民法に基づく準委任契約としてその取得が義務づけられている。同意を得るには説明したあと、同意までに十分な時間をもつこと、前述した説明と同意の前提を守ることが必要である。また説明にあたっては無治療（症状コントロール）が選択肢のひとつであることを提示し、十分に理解してもらう必要がある。また、治療法の選択に基づく、説明と同意ではセカンド・オピニオンの権利が保障されなければならない。とくにがん治療においては外科、内科を問わずエビデンスレベルの高い標準治療が定まっているわけではないので、医師によって、あるいは診療科によって進められる治療法が異なるのは避けなければならない。すでに世界的に検証された「標準的な治療法」のメリット・デメリットを説明する必要がある。この際、各臓器がん治療に関するガイドラインは重要な指標である。

　3.　がん治療の成果と倫理

　がんの告知、説明と同意にあたっては病状や治療内容の詳細についての説明ばかりではなく治療が患者身体、心、社会面に及ぼす影響に関するすべての情報を分かりやすく伝えることが求められるようになった。さらには医療者から提示されるそれらの情報は、単なる経験に基づく曖昧な話ではなく、質の高い臨床研究から得られた証拠（Evidence）を示すことが求められる。

　最近は治療の進歩により、すぐに命を奪われるわけではないが一定期間、がんと共存せざるを得ない比較的元気な担がん患者の占める割合が多くなってきた。そこでは必然的に、治療の目的として、単なる生存期間の延長ではなく、生きている間に高いQOLを保つことが求められる。治療成果の指標は生存期間とQOLを統合した量的指標を用いるべきである。

　過去のがん治療（外科手術、抗がん剤治療、放射線治療を含む）は、確かに患者の生存期間を延長するのには大きく貢献してきたが、時にはその恩恵に見合わないほどの生活障害をもたらすことがあった。このことに医療者自身が気づいて倫

理面にも再評価することが望ましい。がん治療と倫理とは，がん患者への人間としての人格への正しい配慮に帰結すると考えられる。

4. 高齢化とがん医療・併存疾患とがん医療

近年の高齢化の進行は医療の現場において大きな課題となっている。高齢者は身体機能・臓器機能は低下しているうえにすでに複数の疾患に罹患していることも少なくなく，またその既往症のためにすでに機能障害をもっていることも多い。このような高齢者に対して急性期治療を行う場合はその急性期疾患の展開や予後・改善の見通しと治療に伴うあらたな機能喪失が治療後の日常生活にどのように影響を与えるのか慎重かつ総合的な判断を求められる。積極的な治療が適切な場合もあるし，積極的な治療を差し控えるという判断が適切な場合もある。そのためには，先に述べたように告知・説明と同意が前提となるが，認知能力があれば同意を求めることに倫理的な問題は生じない。高齢化とともに認知力の低下は一般的に認められるが，その患者に判断能力があるかないかの評価そのものが困難である。認知症で判断困難と評価を受ければ家族が代理判断者として判断することになる。このような人権尊重の原則から外れる場合の倫理的判断は現実には困難なことが多く，ある意味で「家族の意思」が適切な倫理評価なしに全面にでてしまう懸念がある。できれば認知症の出現前に自分の意思を表明したものを書面で残しておく必要がある。」

2　人を対象とする臨床研究での心得

ヘルシンキ宣言ではすべての医学研究者が遵守すべき倫理原則として国際的にも認められており，医学研究のさまざまな場面でその遵守・尊重が謳われている。日本では厚生労働省の「臨床研究に関する倫理指針」や医学研究機関の倫理審査委員会規定や各種ガイドラインのなかにその骨子が盛り込まれている。その重要な原則は次の5つである。

① 　患者・被験者の福利の優先：「医学研究」においては，患者・被験者の福利が科学的・社会的利益よりも優先されなければならない。

② 　本人の自発的・自由意思（自由な同意）による参加：患者・被験者が「医学研究」に参加するのは，本人の自発的・自由意思によることが絶対的な条件である。

③ 　インフォームド・コンセントの取得：「医学研究」に参加する患者・被験者から参加の承諾を得る際には，参加者が意思決定するのに必要な情報を十

分に提供され，それを理解したうえで意思決定がなされることを要する。

④　倫理委員会による事前審査，監視の継続：「医学研究」の実施者が実施計画書（プロトコール）を作成して倫理審査委員会に提出し，科学的・倫理的見地から検討・点検を受けて承認されなければならない。さらに倫理委員会は進行中の研究を監視する権限と責務がある。

⑤　研究は科学的原則に従い基礎研究を経て：「医学研究」は，一般に受け入れられた科学的原則に従い，科学上の十分な知識・情報，動物実験を含む十分な実験に基づいて行わなければならない。

そのうえで宣言の保護の対象が単に人にとどまらず，人由来の臓器・組織・細胞・遺伝子，さらに診療情報まで含むこと，および宣言の対象者が医学研究に関わるすべての人々であること，この宣言に定めた諸原則に従わない研究報告書は公刊のために受理されてはならないことなど研究者が常に念頭に置くべき規定や倫理が記載されている。

(1)　人を対象とする臨床試験と説明と同意

個々の臨床研究ごとに倫理委員会や治験審査委員会（Institutional Review Board：IRB）で承認された説明文（情報開示文書）を作成し，その説明文書に従って適応する治療法の説明を行う。同意を得るには説明した後，最低 1 日以上の余裕をもつこと，前述した説明と同意の前提を守ることが必要である。また説明にあたっては無治療（症状コントロール）が選択肢のひとつであることを提示し，十分に理解してもらう必要がある。

(2)　臨床研究に関わる利益相反（conflict of interest：COI）

臨床研究の実施には資金が必要であり，業界や組織との金銭的な関わりをもつことが多く，さらにその成果は資金提供者の直接的利益に関わることも多い。しかし，研究者個人に利益相反が生じること自体に問題があるわけではない。利益相反状態が深刻になると資金提供者の意向によって被験者が不当な不利益を被ったり，研究者による不適切な臨床研究の実施や研究成果の発表がゆがめられるようなこともあり得る。したがって研究者は利益相反の原則に従い，当該組織の利益相反の指針に従い，金銭的な利益やその他の関連する利益（地位や利権など）の情報を自己申告によって開示し臨床研究の実施やその成果の普及・提供を適正に行うことが強く求められている。このようなことは基本的には研究者の良識の問題といえるが，すべての研究者は指針の基準に従わなければならない。

わが国では 2006 年に「臨床研究の利益相反ポリシー策定に関するガイドライン」が策定された。

さらに以下のような課題は残っている.

① 　説明と同意にあたり患者の理解度は把握，評価できるか。

② 　「患者に理解できるように説明する」とあるが，患者の理解能力をどの程度だと期待するか。

③ 　標準的患者が理解できるように説明する義務とあるが，標準的理解度とはなにか。それを理解できない患者にはどうするのか。

④ 　意図的であってもなくても理解しない患者に対しては説明と同意が成立しない。

3　がんの告知に関する裁判例

がんの告知をめぐって，いくつかの裁判例を紹介しておこう。

① 　**最判平成 7・4・25 民集 49 巻 4 号 1163 頁**（医事法判百〈第 2 版〉29 事件［樋口範雄］）

「一　本件訴訟は，胆のう癌により死亡した D の遺族である上告人らが，被上告人の開設する E 病院の F 医師が D を胆のう癌の疑いがあると診断したのにその旨を本人又はその夫である上告人 A に説明しなかったことが診療契約上の債務不履行に当たると主張して損害賠償を請求するものであるところ，原審の適法に確定した事実関係の概要は，次のとおりである。

1　D 女は昭和 58 年 1 月 31 日，上腹部痛のため E 病院を訪れ，内科各科への振分けを目的とする一般内科を受診した。一般内科の G 医師は同日，同女を診察して胆石症を疑い，放射線科で超音波検査を受けた後に一般内科を受診するように指示した。放射線科の H 医師は同年 2 月 9 日，超音波検査により同女には胆のう腫瘍の疑いがあると診断した。一般内科の I 医師は同月 14 日，同女を診察し，超音波検査の結果によりこれを消化器内科に振り分け，放射線科でコンピューター断層撮影を受けてその結果を消化器内科で聞くように指示した。放射線科の H 医師は同月 28 日，コンピューター断層撮影により同女を印象として胆のう癌と診断した。

2　消化器内科の F 医師は，同年 3 月 2 日，外来で訪れた D を初めて診察し，前記診察及び検査の結果をも考え併せて胆のうの進行癌を強く疑い，同女を入院させて精密な検査をした上で確定診断と治療方針の決定をする必要があると判断

したが，同女の性格，家族関係，治療方針に対する家族の協力の見込み等が不明であり，右の疑いを本人に直接告げた場合には精神的打撃を与えて治療に悪影響を及ぼすおそれがあることから，D本人にはこれを説明せず，精密な検査を行った後に同女の家族の中から適当な者を選んでその結果及び治療方針を説明することにした。

　3　F医師は同日，Dに対し，「胆石がひどく胆のうも変形していて早急に手術する必要がある。」と説明して入院を指示したが，同女が同月22日から28日までシンガポールへ旅行する予定であること，仕事の都合及び家庭の事情などを理由に強い口調で入院を拒んだため，胆のうも変形し手術の必要な重度の状態にあるから，仕事の都合を付け家族とも相談した上で入院できる態勢を整える必要がある旨を告げ，なお粘り強く入院を説得した。その結果，同女がシンガポール旅行後に入院するというので，F医師はやむを得ずこれに同意し，入院の手続のため同月16日に来院することを同女に約束させた。

　4　Dは，同月16日，F医師の診察を受けて同年4月11日以降速やかに入院する旨の予約手続をしたが，同年3月18日，同医師に相談することなく，電話で応対した看護助手に対して家庭の事情により入院を延期する旨を伝えた。

　5　Dは，予定通りシンガポールへ旅行し，帰国後もF医師に連絡を取らず医師の診察を受けずにいたところ，同年6月病状が悪化してJがんセンターに入院し，胆のう癌と診断されて治療を受けたが，同年12月22日死亡した。

　6　なお，昭和58年当時医師の間では，患者に対して病名を告げるに当たっては，癌については真実と異なる病名を告げるのが一般的であった。

二　右認定事実によれば，F医師にとっては，Dは初診の患者でその性格等も不明であり，本件当時，医師の間では癌については真実と異なる病名を告げるのが一般的であったというのであるから，同医師が，前記3月2日及び16日の段階で，Dに与える精神的打撃と治療への悪影響を考慮して，同女に癌の疑いを告げず，まずは手術の必要な重度の胆石症であると説明して入院させ，その上で精密な検査をしようとしたことは，医師としてやむを得ない措置であったということができ，あえてこれを不合理であるということはできない。

　もっとも，DがF医師の入院の指示になかなか応じなかったのは胆石症という病名を聞かされて安心したためであるとみられないものでもない。したがって，このような場合においては，医師として真実と異なる病名を告げた結果患者が自己の病状を重大視せず治療に協力しなくなることのないように相応の配慮を

する必要がある。しかし，F医師は，入院による精密な検査を受けさせるため，Dに対して手術の必要な重度の胆石症であると説明して入院を指示し，2回の診察のいずれの場合においても同女から入院の同意を得ていたが，同女はその後に同医師に相談せずに入院を中止して来院しなくなったというのであって，同医師に右の配慮が欠けていたということはできない。

三　次に，Dに対して真実と異なる病名を告げたF医師としては，同女が治療に協力するための配慮として，その家族に対して真実の病名を告げるべきかどうかも検討する必要があるが，同医師にとっては，Dは初診の患者でその家族関係や治療に対する家族の協力の見込みも不明であり，同医師としては，同女に対して手術の必要な重度の胆石症と説明して入院の同意を得ていたのであるから，入院後に同女の家族の中から適当な者を選んで検査結果等を説明しようとしたことが不合理であるということはできない。そして，前記認定事実によれば，Dがその後にF医師に相談せずに入院を中止したため，同医師が同女の家族への説明の機会を失ったというのであるから，結果として家族に対する説明がなかったとしても，これを同医師の責めに帰せしめることは相当でない。

四　およそ患者として医師の診断を受ける以上，十分な治療を受けるためには専門家である医師の意見を尊重し，治療に協力する必要があるのは当然であって，そのことをも考慮するとき，本件において右の経緯の下においては，F医師がD及び上告人Aに対して胆のう癌の疑いがある旨の説明をしなかったことを診療契約上の債務不履行に当たるということはできない。

　以上と同旨に帰する原審の判断は，正当として是認することができる。原判決に所論の違法はない。右違法のあることを前提とする所論違憲の主張は，その前提を欠く。論旨は，すべて採用することができない。」

　②　**最判平成14・9・24判時1803号28頁**（医事法判百〈第2版〉30事件［丸山英二］）

「上告代理人内藤徹の上告理由について

1　本件は，がんにより死亡したA（大正2年10月5日生）の相続人である被上告人らが，上告人が開設し運営する病院の医師がAを末期がんであると診断しながらその旨を同人又はその妻子である被上告人らに説明しなかったことにより，A及び被上告人らが精神的苦痛を被ったなどと主張して，慰謝料を請求する事案である。原審の適法に確定した事実関係の概要等は，次のとおりである。

(1)　上告人は，主に成人病に関する諸疾患の調査研究及び診断・治療を行うことを目的とする財団法人であり，秋田市内において秋田県成人病医療センター（以下「本件病院」という。）を開設し運営している。

　平成 2，3 年当時，A は，秋田市内において，妻である被上告人 B と 2 人暮らしであり，A の成人した子である被上告人 C，同 D 及び同 E は，A と別居していた。被上告人 E は，A の自宅の近所に居住し，同人と日常頻繁な行き来があり，被上告人 C も A と同じ秋田市内に居住しており，同人が末期がんである旨の後記告知を受けることにつき，両被上告人らに格別障害となるべき事情はなかった。A は，昭和 60 年 11 月ころから，本件病院循環器外来に 1，2 週間に 1 度の割合で通院し，虚血性心疾患，期外収縮及び脳動脈硬化症等の治療を受けていた。

(2)　本件病院において，平成 2 年 10 月 26 日，A に対する上記疾患等の治療効果を確認するため，同人の胸部レントゲン撮影がされたところ，肺，コイン様陰影が認められた。このため，心臓病の担当医は，同年 11 月 9 日，当時，秋田大学医学部第二内科（循環器系，呼吸器系）講師で，毎週土曜日に本件病院の外来診察を担当していた F 医師に，同レントゲン写真の解読等を依頼した。F 医師は，同レントゲン写真等から，右肺野に小結節，左下肺野にそれよりも小さな結節が数個認められ，横隔膜角が鈍化し，胸水の貯留（腫瘍性のしん出液がたまるものと理解されている状態）が考えられたことから，原発巣が別臓器にあるか肺内転移であるか不明であるが，肺臓における多発性転移巣あるいは転移性の病変があると診断した。

　なお，その後の各検査結果等も総合すると，A は，既に同年 10 月 26 日時点で，病期〈4〉に相当する進行性末期がんにり患しており，救命，延命のための有効な治療方法はなく，とう痛等に対する対症療法を行うしかない状況にあった。

(3)　F 医師は，平成 2 年 11 月 17 日，初めて A を診察し，転移性，多発性のがんであって，手術によって治療することは不可能で化学療法も有用とは考えられないと判断し，同人の余命は長くて 1 年程度と予測した。

　F 医師は，同年 12 月 8 日，同月 29 日及び同 3 年 1 月 19 日にも A を診察して上記診断内容を確認するなどし，同 2 年 12 月 29 日及び同 3 年 1 月 19 日の診察時には，前胸部の痛みを訴える同人に対し内服鎮痛剤を投与した。

(4)　F 医師は，平成 2 年 12 月 29 日の A のカルテに末期がんであろうと記載

した。また，同医師は，同3年1月19日の診察の際，Aから肺の病気はどうか
との質問を受けたが，A本人に末期がんであると告知するのは適当でないと考
えていたことから，前からある胸部の病気が進行している旨を答えた。同医師
は，Aの病状について家族に説明する必要があると考えていたが，本件病院に
おける診察の担当から外れる見込みがあったことから，同日のカルテに，転移病
変につき患者の家族に何らかの説明が必要である旨の記載をした。

　F医師は，Aの家族へ同人の病状を説明するために，上記診察の期間中に，1
人で通院していたAに対し，入院して内視鏡検査を受けるように1度勧めたこ
とがあったが，同人は病身の妻と2人暮らしであることを理由にこれを拒んでい
た。また，F医師は，Aに対し，診察に家族を同伴するように1度勧めたことが
あったが，その家族関係について具体的に尋ねることはなかった。

　(5)　その後，F医師が本件病院における診察の担当から外れたため，平成3年
2月9日及び同年3月2日，Aは，本件病院で他の医師の診察を受けたが，同
医師は，とう痛対策のための処方を施すだけであった。結果として，F医師を含む
本件病院の医師らは，Aに対して同人が末期がんあるいは末期的疾患である旨
の説明をすることはなく，また，同人の家族に対して連絡を取るなどして接触す
ることもなかった。

　(6)　Aは，本件病院に通院し，担当医に胸部の痛みを訴えて治療を受けても，
胸部の痛みが治らなかったため，平成3年3月5日，被上告人Bが付き添っ
て，秋田大学医学部附属病院整形外科を受診し，同科の紹介により，同月12
日，同病院第二内科を受診した結果，末期がんと診断された。同月19日，同科
の担当医は，被上告人Cらを同病院に呼び，同被上告人に対し，Aが末期がん
である旨の説明をした。

　(7)　Aは，秋田大学医学部附属病院の紹介により，平成3年3月23日，秋田
赤十字病院に入院し，その後，入退院を繰り返したが，同年10月4日，入院先
の同病院において，左じん臓がん，骨転移を原因とする肺転移，肺炎により死亡
した。Aは，死亡に至るまで自己が末期がんである旨の説明を受けていなかっ
た。

　(8)　本件病院の医師らは，カルテに記載の範囲内でAの家族関係等を把握す
ることができた（Aのカルテには，同人の自宅の電話番号や同人が利用していた健康
保険の被保険者である被上告人Cの氏名及びAが同被上告人の父であることなどが記
載されていたことは記録上明らかである。）。しかし，Aの家族関係の詳細や同人の

治療に対する家族の協力の見込みは不明であった。もっとも，F 医師も，前記(4)以上には，これらの事実を把握するための措置を講じなかった。

　(9)　被上告人らは，本件病院の医師らから A が末期がんにり患している旨の告知を受けることができていたならば，より多くの時間を同人と過ごすなど，同人の余命がより充実したものとなるようにできる限りの手厚い配慮をすることができたと考えている。

2　**原審**は，上記事実関係に基づき，本件病院の医師らは，A が末期がんであることにほぼ確信を抱いていたものの，医師の合理的裁量によって A 本人にがんである旨告知すべきではないと判断していたのであるから，同人にがんである旨を告知しなかったことをもって債務不履行及び不法行為があったということはできないが，A 本人にがんである旨告知すべきでないと判断した以上，末期がんの患者を担当する医師として，A の家族に対する告知の適否について速やかに検討すべき義務があり，そのためには，A の家族に関する情報を収集し，必要であれば A の家族と直接接触するなどして，その適否を判断する義務があったにもかかわらず，これを怠ったとして，A に対する債務不履行又は不法行為による慰謝料として合計 120 万円の限度で被上告人らの請求を認容した。

　論旨は，原審の上記判断を不服とするものである。

3　［判旨］上記 1 の事実関係によれば，F 医師は，初めて A を診察した平成 2 年 11 月 17 日に同人が治癒・延命可能性のない末期がんであると判断し，余命は長くて 1 年程度であると予測し，その後の診察でその旨を確認したが，A 本人にがんである旨を告知すべきでないと判断したことから，同人にがんであることを察知されないようにしながら家族へ病状の説明をすべきであると考え，1 人で通院していた A に対し，診察に家族を同伴するように 1 度勧め，また，A に対し，内視鏡検査のためとして入院を 1 度勧めたものの，同人が病身の妻と 2 人暮らしであることを理由に入院を拒んだことから，それ以上に，家族の同伴を再度強く勧めたり，自ら又は非常勤である自らに代わる本件病院の適当な補助者を通じて，A の家族への連絡を試みるなどして，A の家族と接触しようと努めることもなく，F 医師による A の最後の診察となった同 3 年 1 月 19 日の時点まで漫然と時日を経過させた上，その後も，同人の家族に末期がんである旨の説明をしようと試みなかったものである。さらに，F 医師が本件病院における診察の担当から外れた後の同年 2 月 9 日及び同年 3 月 2 日に A を診察した本件病院の他の医師らも，F 医師が A のカルテに転移病変につき患者の家族に何らかの説明が

必要である旨の記載をしていたにもかかわらず，その診察時以降もなお，Aの家族への連絡を試みることもなく，Aの家族に末期がんあるいは末期的疾患である旨の説明をしようとしなかったものである。

　ところで，医師は，診療契約上の義務として，患者に対し診断結果，治療方針等の説明義務を負担する。そして，患者が末期的疾患にり患し余命が限られている旨の診断をした医師が患者本人にはその旨を告知すべきではないと判断した場合には，患者本人やその家族にとってのその診断結果の重大性に照らすと，当該医師は，診療契約に付随する義務として，少なくとも，患者の家族等のうち連絡が容易な者に対しては接触し，同人又は同人を介して更に接触できた家族等に対する告知の適否を検討し，告知が適当であると判断できたときには，その診断結果等を説明すべき義務を負うものといわなければならない。なぜならば，このようにして告知を受けた家族等の側では，医師側の治療方針を理解した上で，物心両面において患者の治療を支え，また，患者の余命がより安らかで充実したものとなるように家族等としてのできる限りの手厚い配慮をすることができることになり，適時の告知によって行われるであろうこのような家族等の協力と配慮は，患者本人にとって法的保護に値する利益であるというべきであるからである。

　これを本件についてみるに，Aの診察をしたF医師は，前記のとおり，一応はAの家族との接触を図るため，Aに対し，入院を1度勧め，家族を同伴しての来診を1度勧め，あるいはカルテに患者の家族に対する説明が必要である旨を記載したものの，カルテにおけるAの家族関係の記載を確認することや診察時に定期的に持参される保険証の内容を本件病院の受付担当者に確認させることなどによって判明するAの家族に容易に連絡を取ることができたにもかかわらず，その旨の措置を講ずることなどもせず，また，本件病院の他の医師らは，F医師の残したカルテの記載にもかかわらず，Aの家族等に対する告知の適否を検討するためにAの家族らに連絡を取るなどして接触しようとはしなかったものである。このようにして，本件病院の医師らは，Aの家族等と連絡を取らず，Aの家族等への告知の適否を検討しなかったものであるところ，被上告人C及び同Eについては告知を受けることにつき格別障害となるべき事情はなかったものであるから，本件病院の医師らは，連絡の容易な家族として，又は連絡の容易な家族を介して，少なくとも同被上告人らと接触し，同被上告人らに対する告知の適否を検討すれば，同被上告人らが告知に適する者であることが判断でき，同被上告人らに対してAの病状等について告知することができたものということ

ができる。そうすると，本件病院の医師らの上記のような対応は，余命が限られ
ていると診断された末期がんにり患している患者に対するものとして不十分なも
のであり，同医師らには，患者の家族等と連絡を取るなどして接触を図り，告知
するに適した家族等に対して患者の病状等を告知すべき義務の違反があったとい
わざるを得ない。その結果，被上告人らは，平成 3 年 3 月 19 日に秋田大学医学
部附属病院における告知がされるまでの間，A が末期がんにり患していること
を知り得なかったために，A がその希望に沿った生活を送れるようにし，また，
被上告人らがより多くの時間を A と過ごすなど，同人の余命がより充実したも
のとなるようにできる限りの手厚い配慮をすることができなかったものであり，
A は，上告人に対して慰謝料請求権を有するものということができる。

　被上告人らの請求を一部認容した原審の判断は，以上と同旨をいうものとして
是認することができる。論旨は，原審の専権に属する証拠の取捨判断，事実の認
定を非難するか，又は独自の見解に立って原判決を論難するものにすぎず，採用
することができない。

　よって，裁判官上田豊三の反対意見があるほか，裁判官全員一致の意見で，主
文のとおり判決する。

　裁判官上田豊三の反対意見は，次のとおりである。

　私は，原判決を破棄し，本件を原審に差し戻すべきであると考える。その理由
は次のとおりである。

　本件においては，救命，延命のための有効な治療方法のない，病期〈4〉に相
当する進行性末期がんの患者あるいはその家族に対する末期がんの告知につい
て，診療契約上，医療機関側はどのような債務を負うのか，あるいは医療機関側
にはどのような注意義務が課されているのかが問題となるのである。そして，上
記債務あるいは注意義務の具体的内容を定めるに当たっては，本件診療契約に基
づく診療が行われていた平成 2，3 年当時における医療水準に照らして判断すべ
きである。本件において提出されている乙第 8 号証によれば，厚生省は，末期医
療のケアに関する現状，問題点を総括し，末期医療における患者あるいはその家
族の要望にこたえるため，昭和 62 年 7 月に末期医療に関するケアの在り方の検
討会を設置し，同検討会は平成元年 6 月に報告書をまとめた，同報告書において
は，がんによる末期状態を中心に，告知の在り方，望ましい末期医療のケアの在
り方等について提言を行っている，同報告書の趣旨に沿い，第一線の医療従事者

ががん患者の末期医療を行うに当たっての手引きとなることを目的として，「プライマリ・ケアにおけるがん末期医療のケアの在り方研究班」により「がん末期医療に関するケアのマニュアル」が作成され，厚生省・日本医師会から発行された，というのである。

　そして，上記「がん末期医療に関するケアのマニュアル」には，告知について，「患者に末期状態であることを告げると，生きる希望を失ったり，強いショックを受け精神的に不安定になることなどから，告知の問題は従前より敬遠されてきた。しかし，告知しないことによる不信を防ぎ，末期患者へのよりよいケアのために，医師はこの問題を避けず，正面から取り組まねばならない。告知については，一律にすべての末期患者に行うことが適当なわけではないが，末期状態であることを告げることの利点は大きく，告げることの得失の評価を適正に行い告知に努力することも重要である。その際，患者の年齢，性別，性格や考え方，家族との関係，社会的な地位，経験，末期医療に対する患者の意思等個々の状況を十分考慮して対応すべきである。また，表現や告知の時期等にも配慮が必要であり，告知の方法として直接表現するのでなく『それとなく告げる』，間接的に告げることも一つの表現方法であろう。」とし，末期状態の告知の際，十分考慮すべき状況として，次の4つを挙げている。すなわち，第1に，告知の目的がはっきりしていること（患者が病名を知りたいという強い希望のある場合や，告知しないと，仕事や財産，家族のことなどで問題が生ずる場合，治療を行う上で告げることが必要な場合，患者の精神的な動揺が強く，告げた方がよいと考えられる場合など，必要性が高い場合には告知を行う強い要因となる。しかし，告知を望まない患者もあるので，患者とのコミュニケーションにより，そうした患者の心理を十分にくみ取ることが必要である。），第2に，患者・家族に受容能力があること（不利な状態でも，そのことを冷静に受けとめ，処理できる理性的な性格や，自分の運命を素直に受容できる性格の場合は告知を受入れやすい。心の中に強いかっとうや深い悩みがある状態では，告知によりかえって混乱を招く。近親者の死を受け入れることができたかどうかも参考になる。さらに確固たる信仰・思想・死生観を持つ人は，一般的に告知を受け入れやすい。受容能力があるかどうかを判断する場合には，医師だけでなく，医療チームとして検討することが重要である。），第3に，医師及びその他の医療従事者と患者・家族との関係が良いこと（告げる際には，医師及びその他の医療従事者と患者・家族との間に信頼関係があることが必要である。医師が患者の心理状態を理解し，患者も医師を信頼する関係が損なわれている状況では，軽々しく告げることは，患者の不安を強め，精

神的な混乱を引き起こし，かえって苦しめることになる。），第 4 に，告知後の患者の精神的ケア，支援ができること（告知に当たっては，医療従事者及び家族が，告知後の患者の精神的な動揺を支え，患者の悩みや相談に対応できることが必すの要件である。無責任に告げることは，告げないことよりさらに悪い結果を招くことにつながる。告知後の患者の精神面でのケアのために，医療従事者は患者，家族との精神的対応についての話合いが重要である。患者が告知後の混乱から立ち直り，残された人生を有意義に過ごすための精神面での援助に医師は率先して努めなければならない。）を挙げている。

　また，乙第 7 号証によれば，日本医師会生命倫理懇談会は，平成 2 年 1 月 9 日，日本医師会長あてに，「説明と同意」についての報告をまとめて答申しているが，そこには「厚生省・日本医師会は『がん末期医療に関するケアのマニュアル』を発行し，日本医師会会員に配布した。その中でも，がんの告知の在り方について詳細に述べている。いずれの提言も重要なものである。がんの告知の際に，その前提条件として十分考慮すべきことは，次のとおりである。〔1〕告知の目的がはっきりしていること，〔2〕患者・家族に受容能力があること，〔3〕医師及びその他の医療従事者と患者・家族との関係が良いこと，〔4〕告知後の患者の精神的ケア，支援ができること，これらの前提条件が整っている場合に限り，『がん告知』を行うべきことを，十分に知るべきである。」と記載している，というのである。

　平成 2，3 年当時における末期がんの告知に関する医療水準がどのようなものであったかを検討するに当たっては，上記の「がん末期医療に関するケアのマニュアル」を十分にしんしゃくすべきである（なお，この場合，医療機関側において，末期がんの告知につき患者の家族に受容能力があるかどうか，医師及びその他の医療従事者と患者の家族との関係が良いかどうかを判断するに当たっては，家族の状況等を承知する必要があるわけであるが，そのためには患者側において家族を医療機関へ同道するなど医療機関に対し協力することが必要となると解すべきである。）。

　しかるに，原審はこの点に関する検討が不十分であるため，平成 2，3 年当時における末期がんの告知に関する医療水準を明らかにし，これに照らして，末期がんの告知につき，診療契約上，医療機関側がどのような債務を負うのか，あるいは医療機関側にどのような注意義務が課せられるのかを明らかにしていないが，これは，重要な法律問題についての解釈を誤ったものといわざるを得ない。

　そこで，原判決を破棄し，上記の点を明らかにした上，上告人に診療契約に基

づく債務不履行があるのかどうか，また注意義務に違反する点があるのかどうか
を審理判断させるため，本件を原審に差し戻すべきである。」

───〈考えてみよう〉───

　　今日では，がん専門病院では「告げるか，告げないか」という議論をする
段階では最早なく，「いかに事実を伝え，その後どのように患者にい対応し
て援助していくか」という告知の質を考えていく時期に来ているという（国
立がん研究センター病院・がん告知マニュアル）。ひるがえって，読者がが
んに罹患していることが明らかになった場合，がんを自分に告知して欲しい
だろうか，家族に知らせるのはどうか，考えられたい。特に予後不良の末期
がんの場合はどうか。誰もが身近に迫った「死」は怖い。しかし，いつかは
死と対峙しなければならないのが，人間である。生の質（QOL）を，どう
高めて，残された日々を充足できるものにするには，どうあるべきか考えら
れたい。

第 11 講　「安楽死」を考える

> **ここでの課題** 「安楽死」の問題は，人の生命を積極に絶つことだけに，医療の中
> では極めて特殊な局面である。ここでは，終末期医療の避けがたい問題の一つで
> ある安楽死の可能性について検討してみよう。

1　鴎外の「高瀬舟」から

　森鴎外の短編小説「高瀬舟」では，京都の罪人を遠島に送るために高瀬川を下
る舟に，弟を殺した喜助という男が乗せられたところ，護送役の同心羽田庄兵衛
は，喜助がいかにも晴れやかな顔をしていることを不審に思い，訳を尋ねる。そ
の語るところを聞いた羽田庄右衛門は考える。「弟は剃刀を抜いてくれたら死な
れるだろうから，抜いてくれと言った。それを抜いてやって死なせたのだ，殺し
たのだとは言われる。しかしそのままにしておいても，どうせ死ななくてはなら
ぬ弟であったらしい。それが早く死にたいと言ったのは，苦しさに耐えられなか
ったからである。喜助はその苦を見ているに忍びなかった。苦から救ってやろ
うと思って命を絶った。それが罪であろうか。殺したのは罪に相違ない。しかし
それが苦から救うためであったと思うと，そこに疑いが生じて，どうしても解け
ぬのである。」悩んだ庄兵衛の心の中には，色々考えてみた末に，「オオトリテエ
に従うほかないという念が生じた」という結末である。さて，オオトリテ（権威
者）ならぬ我々は，どう考えるべきか。

2　安楽死とは

　安楽死（euthanasia）とは，「人（または動物）に苦痛を与えずに死に至らせる
こと」で，一般的に，終末期患者に対する医療上の処遇を意味して表現される。
安楽死に至る方法として，能動的な**積極的安楽死**（active euthanasia）と，治療
行為の不開始や治療中止のような**消極的安楽死**（passive euthanasia）の 2 種類が
ある。我が国では，本人の同意がある場合であっても，生命を終結させれば刑法
202 条の同意殺人罪に該当するが，苦痛に満ちた最後を短縮させる目的を持って
本人の同意の下に生命を終結させる安楽死行為については，202 条に該当するも
のの，正当行為としてその行為の違法性が阻却されるか，あるいは個々的判断に

よって行為者の責任が阻却されて犯罪とはならないと解されてきた。

　安楽死の別表現として，**尊厳死**（dignified death）という言葉がある。これは，積極的安楽死と消極的安楽死の両方を表現する場合と，安楽死を本人の事前の希望に限定して尊厳死と表現する場合があるが，世界保健機関，世界医師会，国際連合人権理事会，国家の法律，医療行政機関，医師会などの公共機関による，明確または統一的な定義は確認されていない（甲斐克則編・ブリッジブック医事法〈第2版〉では，第12講で「安楽死」，第13講で「尊厳死」が扱われているが，その境界はあいまいである。）。医師の処方による安楽死，耐えがたい苦しみに襲われている患者や助かる見込みのない末期患者本人が尊厳ある死を希望した際に積極的安楽死も合法化している国には，1940年代に法律を整備した先駆的な国であるスイス，2000年代にかけてはアメリカのいくつかの州，オランダ，ベルギー，ルクセンブルク，2010年代にはカナダ，オーストラリア，2021年にスペイン，ニュージーランド，南米のコロンビアがある。

　我が国が本格的に終末期医療の検討を始めたのは1980年代で，高齢化と医療技術の進歩で多くの人が病院で最期を迎えるようになったことによる。2000年代に入り，延命治療の中止をめぐる問題が相次いだ。北海道立病院で患者を脳死と判断し人工呼吸器を外した医師が05年5月に殺人容疑で書類送検されるという事件があった（06年8月に不起訴）。東海大安楽死事件（91年）では，薬の投与で患者の死期を早めた「積極的安楽死」が罪に問われたが，北海道の例は治療中止が問題となるきっかけになったものである。

　世界に先駆け，オランダは「安楽死法」によって安楽死を明文で合法化する法律を制定し，2002年から施行している。「苦痛が耐えがたく，改善の見込みがない」「自発的で，熟慮されている」などの要件を満たし，医師が決められた手続きに従えば，安楽死させても医師は刑事責任を問われない。対象は，医師が致死薬を注射する「積極的安楽死」と，患者に薬を与えて自分で飲ませる「自殺幇助」，延命治療の中止などは，通常の医療行為とみなされている。1970年代から数々の安楽死事件をめぐる裁判があり，ルール化が進んだものである[*]。

　　＊オランダ法では，刑法293条が，第1項で嘱託殺人罪を規定するが，第2項において，意思が安楽死法2条に示された各要件を満たして実施した上で死体埋葬法7条2項に基づく届出を行った場合に限り，当該嘱託殺人行為を例外的に不可罰とする旨が規定されている。オランダ最高裁判所2020年4月21日判決は，アルツハイマー型認知症に罹患していた被害者（当時74歳）を安楽死させ

たことにつき，故意かつ予謀による薬殺を理由に謀殺罪に問われていた事件で，詳細かつ具体的内容での事前指示書を重視して，無罪で確定している。無論，その要件は厳格であり「認知症が進行した場合には安楽死を希望する」という程度の曖昧な記述では足りない。同判決の分析として，北尾仁宏「オランダ最高裁刑事判決の新展開」医事法研究 3 号［信山社，2021 年］131 頁がある。学説の状況については，平野美紀「オランダにおける安楽死論議」甲斐克則編・医事法講座(4) 47 頁以下（信山社，2013 年）所収，参照。

3　判例で考える

横浜地判平成 7・3・28　判時 1530 号 28 頁
　　＝医事法判例百選〈第 2 版〉93 事件 196 頁［加藤摩耶］
　　医事法判例百選〈第 1 版〉88 頁［武藤眞朗］

安楽死事件のリーディング・ケースが「名古屋安楽死事件」である。これは被告人が重病の父の苦痛を見かね，母が父に飲ませる牛乳に毒薬を混入して安楽死させた事案であった。名古屋高判昭和 37・12・22 は，安楽死の要件（違法性阻却事由）として，次の 6 つを示した。

① 　不治の病に冒され死期が目前に迫っていること
② 　苦痛が見るに忍びない程度に甚だしいこと
③ 　専ら死苦の緩和の目的でなされたこと
④ 　病者の意識がなお明瞭であって意思を表明できる場合には，本人の真摯な嘱託又は承諾のあること
⑤ 　原則として医師の手によるべきだが医師により得ないと首肯するに足る特別の事情の認められること
⑥ 　方法が倫理的にも妥当なものであること

なお本件では 5 と 6 の要件を満たさない（違法性は阻却されない）として，嘱託殺人罪の成立を認めた。事案は日ごろ安楽死について意思表明していなかった患者が，病床の苦痛によって「殺してくれ」「早く楽にしてくれ」と叫んでいたというものであり，平時死を望んでいた事情がないからといって真摯な意思表明でないとはいえないとしている。ゆえに，4 の要件が意思表明を確認できない場合（危篤時など）にどう位置づけるべきかは，以後の裁判例に委ねられた。

　横浜地判平成 7・3・28 は次のようなものであった。
　患者は多発性骨髄腫のため，東海大学医学部付属病院に入院していた。病名は

家族にのみ告知されていた。1991 年（平成 3 年）4 月 13 日，昏睡状態が続く患者について，妻と長男は治療の中止を強く希望し，助手は，患者の嫌がっているというフォーリーカテーテルや点滴を外し痰引などの治療を中止した。長男はなおも「早く楽にしてやってほしい」と強く主張。医師はこれに応じて，鎮痛剤，抗精神病薬を通常の二倍の投与量で注射した。しかしなおも苦しそうな状態は止まらず，長男から「今日中に家につれて帰りたい」と求められた。そこで助手は殺意を持って，塩酸ベラパミル製剤を通常の二倍量を注射したが，脈拍などに変化がなかったため，続いて塩化カリウム製剤 20ml を注射した。患者は同日，急性高カリウム血症に基づく心停止により死亡させられた。翌 5 月にこのことが発覚し，助手は塩化カリウムを注射したことを問われ，殺人罪により起訴された。なお，患者自身の死を望む意思表示がなかったことから，罪名は刑法第 202 条の嘱託殺人罪ではなく，第 199 条の殺人罪とされた。裁判において，被告人側は公訴権の乱用として，公訴棄却もしくは無罪の決定・判決を求めた。

〈判決〉

　　被告人を有罪（懲役 2 年執行猶予 2 年）とする（確定）。

　　「生命の存続を望むか，生命の短縮があっても苦痛からの解放を望むか，**その選択を患者自身に委ねるべきであるという患者の自己決定権の理論が，安楽死を許容する一つの根拠であるから，安楽死のためには患者の意思表示が必要である。**」「消極的安楽死といわれる方法は，前記治療行為の中止の範疇に入る行為で，……治療行為の中止としてその許容性を考えれば足りる。」「間接的安楽死といわれる方法は，……その苦痛の除去・緩和を目的とした行為を，副次的効果として生命を短縮する可能性があるにもかかわらず行うという場合であるが，……主目的が苦痛の除去・緩和にある医学的適正性をもった治療行為の範囲内の行為とみなし得ることと，……患者の自己決定権を根拠に，許容される……。」「間接的安楽死の場合，……患者の意思表示は，……この間接的安楽死が客観的に医学的適正性をもった治療行為の範囲内の行為として行われると考えられることから，……患者の推定的意思（家族の意思表示から推定される意思も含む。）でも足りる……。」

　　「積極的安楽死といわれる方法は，苦痛から解放してやるためとはいえ，直接生命を絶つことを目的とする……それは，苦痛から免れるため他に代替手段がなく生命を犠牲にすることの選択も許されて良いという緊急避難の法理と，その選択を患者の自己決定に委ねるという自己決定権の理論を根拠に，認められるものといえる。」／「この積極的安楽死が許されるための……意思表示は生命の短縮に直結する選択であるだけに，それを行う時点での明示の意思表示が要求され，……前記の推定的意思では足りない……。」

　したがって，医師による末期患者に対する致死行為が積極的行為として許容されるための要件は，「①患者が耐えがたい肉体的苦痛に苦しんでいること，②患者は死が避けられず，その死期が迫っていること，③患者の肉体的苦痛を除去・緩和するために方法を尽くし他に代替手段がないこと，④生命の短縮を承諾する患者の明示の意思表示があること」，となる。／これを本件に当てはめると，患者は死期切迫・回復不可能な状態にあり，治療中止の検討対象となりうる段階にはあったが，患者本人は自分の病気について正確な情報を持たず，家族も患者の苦痛について正確に認識していたとはいえず，担当医師になって間もなかった被告人も家族の意思表示が患者の意思を推定させるに足るものか判断しうる立場にあったとはいえないから，治療中止は法的に許容できるものではなかったし，致死行為についても，安楽死の前提となる肉体的苦痛は存在せず，患者の明示的な意思表示もなかったのであるから，許容されない。」

4　若干の検討

　横浜地判平成 7・3・28 では，医師による積極的安楽死として許容されるための要件として，次の 4 つを挙げている。すなわち，①患者が耐えがたい激しい肉体的苦痛に苦しんでいること，②患者は死が避けられず，その死期が迫っていること，③患者の肉体的苦痛を除去・緩和するために方法を尽くし，ほかに代替手段がないこと，④生命の短縮を承諾する患者の明示の意思表示があることである。かつて，名古屋高裁が示した，「もっぱら病者の死苦の緩和を目的でなされること」，「その方法が倫理的にも妥当なものとして認容しうること」という要件は，末期医療において医師により安楽死が行われる限りで，もっぱら苦痛除去の目的で，外形的にも治療行為の形態で行われ，方法も目的に相応しい方法が選択されるのが当然であろうから，特に要件として必要とされていない。

　本件では患者が昏睡状態で意思表示ができず，痛みも感じていなかったことから 1，4 を満たさないという。ただ，患者の家族からの強い要望があったことなどから，情状酌量により刑の減軽がなされ，執行猶予が付された。

　本判決は患者の自己決定権を重視したことを特徴とする。つまり，緊急避難の法理と患者の自己決定権をベースとして，積極的安楽死について限定的ながらも認めたことに意義があるといわれる。今日の刑法の学説も，積極的安楽死を認める説が有力ではある。しかし，他方で「生命の処分」を認めるべきではないとする見解も根強く存在することにも注意したい。そもそも「緊急避難」によって保護されようとした法益は何だったのだろう。むしろ，「心理的不可抗力」あるい

はそれに類似のものとして「免責的緊急避難」というべきか。

　判決は積極的安楽死の場合には，より厳格に，患者本人の明示の意思表示が必要であるとするが，苦痛の緩和措置として意識レベルを下げる措置が行われるとすれば，明示の意思表示は最早不可能ではないかとも考えられ，積極的安楽死は事実上封殺されていることになろう（町野朔・ジュリスト1072号113頁）。

　実のところ，推定的意思と明示的意思をわけた，間接的安楽死と積極的安楽死の区別も，決して容易ではない。

　緩和ケアの発展と充実は，終末期をより良く生きるためにも，患者の自己決定の前提としても必要であるが，緩和を認めて患者を殺害することとは明らかに矛盾するもので，もはや治療と呼ぶに値しない。被害者の同意の下で，苦痛除去を意図して，医療上適正かつ妥当な手法でなされる緩和ケアの延長で，この問題に対処する必要がある。

〈考えてみよう〉

　身内のがん患者が，もう助からない状態で，安楽死を希望しているとき，どう判断すれば良いだろう。苦痛緩和措置が命を縮めることが明らかな場合，せめて苦痛緩和措置は容認したいか。仮に自分が，耐えがたい苦痛の中で，死を望むとしても，周りの人が「頑張って欲しい」と望むときは，どう応えるか。

【参考文献】
・加藤摩耶「安楽死の意義と限界」甲斐克則編・医事法講座(4)終末期医療と医事法（信山社，2013年）
　特定非営利活動法人日本緩和医療学会　緩和医療ガイドライン作成委員会編・苦痛緩和のための鎮静に関するガイドライン（2010年版）」（金原出版，2010年）

〈資料〉　苦痛緩和のための鎮静に関するガイドライン
厚生労働省厚生科学研究，「がん医療における緩和医療及び精神腫瘍学のあり方と普及に関する研究」班2005年1月29日（抄）

　V-2）生命倫理学的検討
　1．鎮静と積極的安楽死
　　鎮静を積極的安楽死と連続する行為とみなす見解（Billings, 1996; Craig, 1994a, 1994b; Orentlicher, 1997）と，鎮静は積極的安楽死から明確に区別できるとする見解

（EAPC Ethics task force on palliativecare and euthanasia, 2003; Mount, 1996; Porte-
noy, 1996）がある。後者では，鎮静と安楽死は，1）意図（苦痛緩和 vs. 患者の死
亡），2）方法（苦痛が緩和されるだけの鎮静薬の投与 vs. 致死性薬物の投与），およ
び 3）成功した場合の結果（苦痛緩和 vs. 患者の死亡）において異なる。2. 鎮静に
おける好ましい効果と好ましくない効果相応性原則と 2 重効果の原則は，鎮静に，
好ましい効果と好ましくない効果があるとして，生じる倫理的ジレンマを解決する
ために用いられる。鎮静における好ましい効果とは苦痛緩和である。好ましくない
効果とは，意識の低下，コミュニケーションができなくなること，および，生命予
後を短縮する可能性を指すことが多い（Jansen, 2002; Morita, 2003a; Quill, 1997;
Rousseau, 2000）。しかし，それらを好ましくないとは考えない価値観をもつ患者も
ある（Hunt, 2002）。3. 鎮静の倫理学的基盤医療における一般的な倫理原則として，
自律性原則，与益原則，無加害原則，正義・公平の原則が挙げられる。自律性（au-
tonomy）原則とは，「患者の自律的な意思を尊重するべきである」という原則をさ
す。与益（beneficence）原則とは「患者の利益になるようにするべきである」，無加
害原則（nonmaleficence）とは「患者に害を加えないようにするべきである」，正
義・公平（justice/equality）原則とは「社会的公平を保つべきである」という原則
をさす。

　さらに，医療行為に患者に益をもたらす（好ましい）効果と害をもたらす（好ま
しくない）効果があるために，与益原則と無加害原則の双方を同時に満たすことが
できない場合，倫理的妥当性を検討する手段として，2 重効果の原則（principle of
double effects）を立てる立場，あるいは，相応性原則（principle of proportionality）
を立てる立場がある。

　鎮静について倫理的妥当性を考慮する際には，自律性原則に加えて，与益原則と
無加害原則を基盤とした 2 重効果の原則，および，相応性原則が参照される。

　1）自律性原則（principle of autonomy）

　自律性原則に照らす限りでは，意思決定能力のある患者が十分に知らされたうえ
で自発的に決定することが，鎮静が妥当となるために必要である（Cowan, 2002; Hal-
lenbeck, 2000; Hunt, 2002; Morita, 2003a; Quill, 1997; Rousseau, 2000）。

　2）相応性原則（principle of proportionality）

　相応性原則は，「好ましくない効果を許容できる相応の理由がある場合，倫理的に
妥当である」とする。鎮静に相応性原則を適用すれば，苦痛緩和という好ましい効
果に，意識低下や生命予後を短縮する可能性がともなったとしても，相応の理由が
ある場合には倫理的に妥当であるとみなされる鎮静ガイドライン _26-34 06.11.7 3:06
PM ページ 32（Hallenbeck, 2000; Morita, 2003a; Quill, 1997; Wein, 2000）。鎮静に相
応性原則を適用するときの「相応の理由」として，①好ましい効果（苦痛緩和）が
好ましくない効果（意識の低下，生命予後を短縮する可能性）をうわまわること，

および，②患者の状態（著しい苦痛があり他の手段では緩和される見込みがないこと，患者の死期が迫っていること）からみて鎮静が相応の行為となることが挙げられる。

相応性原則では，患者の状態，予測される益 benefits，および，予測される害 harms からみて，すべてのとりうる選択肢のなかで，鎮静が最も相応な行為である場合，倫理的に妥当となりうるとする。2) 相応性原則（principle of proportionality）相応性原則は，「好ましくない効果を許容できる相応の理由がある場合，倫理的に妥当である」とする。鎮静に相応性原則を適用すれば，苦痛緩和という好ましい効果に，意識低下や生命予後を短縮する可能性がともなったとしても，相応の理由がある場合には倫理的に妥当であるとみなされる鎮静ガイドライン _26-34 06.11.7 3:06 PM ページ 32（Hallenbeck, 2000; Morita, 2003a; Quill, 1997; Wein, 2000）。

鎮静に相応性原則を適用するときの「相応の理由」として，①好ましい効果（苦痛緩和）が好ましくない効果（意識の低下，生命予後を短縮する可能性）をうわまわること，および，②患者の状態（著しい苦痛があり他の手段では緩和される見込みがないこと，患者の死期が迫っていること）からみて鎮静が相応の行為となることが挙げられる。

相応性原則では，患者の状態，予測される益 benefits，および，予測される害 harms からみて，すべてのとりうる選択肢のなかで，鎮静が最も相応な行為である場合，倫理的に妥当となりうるとする。3) 2 重効果の原則（principle of double effects）と行為の意図

(1)　一般的な 2 重効果の原則

2 重効果の原則では，好ましい効果を意図した行為が，好ましくない結果を生じることが予測されるときに，よい意図の存在によって，好ましくない結果を許容しようとする。すなわち，好ましくない結果が生じることが予測されても，①行為自体が道徳的である，②好ましい効果のみが意図されている，③好ましい効果は好ましくない効果によってもたらされるものではない，および，④好ましくない結果を許容できる相応の理由がある，場合に妥当であると考える。要件のうち，④は単独で相応性原則として扱われる。

(2)　鎮静における 2 重効果の原則の適用：3 つの見解

2 重効果の原則によって鎮静の倫理的妥当性を判断しようとするときに，鎮静の好ましくない効果として，意識の低下について検討する見解(A)と，生命予後を短縮する可能性について検討する見解がある。さらに，「好ましくない効果を生じることが予測される」ことに，「確実に生じる」場合を含んではならないとする見解(B)と含んでよいとする見解(C)とがある。

したがって，2 重効果の原則の鎮静への適用においては，以下の 3 つの見解がある。

(A)　鎮静の好ましくない効果は意識の低下であり，苦痛緩和に伴う 2 次的な意識低下を許容することは妥当とするが，意図的に意識を低下させる薬物の投与は妥当としない（Jansen, 2002; Sulmasy,1999）。この見解では，例えば，疼痛に対してモルヒネを増量して 2 次的に傾眠となることは許容するが，せん妄に対して患者の意識を低下させることを意図して睡眠薬を投与することは許容しない。

(B)　鎮静の好ましくない効果は生命予後を短縮する可能性と考え，生命予後の短縮が予測されたとしても意図されていないのであれば鎮静は許容する。ただし，生命予後の短縮が単に予測されるのみならず確実に生じる状況の鎮静は妥当としない（Baumrucker, 2002; Quill, 1997）。この立場では，例えば，死亡が数時間以内に生じると考えられる全身状態が非常に悪化した患者が呼吸困難を訴え鎮静を行う場合，鎮静薬の直接作用による呼吸抑制と死亡をもたらす可能性があるが，苦痛緩和を意図していることが了解できるように鎮静薬を少量ずつ緩徐に投与するならば，かりに死亡が生じたとしても意図されていないと判断して許容する。一方，鎮静を行わなかったならば数ヶ月の生存が見込める患者に水分・栄養の補給を行わずに持続的深い鎮静を行う場合，患者の生命予後を鎮静により短縮させることが確実であるため，確実に生じる生命予後の短縮を意図していないと主張することはできないと考え，妥当としない。

(C)　鎮静の好ましくない効果は生命予後を短縮する可能性であり，生命予後の短縮が意図されていなければ鎮静を妥当とする。すなわち，「鎮静は苦痛緩和を意図しており，生命予後の短縮を意図していない」との主張に基づき鎮静を妥当化する（Bernat, 2001; Rousseau, 2000; Walton, 2002; Wein, 2000）。

(3)　鎮静における 2 重効果の原則の適用：反論

2 重効果の原則による鎮静の倫理学的妥当性について専門家の見解は一致していない。2 重効果の原則により鎮静の倫理的妥当性を検討しようとする立場に対する反論は以下のようなものがある

・鎮静によって死期が早められるという 2 重効果の前提そのものが医学的知見では支持されていない（Lynn, 1998; Morita, 2001d; Styles, 2003; Walton, 2002）。

・意図的な意識低下を許容しない立場(A)では，鎮静では意識の低下が意図されているとする臨床家の見解と矛盾する（Morita, 2002d; Rousseau, 2002b）。

・生命予後を確実に短縮すると考えられる場合に鎮静を行うことを許容しない立場(B)では，著しい苦痛を放置する場合が生じうる。例えば，この立場では，生命維持には直接影響しないが，耐えがたい疼痛や精神的苦痛が緩和されない場合の鎮静は許容されない。したがって，患者が耐えがたい苦痛から解放される手段はないことになる。しかし，著しい苦痛のまま死に至らしめるよりは，生命が短縮したとしても苦痛を緩和することが倫理的であると考えられる場合があると考えられる（Rousseau, 2002b）。

・鎮静で苦痛緩和のみが意図されていると主張する立場(C)では，1）医師の意図は両価的である，すなわち，苦痛緩和という意図を持ちながら，同時に，生命を短縮させる意図を持つことがあるかもしれない，2）意図と予見を明確に区別することはできない，および，3）医療者は意図のみならず結果に責任を持つ必要がある，という点を十分に考慮していない（Hunt, 2002; Lowevy, 2001; Quill, 1997, 2002）。」

　（以下略）

第12講　人由来物と法

> **ここでの課題**　人の身体・肉体や身体の一部（人由来物）が法の対象となった場合，どのような規律に服すべきか。恐らく通常の「物」とは異なるであろうが，個人の人格との結びつきは様々であり，遺伝子とも関わりが深い。医療との関係は，生体の一部か死体の一部かによって異なりうる。個人の尊厳やプライバシー保護の観点にも配慮しながら考えてみよう。

1　総　　説

(1)　人由来物は「物」か

我が国には，「人由来物」に関わる特別法は存在しない。しかし，通常の「物」と同様な規律に服するだけでは済まない問題がある。「物」であるためには，「外界の一部」であるとともに，非人格的性質が求められるのが通常である（民法85条，86条参照）。とはいえ，医学の発展とともに，血液・臓器・生殖子などの「**人由来物**」は，保存血液・移植用臓器・凍結受精卵などとなって，しばしば外界の一部と化しており，多くの物に関連する問題が意識されるようになった。人格的性質は，その取り扱いに関する制約要因とはなっても，「物」としての性質の外延決定とは無関係というべきなのかも知れないが，ことは単純ではない。

フランスの生命倫理法（1994年）は，フランス民法典に初めて「人体・肉体」の語を導入して，「人体，人体の各部，人体からの産物は財産権の対象となり得ない」旨を定めた（フランス民法第2章16条1項参照）。しかし，そのことで，人由来物の「物」としての性格が否定されたわけではない。

散髪後の「毛髪」や抜歯後の「歯」のように，人体の一部で既に生体から分離され，直接的・人格的支配を伴わないと考えられるものは，それが一定の経済的価値を有する以上，原則として「物」と観念され，分離前の人の所有に属すると考えられる（美しい長い髪を売買目的物としてかつら業者に売ることもできる）。

すでに生殖補助医療でも見たように，胚の扱い自体が微妙な問題を含むが，たとえば凍結受精卵の破壊や侵奪に対し，民事上の法的救済手段を与える必要があることは明らかであり，制度的に誰かの所有権保護ルールに依存せざるを得ない。とすれば，人由来物を所有権の客体（＝物）であると見ることが「人」の尊

厳の否定につながるといった単純な議論に終始するわけにもいくまい。

　また，医療上の外科手術のように，人体の一部を切断させる場合の合意や，切断された「もの」の処分も，それが公序良俗に反しない限り，有効であることは疑いない。ただ，毛髪に含まれた遺伝子情報の存在からも推知されるとおり，個人の尊厳やプライバシー保護の観点からは，本人の自己決定や同意・承諾なしに他人が自由に，それを使用・収益・処分・検査できるようなものではないこともまた事実であり，そこに内在的制約をみてとることができる。

　もし，医師が生存している患者から本人の承諾なしに肝生検を行った場合，たとえ病状の急変理由究明のためというような医療上の正当目的のためであっても，刑法上の傷害罪に該当するとともに民法上の不法行為ともなる。生存する個人には，自己の身体の不可侵性が認められ，これが法的に保護されるべき利益と解されるからである。

(2) 死体など

　「生存する人間」の身体およびその生体組織に他者の排他的支配権が成立しないとしても，「遺体」や「遺骨・遺髪」などはどう考えるべきか。死亡を境に本人の人格が消滅していると考えられる以上，死体も，外界の一部として排他的管理可能な有体物であって，性質上は「物」というほかない。しかし，明らかに「物」以上のものである。遺体は，通常の私的所有の対象・客体ではなく，埋葬・祭祀・供養など限定された目的のためにのみ支配・管理が認められる特殊な対象であって，慣習上の「祭祀主催者（＝喪主たるべき人）」に原始的に帰属し（財産相続とは異なる），承継され，その所有権放棄も許されない特殊な性格を帯びている（大判昭和2・5・27民集6巻7号307頁，東京高判昭和62・10・8判時1254号70頁，河上・民法学入門209頁以下，民法総則講義209頁など参照）。ちなみに，遺体に関連する墓石・遺影・位牌・祭具なども一般の財物と同視して扱うことは適当でない場合が多く（もちろん墓石店や仏具屋にあるうちは通常の「物」と全く変わらないが），相続法上も，通常の相続の一般原則に服さない（民法897条参照）。

　このように考えていくと，人由来物については，形式的には「物」としての性格を否定できないとしても，①個人の尊厳や人格権保護・自己決定権との関係，②社会的利益や公の秩序維持との関係，③習俗や社会慣行・倫理との関係で，その処分性や流通性，利用形態が厳しく制約されるべき状態にある物（＝**不融通物**）

を想定するのが適当である。

◯ 人由来物

　人由来物（血液・臓器・受精卵など）の法的扱いについては，多くの付随する問題がある。売買の可能性一つとっても，現在，血液に関しては，「採血及び供血あっせん業取締法」が存在するものの，売買自体を禁ずる法律はない（日赤血液センターを中心とする献血システムが確立しているが，かつては民間業者による買血が行われ職業的売血者もいた）。臓器に関しては，「臓器移植法」が臓器の売買を禁じているが（同11条），それ以外については必ずしも明らかでない。人由来物の法的位置づけについては，ジャン・ピエール・ボー（野上博義訳）・盗まれた手の事件—肉体の法制史（法政大学出版局，2004年）が興味深い。四宮和夫＝能見善久・民法総則132頁以下，佐伯仁志＝道垣内弘人・刑法と民法の対話（有斐閣，2001年）311頁以下，人工生殖論議をふくめ，大村敦志「人工生殖論議と『立法学』」同・法源・解釈・立法学（有斐閣，1995年）231頁以下も参照。

2　死体及びその組織の保存

　人体組織に関する法律には，死体やその一部について，刑法上の死体損壊罪，死体解剖保存法，医学及び歯学の教育のための献体に関する法律（いわゆる「献体法」，臓器移植法がある。死体への干渉は，死体損壊罪によって原則として禁じられ（刑法190条），例外的に臓器移植法が移植用に臓器を摘出することを許しているものの，脳死下で採取された移植用臓器がが移植に用いられなかった場合は焼却することとされ，流用は認められない。

　病理解剖，行政解剖，司法解剖のように，死因解明のための解剖に際しては，残余のものについて標本としての保存を認めるが（死体解剖保存法17条，18条，19条），遺族の請求があれば返還すべきものとされている。また，遺族の承諾を得れば，医科大学長等は，死体の全部又は一部を研究・教育用標本として保存することができ，それ以外であっても，死体の全部又は一部の保存については，遺族の承諾と知事の許可を条件として保存が認められている。

　解剖を行うには，解剖の目的，遺族の承諾，死者の尊厳に対する礼意などの条件を満たす必要がある（同法20条）。解剖目的には，司法又は犯罪捜査の目的，公衆衛生の目的，医学教育・研究の目的などがあり，それぞれ刑事訴訟法に基づく司法解剖，死体解剖保存法に基づく監察医の解剖，食品衛生法や検疫法に基づ

く解剖，医学及び歯学の教育のための献体に関する法律又は死体解剖保存法に基づく通常の「承諾解剖」に該当する。ここでは，とくに死者の尊厳への礼意，目的の正当性，死者の事前同意又は遺族の同意，遺族等利害関係者の保護の見地からの死者の遺伝子情報の取り扱いへの配慮が重要である。

　医学研究のために人体組織の供給を増やし，情報を収集することへの社会的要請は強いが，死者に対する敬虔感情は保護されねばならず，人体組織についての情報保護も求められる。

　患者死亡後に，遺族の承諾なしに組織を採取，標本保存したことが不法行為となるとして精神的損害の賠償責任が問題とされた裁判例（東京地判平成 14・8・30 判時 1797 号 68 頁，後に上告審［最決平成 17・8・18］で消極）や，病理解剖標本の寄付（贈与）又は使用貸借が将来に向って取り消されたとして，返還請求を認めた裁判例もある（東京地判平成 12・11・24 判時 1738 号 80 頁＝医事法判百〈第 2 版〉97 事件［粟屋剛］）。

3　生体の一部

　生体の一部に関する規律としては，わずかに「ヒトに関するクローン技術等の規制に関する法律」や，移植対象となる臓器に関する「臓器移植に関する法律」があるに過ぎず，「死体解剖保存法」のような一般的な人体構成物，人由来物の利用や保存に関する規律は存在しない。厚労省は臓器保存に関する医務局長解答で，手術等によって生体から分離した物の保存その他の処理に関しては現行法上特定の規定がないので，一般の社会通念に反しないような処置をして良いとの考えを示している。さしあたっては，遺伝子解析研究での「ヒトゲノム・遺伝子解析研究に関する倫理指針」，疫学研究についての「疫学研究に関する倫理指針」，「臨床研究に関する倫理指針」，受精卵を用いる研究についての「ヒト ES 細胞の樹立及び使用に関する指針」などでの自主的規律によることになる。そこでは，被験者に対する具体的説明に基づく同意が求められ，場合によって倫理委員会の例外的承認手続などが用意されている。

4　ヒト由来試料の利用とインフォームド・コンセント

　生体試料の利用に関する患者本人のインフォームド・コンセントや死体からの組織や解剖臓器摘出・試料利用に関する遺族のインフォームド・コンセントについては，1998 年の厚生労働省審議会報告書が参考になる。

　ヒト由来試料の利用に関する場合の説明内容としては，組織の一部が研究開発に利用されること，非営利組織収集・提供機関に提供されるものであること，同意の有無が治療に影響を与えることは全くないこと，同意の撤回権があること，その他，匿名化の方法，研究終了後の試料の処分方法や保存方法・保存期間，自己提供組織から有価物が作成された場合の提供者の権利や知的財産権の帰属先，提供組織を勝手に遺伝子解析された不利益が生ずる可能性がないことなどが含まれるべきとされている。

〈考えてみよう〉

　人由来物といえば臓器などが直ちに思い浮かぶが，骨やツメ，散髪後の毛髪についての規律は，同じではないであろう。さらに，糞便や尿も，人由来物には違いない。何が，どこまで人由来物として法的規律の対象となるべきなのだろうか。

第13講　遺伝子と法について

> **ここでの課題** ここでは遺伝子と法について考える。遺伝情報に関しては，いまのところ規律する法は存在しないが，遺伝子診断が人々の行動に与える影響は大きい。我々は，この問題とどう向き合うべきか。所与のものとして，引き受けるべきか。生じうるリスクの回避行動をとるべきか。

1　遺伝子検査

　フランスのある民法学者は，「ヒト遺伝子は真っ赤に燃えるコークスのようなもの」と表した。そもそも，遺伝情報は当人にとって一生変わることのないデータであるのみならず，他の血縁者や子孫にも共有されうるものである。近時の研究の発展は，この遺伝情報の医学的価値を飛躍的に高めたと共に，プライバシーに関わる問題とも繋がっている。現在のところ，遺伝子診断は，疾病診断の補助情報として，あるいは治療に役立たせたり，治療方針の決定の材料とする等の目的で実施されている。

　遺伝情報には，将来罹患する可能性の高い疾病に対して発病以前に対応を可能としたり，発病そのものを先延ばしにすることを可能にするものまであるといわれる。例えば，遺伝子診断で乳がんや卵巣がんの家系であると診断された患者が，発病リスクを避ける目的で，発病前の段階での切除術をうける場合がある（アンジェリーナジョリーの乳房切除など）。胎児の将来の病気についての出生前診断の対応の問題もある。ここには，高リスクを疾病状態と同視できるか，遺伝子情報を根拠としての手術がそもそも医療行為なのかという基本的な問題もあり，それに従った患者等の選択・判断には，実に重い精神的負荷がある。ただ，遺伝学的検査による患者の将来の発病可能性予測確率は，遺伝子の種類によって様々であり，患者や血縁者などに与える影響の大きさを考えると，データの取り扱いは，慎重でなければなるまい。

2　着床前診断を例に

　着床前診断は，子どもへの病気の遺伝を防ぐことを目的として2004年に初めて承認され，現在では実施機関の倫理委員会の承認を経て日本産婦人科学会の許

可を得ることを条件に年間数十件行われているといわれる。これに対して，受精卵の染色体の数の異常を調べ，異常のない卵を選別して子宮に戻す着床前スクリーニングや新型出生前検査は，「命の選択」に繋がるとして，日本産婦人科学会は認めていない。とはいえ，産まれてくる子が出生のときから既に大きなハンディを背負い，親が精神的にも金銭的にも大きな負担を負うことから，ある程度やむを得ないとの意見もある。近年の医療情報の進展により，かかるジレンマを生じさせる問題は一層複雑かつ深刻である。

3　遺伝情報の扱いに関する規制

　遺伝情報の扱いに関しては，現在のところ，これのみを対象とする法規制は存在しない。せいぜい，個人情報保護法等によるほかないが，前述のような遺伝情報の特殊性からすれば，何らかの特別法による保護や規制が望ましい。

　国際的には，遺伝情報の保護に関する立法例もある。アメリカ合衆国の遺伝情報差別禁止法（2008 年）では，雇用と医療保険領域での遺伝情報の利用を制限して，それによる遺伝差別を禁ずる。また，EU では，情報自体の保護に重点を置く。

　我が国の場合，遺伝情報については，行政機関や関連諸学会による指針による規制が機能しているにとどまる（ヒトゲノム・遺伝子解析研究に関する倫理指針［文科省・厚労省・経産省による三省指針］），遺伝子治療臨床研究に関する指針，「遺伝学的検査に関するガイドライン［遺伝医学関連 10 学会 2003 年］」が行動規範として存在する）。

　遺伝情報においては，プライバシーをいかに守るかが重要であり，とくに差別の可能性をなくすためにも不用意な情報伝達は厳に慎む必要がある。遺伝情報をもとにした予防的臓器摘出といった人為的介入については，個人の選択の自由との関係からも，どこまでが治療として許されるべきかが検討されねばなるまい。

　ちなみに，遺伝情報が不正確であった場合に，遺伝性疾患因子を有する両親が

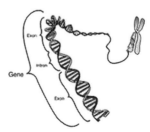

妊娠についての対応を誤り，疾患を有する子どもを出生した場合，医師への賠償
請求が認められた裁判例も存在する（東京高判平成 17・1・27 判時 1953 号 132 頁＝
医事法判百〈第 2 版〉27 事件 ［本田まり]）。

第 14 講　感染症とワクチン接種

ここでの課題　ここでは感染症について検討しよう。近時の新型コロナウイルス感染症の拡大は，人々の日常を大きく変えた。感染症との戦いは，人類の長い歴史の中で繰り返されてきたが，法的な議論としては，何を考えておくべきなのだろうか。

2019 年 12 月上旬に中国武漢で確認された新型コロナウイルス感染症（Co-vit-19）の感染拡大は，その後瞬く間に世界中に拡がり，各国はロックダウンや水際対策でこれを封じ込めようと努力したが，結局は，経済対策と綱引きするように感染拡大が続いている。一部にゼロ・コロナ政策をとる国もあったが，感染拡大は防ぎきれなかった。この中にあって，有効な治療薬とワクチンへの期待が高まり，既に三回目のワクチン接種を経験した日本国民の数は相当数に昇り，4 回目のワクチン接種も話題にのぼっている。

現時点（2022 年 6 月）では，有効な治療薬は未だ完成しておらず，開発が進められているところである。

対策として，ワクチン開発と導入が叫ばれ，海外の複数のメーカーのワクチンが利用されていることは周知の通りである。我が国では，2020 年 8 月に公表された政府の新型コロナウイルス感染対策で，ワクチンにつき 2021 年前半までに全国民に提供できる数量を確保することを目指すとして，複数の海外メーカーとの供給合意を締結し，同時に，メーカー側の要請に応えて，ワクチンによる健康被害が発生した場合に企業が払う損害賠償を国が肩代わりできるとする法的措置を講じた。

歴史的に，ワクチンは，人類の健康を守る上で極めて重要な役割を果たしてきたが，他方で，副作用の被害も生み，我が国における予防接種禍訴訟や麻しん（Measules），おたふく風邪（Mumpus），風疹（Rubella）のワクチンに関する MMR 訴訟，子宮頸がん予防のヒトパピロマーウイルス（HPV）ワクチン薬害訴訟といった集団訴訟も発生した（全て国が敗訴した）。いかなる薬品も有効性と安全性の確認は十分に審査される必要があるが，ワクチンの場合，将来罹患するかも知れない疾病・重症化の予防目的で健康人に摂取されるものだけに，通常の治療薬よりも高い安全性と有効性が求められる。しかしながら，急速な感染拡大への切り札として，社会的不安にも後押しされ，強く要請されて，かなり急いだ簡

易手続での承認が肯定されることがある＊。

　日本でもかつては予防接種を強制して，国民に接種義務を課していた時代がある。しかし，その後の予防接種禍訴訟を踏まえた予防接種法改正（1999 年）によって，国は接種「勧奨」を行うにとどまり，国民は接種の「努力義務」を負う形になっている。

　ところが，日本では，定期接種ワクチン摂取率が極めて高いといわれる。このことは，街でのマスク着用率の高さを見ても明らかである。同調圧力の強さも影響しているようである。正しい情報提供が必要であることは言うまでもないが，このような状況下で，国民の「選択」と「自己責任」を語るのは，かなりの困難な判断を強いるものであろう。十分な情報を与えられても，迷うばかりだからである。インフォームド・コンセントにも限界がある。「自分を守り，家族を守る」と努力を促されて，敢えて拒否する人は少なかろう。ここは国がきちんと副作用の発生に対応する責任を覚悟すべきである。マスコミに登場する「専門家」は，正確さを期するためか，曖昧な予想を語ることが多く，最悪の事態も否定しない。飛沫感染といいつつ，エアロゾルで長らく空中を漂うと言われ，視聴者は不安におののきつつ，どうすればよいかに戸惑い，さしあたってワクチンを受け，自粛生活をし，三密を避け，日々手指消毒を励行し，（外した方が良い場合もあると言われながら）マスク生活を継続して，外では一人で黙食するほかない。

　　＊ワクチン承認手続をめぐる問題点については，甲斐克則編・医事法講座第 11 巻（信山社，2021 年），比較法研究を含め「特集 パンデミック宣言下における緊急事態の医薬品等使用許可・承認制度に関する研究」医事法研究 5 号（信山社，2022 年）の諸論稿参照。

2　感染症予防に関する規律

　感染症予防法は，感染症の分離に応じて異なる規制（健康診断の勧告から始まって，強制隔離入院勧告まである）をしている。具体的には，次のように実に多様な分類がある。一般には，感染症の発生を予防し，又はそのまん延を防止するため必要な最小限度の措置でなければならないとされ（同法 22 条の 2，48 条の 2），最小限自由制限原則の考え方が表明されている。

① 1 類感染症（危険度の極めて高い感染症で，エボラ出血熱，クリミア・コンゴ終結熱，痘そう，南米出血熱，ペスト，マールブルク病，ラッサ熱などがある）

② 　2 類感染症（危険性の高い感染症で，急性白髄炎，結核，ジフテリア，重症急性呼吸器症候群［SARS・コロナウイルス感染症］，中東呼吸器症候群［MERS・コロナウイルス感染症］，鳥インフルエンザ［H5N1 型・H7N9 型］などがある）

③ 　3 類感染症（危険性は高くないが集団発生を起こしうる感染症で，コレラ，細菌性赤痢，腸管出血性大腸菌感染症，腸チフス，パラチフスなどがある）

④ 　4 類感染症（物・飲食物等感染しうるが人から人へは感染しない感染症で，E 型肝炎，A 型肝炎，黄熱，Q 熱，狂犬病，炭疽，鳥インフルエンザ［H5N1 型・H7N9 型を除く］，ボツリヌス症，マラリア，野兎病などがある）

⑤ 　5 類感染症（国が対策を講ずべき感染症で，インフルエンザ［鳥インフルエンザ・新型インフルエンザを除く］，クリプトスポリジウム症，後天性免疫不全症候群［AIDS］，性器クラミジア感染症，梅毒，麻しん，メチシリン耐性黄色ブドウ球菌［MRSA］感染症などがある）

⑥ 　新型インフルエンザ等感染症（新型インフルエンザ，再興型インフルエンザ）

⑦ 　指定感染症（1 年以内の政令で指定する感染症）

⑧ 　新感染症（人から人へ感染し従来と異なる重篤な感染症）

その他，予防接種法の規律が存在する。1976 年の予防接種法改正によって，予防接種健康被害救済制度が存在する（同法 15 条）。

こうしてみると感染症といっても，一筋縄ではいかない。

新型コロナウイルスの感染拡大は，消費者の生活を大きく変えた。「新たな日常」といわれる生活の中で，院内感染を恐れるものは病院での通常の検査を控えるようになり，出産などでも家族はなかなか母子に会えないという。

これは，法が何かをできる問題ではない。

― 〈考えてみよう〉 ―

　人間の身体の 90 ％は細菌でできていると指摘されている（アランナ・コリン・あなたの体は 9 割が細菌［河出文庫］）。感染症と闘う抗体や免疫について思い悩んでいると，われわれが感染症とどう向き合うべきかと考えさせられる。法政策的に，感染症に対処する手法は，多様である。今回の新型コロナウィルス感染症の急激な拡大は，人間の生き方にまで影響している。われわれは，細菌や感染症を正しく恐れる必要がある。

◯ 予防接種法・予防接種健康被害救済制度

　COVIT19 では，感染拡大対応の決め手としてワクチン接種が推進されている。その根拠法が予防接種法（昭和 23 年法 68 号）である。伝染のおそれある疾病の発生や蔓延を予防し，公衆衛生の向上及び増進に寄与することを目的として，予防接種の対象疾病，実施方法および対象者の接種努力義務，予防接種を受けたことによる接種被害に対する医療費，年金などの支給等を定める法律がこれである。同法の予防接種について，行政上の取り扱いとしての予防接種の種類は，従来，強制接種で集団的推進が図られたが，その後，国や自治体が強く勧める「勧奨接種」と保護者の判断に任せる任意接種の区分がなされ，勧奨接種も罰則のない努力義務と行政指導である勧奨による接種になっている（1976 年改正及び 1994 年改正による）。自分でメリットとリスクを判断して接種を受けるようにと言われて，戸惑う人も多いが，法的には，このような性格のものであることを認識しておく必要がある。予防接種は，人の感染源対策や案戦傷の流行を予防し，感染後の重篤化を防止するため，疾病に対して免疫の効果を得させるため，その有効性が確認されているワクチンを人体に注射し，または接種することをいう（同法 2 条）。予防接種の対象となる疾病は，ジフテリアや風疹などの A 級疾病とインフルエンザなどの B 級疾病に分類されており，そのうち政令で定められるものにつき，基本的に市町村長が保健所長によって提起の予防接種を実施するが，接種が努力義務であることに変わりはない。予防接種のワクチン接種では，まれに副反応として重篤な人身被害が生ずる場合もあり，予防接種禍訴訟が提起されてきた。多くの議論を経て，禁忌該当者としての推定により損失補償を肯定する判例が現れ（大阪地判昭和 62・9・30 判時 1255 号 45 頁，最判平成 3・4・19 民集 45 巻 4 号 367 頁），国賠法 1 条による責任を広く認めた。こうして，現在では，予防接種健康被害救済制度として確立している。

　なお，MRSA による院内感染と患者の死亡の因果関係について，「鑑定意見書」の役割が問われた事件として，最判平成 18・1・27 判時 1927 号 57 頁（＝医事法判百〈第 2 版〉66 事件［大澤一記］）も参照。

保険診療における診療報酬と患者の一部負担金について

第 15 講

> **ここでの課題** 我が国の診療契約は，国民皆保険の下で基本的に「保険診療」と
> なっているが，場合によっては自由診療を組み込んで，両者の「混合診療」となっ
> ている。ここでは，現在の保険診療をめぐる法律関係と構造を検討することにし
> よう。

1　はじめに

　診療契約は，特別の場合を除き書面で明確な定めをすることがないのが通常で
あるため，その当事者・成立・内容・終了などについて，どうしても曖昧さを伴
う。しかし，ひとたび医療機関と患者の間に，医療結果に対する期待のズレや，
医療事故，診療報酬をめぐる問題などについて紛争を生じた場合，その解決の必
要上も，法律関係についての確定が求められることになる。医師あるいは医療機
関と患者の法律関係をいかなるものと考えるべきかについては，これまでも，民
事責任等を語る前提として，しばしば論じられてきた。

　既に見たように（本書第3講），診療契約において，医師・医療機関の負う債務
が（結果保証を伴わない）手段債務的なものであること，その債務が，一般的に
は「法律行為にあらざる事務処理の委託」として準委任契約にもとづく債務と法
的性質決定されるものであることなどについては，今日では大方の意見の一致を
見ていると言って良い。さらに，医師法等に基づく諸義務とともに，「専門家」
としての医師には，高度な注意義務が観念され，同時に，広範な裁量権が認めら
れることなども，しばしば論じられている。とはいえ，人の生命や健康を対象と
する診療給付は，なお多くの割り切れない問題を残している。結局のところ，医
療事故紛争の多くは，建築紛争などと同様，純粋な法的判断というよりも専門家
による鑑定を重視した特殊な訴訟形態をとらざるを得ず，さらに，今日のよう
に，高度医療や組織化されたチーム医療が一般化しているところでは，従来の議
論も，かかる事態に充分適合的であるかどうかの吟味が必要だからである（従来
の議論の簡単な整理は，拙稿「診療契約と医療事故」磯村保ほか・民法トライアル教室
352頁以下［1999年］）。医療の現場は，決して自由市場型の契約モデルによって

貫徹されるわけではなく，社会保障・社会福祉の措置モデルとも複雑に絡み合っ
ている。特に保健医療の場合，国民皆保険の下で誰もが国の責任において必要な
医療を受けることができるようにすべきであるという福祉国家的発想と，逼迫し
た財政状況の下で，医療もまた自己責任と市場原理に委ねざるをえないとする発
想が，せめぎ合っているようにも見受けられる[*1]。

　ここでは，主として患者の診療報酬債務，とりわけ保険診療に際して患者が負
担する「一部負担金」の性格に焦点を合わせつつ，保険診療における医師・患
者・保険機関の関係を検討することを直接の課題としている。というのも，保険
医療の場面では，そもそも誰と誰の間での法律関係を問題にすべきかという出発
点のところが，必ずしも自明ではないからである。この論点が，近時話題となっ
た患者負担金の未収金問題の扱いにも深く関わるものである[*2]。

（*1）　2000年に介護保険法が，「措置から契約へ」のスローガンの下で，従来型
の現物給付や措置の体制から，民間による介護サービスを要介護者自ら購入する
資金を介護保険金として交付する形に大きく転換したのは象徴的である。患者の
診療報酬一部負担金制度は，別の側面から眺めると，医療保険における保険者か
らの現物給付への保険料追加的負担などではなく，医師・患者間の診療契約で発
生した費用の何割かを保健機関が患者に代わって支払う治療費助成制度への移行
といえなくもない。結局のところ，公的関与や費用負担が小さくなればなるほど，
当初の福祉国家的理念から遠ざかる結果となるのは避けられない。とはいえ，医
療提供システムが市場原理では運営できないことについては，遠藤久夫「わが国
の医療提供システムと準市場──ネットワーク原理に基づく医療提供システム」季
刊社会保障研究44巻1号19頁（2008年）の指摘するとおりである。
（*2）　厚生労働省における「医療機関の未収金問題に関する検討会」の模様は，
審　議　禄　http://www.mhlw.go.jp/shingi/2007/06/txt/s0601-1.txt，http://www.
mhlw.go.jp/shingi/2007/08/txt/s0803-3.txt，http://www.mhlw.go.jp/shin-
gi/2007/10/txt/s1005-14.txt等で知ることができる。

　四病院団体協議会治療費未払問題検討委員会報告書「診療における患者自己負
担金の未収問題について」（2006.8）によれば，加盟5570病院が抱える未収金総
額は，毎年373億円にのぼり［1施設平均716万円］，3年間の累積が853億円余
［1施設平均1620万円］に及ぶという。また平成17年に実施された調査では，四
病院団体協議会に加入する病院の約3270病院における累積未収金額が1年間で約
219億円，3年間で約426億円にのぼるとされ,，国立病院機構，東京都立病院に
おいても，未収金額がそれぞれ約41億円（平成19年7月時点），約9億円（平成
18年度末）となるという。未収金が発生する原因は，様々であるが，関係者の説
明によれば，「やはり一番多いのは経済的な困窮者の方であろう。例としては生活

保護を現在は受給しているのだけれど，受給開始前の部分が未収金になっているという人。それから自己破産を申し立てて免責決定を受けたというような人。それから一括支払いが困難なため，分割で納入を続けていらっしゃる方の未収金。患者さんの居どころがそもそも不明になってしまっているもの。それから外国人の方で帰国してしまって音信不通になったケース。それから交通事故の被害者で加害者との示談がまとまらずになかなか払っていただけないというケース。分娩で出産の一時金がしばらくすると 35 万円出ますが，それで支払うと約束したのですが結局受領した金銭を支払いに回していただけないケース。お亡くなりなった患者さんで，相続人が不存在であること，あるいは相続を放棄されているというケース。それから支払いを拒否している。支払い能力があるにもかかわらず支払っていただけないといったケース，こんなところが主な理由かと思っております」という。http://www.mhlw.go.jp/shingi/2007/08/txt/s0803-3.txt

2　保険診療行為の当事者関係をどう捉えるか？

(1)　診療行為は「契約」に基づくのか？

実のところ，自由診療の場面においてさえ，診療行為が医療機関と患者の間の「契約」に基づいて行われるものかについて，関係者の間で疑義がないではない。とくに，医療活動における締約強制・応招義務の存在（医師法 19 条）は，医療関係者のメンタリティーとして，自ら締結した契約上の債務の履行として診療行為を観念することにも一定の抵抗感を生み出している。医師・医療機関は，自分たちが医療の担い手として，国家により，病気の患者の治療に当たることを法的に義務づけられ，自由な当事者間での「契約」とは性格の異なる半ば公的義務の履行をなしているに過ぎない，というものである。なるほど，給付内容の特殊性や医療の独占を前提とした関連諸法の存在を前提にすると，医療行為を通常の財産的取引活動と同一の契約法の枠組みで論ずることには問題が多い。しかしながら，たとえば締約強制の例は，医療の場面だけではなく，市民の生活必需の給付に関して広く存在し，決して珍しいことではない（電気事業法 18 条 1 項，ガス事業法 16 条，道路運送法 15 条 1 項・65 条，通運事業法 17 条，海上運送法 12 条，倉庫業法 5 条など）。「契約自由の原則」の重要な内容の一つである「締約自由」は，当該給付の社会的重要性・公共性の観点から重大な制約を受ける結果となるが，この点は，あくまで業法的・行政的な規制として観念されるものであって，当事者の「合意」と無関係に診療関係が発生するというような性格のものではない。医師は，患者から診察・治療の求めがあった場合に正当な理由がなければこ

れを拒んではならないとされるが，それは，医療行為が人々の生存（生命・健康）に密接に関係することと，高度な専門性と医業の独占という業態の特殊性に応じた制約に他ならない(*3)。しかも，医師の応招義務の存在は，患者にとってみれば，必要に応じて診療を受けることができるという期待利益ともなっており，それは単なる反射的利益ではなく，社会における一つの保護法益と観念されるところから，応招義務違反が不作為不法行為となる可能性も否定できないのは事実である（野田寛・医事法（上）116頁以下など）。裁判例（千葉地判昭和61・7・25判時1220号118頁，神戸地判平成4・6・30判タ802号196頁など）にも，「医師法19条1項が患者の保護のために定められた規定であることに鑑み，医師が診療拒否によって患者に損害を与えた場合には，医師に過失があるとの一応の推定がなされ，診療拒否に正当事由がある等の反証がないかぎり医師の民事責任が認められる」とするものが現れている。おそらく違法な診療拒否は，「契約締結上の過失」とも目され，損害賠償責任を導くことにならざるをえない（前田達明＝稲垣喬＝手嶋豊・医事法221頁以下［前田］）。

　（*3）　応招義務の立法趣旨は，憲法13条および25条をうけて，医師には「医療及び保健指導を掌ることによって……国民の健康な生活を確保する」責務が課せられており（医師法1条），その診療能力と，公的資格に結びついた医業独占（医師法17条）から，治療活動ができるのが医師のみであるという点に求められている（野田・前掲110頁以下，なお三上八郎「診療契約強制（応招義務）の系譜的・機能的再検討」北法52巻4号133頁［2001年］も参照）。ここでいう「正当な理由」とは何かが，まさに問題であるが，現状では社会通念によるというほかない。一般には，単に診療時間外であるとか，天候不順・人手不足，満床，過去の診療報酬不払いだけでは「正当な理由」とはいえないとされており，厚生労働省の解釈によれば，①医師自身が病気の場合，②休日・夜間診療所などが整備されている地域で，休日・夜間などの通常の診療時間外に来院した患者に対して，休日・夜間診療所にいくよう指示する場合（ただし応急処置を施さなければ生命・身体に重大な影響を及ぼすおそれがある場合を除く），③その他社会通念上妥当と認められる場合に限られ，単なる軽度の疲労などは正当な理由とはならない，とされている（加藤良夫編・実務医事法講義［民事法研究会，2005年］457頁以下など）。応招義務に違反しても罰則はない職業倫理的行為規範であるが，違反行為が繰り返されると，「医師としての品位を損するような行為」として，免許の取消し，偉業停止処分の対象とされる可能性がある（医師法7条2項）。応招義務との関連では，いわゆる「患者のたらい回し」の場面がしばしば問題となるが，これも，その地域における医療資源と配分の全体的枠組みの中で考えていかねばなら

ない問題である。ちなみに，応招義務を考える際に注意を要するのは，**医師の締約義務と，履行義務をひとまず区別して考えておくべきであろう**という点である。患者が（正当な対価の支払いを前提に）治療を求めているときに，医師が理由なく治療を拒絶したり，患者を選り好みをするようなことは許されず，その求めに応じて可能な範囲で応急診療をなすこと（その内容に従った責務を尽くすこと）が求められるとしても，いかなる場面で，どこまでの内容の治療行為を強制されるかは，別問題と考えるべきである。つまり，診療契約関係が成立するかどうかと具体的履行義務の発生は直結しない。たとえば，患者が，診療に対する対価を支払うことを予め拒絶しているような場合にまで，医師の抗弁が排除されて，無償あるいは不払いを覚悟で治療活動を強要されるというような性格のものではないように思われる（医療機関は決して公的福祉団体や慈善事業体ではない）。

　いずれにしても，診療契約は，労務提供型の契約の一種ではあるが，その給付内容や対象において著しい特性を有していることは事実である。第一に，契約締結時においては，具体的な債務内容が確定しておらず，病状の改善という漠然とした目標設定のもとで，大きな枠組みが形成され（枠契約），個々の債務（支分的債務）は患者との応答や治療の経過の中で具体化されていく。第二に，診療行為には，多かれ少なかれ身体に対する侵襲的性格があり，救命的かつ専門的性格および専門性にともなう裁量的性格がある。第三に，労務の投入対象が人の身体・生命という重要な法益であり，主として生体機能の複雑性からくる支配不可能要因を多く含み，同時に患者との協力関係や信頼関係なしには充分な成果を期待しがたいという点にも注意が必要である。これらの特性は，診療契約において，患者の自己決定権の保障，専門的水準にある労務提供の確保，医師の裁量や説明義務など，様々な面に反映する。そして，同時に，医師と患者の間での合意的要素が不可欠のものとして組み込まれざるを得ない宿命を帯びているのである。

　ちなみに，保健医療に限って言えば，医療行為は，国民皆保険のもとでの公的給付の代行として患者に必要な医療給付が提供される制度的仕組みの一端と考えられないではない。結果的に給付されるべき内容が，ある程度定型化されて点数による費用計算が実施されていることもあって，自由診療の場合とは大いに様相が異なることにも留意すべきである。

ひと口メモ

◯ 医師の応召義務
　医師は，患者から診察治療の求めがあるときは，正当な事由なしには，これを拒むことができない（医師法 19 条 1 項参照）。同様に，診断書・出生証明書等の

交付が求められた場合には，その交付拒めない（同条2項）。患者は，これによって医療へのアクセスが保障される。理由なく応召義務・治療義務に反した場合は，医師法上の責任が発生する。何が「正当な事由」となるかは，解釈による。判例では，溺者治療に自身のない内科医が他院での受診を勧め受け入れ拒否をした事案で，良好な設備を有する医療機関が付近に存在し，かつ，治療が功を奏したなどを総合して正当事由ありとしたものや（大判昭和2・12・16新聞2821号12頁），即時に料金を払えないジフテリア罹患女児（死亡）への注射拒絶の正当事由を否定した事例（大判昭和10・5・2刑集14巻478頁），女中兼見習看護師や薬局生不在中の夜間往診・道路状況悪化による往診拒否の正当事由を否定した事例（大判昭和13・3・7新聞4284号11頁）などがある。緊急性の高い患者に対する受け入れ拒否（いわゆる「たらい回し」）に関しては，危篤状態の急性冠不全患者を内科医不在・重症患者対応等の人員不足等を理由とする受入拒否の正当事由を認めた裁判例（名古屋地判昭和58・8・19判タ519号230頁），重症肺炎・気管支炎小児に対してベットが満床であることを理由として受入拒否につき，ベット満床は正当事由たり得るが本件では応急措置が可能であったとして正当事由を否定したもの（千葉地判昭和61・7・25判時1220号118頁）などがある。その他，緊急性の低い事例での歯科治療拒否に正当事由ありとしたもの（東京地判平成17・5・23），アンチエイジング等を取り扱うペインクリニックでの治療拒否につき正当事由ありとした事例（東京高判平成29・1・25）など，状況によって様々である。

(2)　医師と患者の関係

　一般に，自由診療における診療契約の当事者は，「医師」と「患者」である。しかし，若干変則的な事態を想定すると，これは，必ずしも自明でない。例えば，出産とそれに続く新生児の保育治療では，出産を境に，母親と新生児は別々の契約当事者と考えざるを得ない。また，意識不明のまま通行人にかつぎ込まれた患者と病院の場合などは，緊急事務管理としての処理が相応しい面もある。とはいえ，診療行為は，患者の一身専属的な法益である生命や身体の健康を対象とするものであるから，患者本人の意思が最大限反映される必要があり，契約を観念する場合の一方当事者としては，患者本人が立つのが原則である。しかし，ことは，単純ではない。契約当事者の確定は，様々な局面で問題となるもので，契約の法的性質決定とともに，契約名義・契約締結行為・契約利益（費用）の帰属に照らして実に総合的な判断が要求される（北川善太郎・民法講要Ⅳ152頁〔1993年〕，拙稿「当事者の認定」新民法の争点166頁［2007年］参照）。

　診療関係における契約当事者確定の意味は，多くの場合，「誰が誰に対して診

療報酬請求権を有するのか」という点と，医療事故などが生じた場合に「誰から誰に対して契約上の責任を追及すべきか」という問題を考える上での前提となる点にある。単に不法行為責任のみを問題とするのであれば，被害者と有責加害者を捉えて当事者とすればよいから，さほど悩む必要がないかもしれないが，契約では債権債務関係の起点を得ることがどうしても必要となる（この点が医療過誤における債務不履行構成の難点の一つとも言われる。辻伸行「医療契約の当事者について」独協法学 31 号 149 頁，150 頁〔1990 年〕）。無論，不法行為責任を論ずる際も，被害者に対する関係で医療従事者がいかなる立場で，いかなる注意義務を負っていたのか，どの範囲の者を責任あるものとすべきかを具体的に確定しようとすると，やはり当事者論を完全に捨象するわけにはいかない。

　実際に治療にあたる医師と患者が質問や応答を繰り返し，具体的な治療方針や措置の内容（結果としてこれが債務内容の中核を構成する）を確定していくところからすると，少なくとも自由診療に関しては，当該医師が契約当事者の一方の有力候補となる。ただ，小さな医院であっても医療法人となることができ（医療法 46 条ノ 2），その場合の診療報酬請求権は，医師個人にではなく法人に帰属することを考えると，契約当事者は，厳密には病院や診療所の開設者と見られよう。このことは，総合病院の場合を考えれば，さらに明瞭で，多数の医師や技術者の関与，担当医師の交替可能性，診療報酬の帰属といった事情からすると，個々の医師は（診療行為について一定の裁量権と独立性を有するとはいえ），開設者の履行補助者の立場にあって（加藤一郎「医師の責任」我妻還暦・損害賠償責任の研究（上）505 頁以下，507 頁〔1957 年〕など），必要に応じ，具体的債務内容の決定権限などが病院開設者から主治医に付託されていると考えることになろうか。

　これに対して，保険診療の場合は様相を異にする。そこでは選択されるべき診療内容や水準がある程度まで枠付けて定型化され，当事者には，保険対象となる一定メニューの中からの選択権しかないように見えるからである。しかし，診療内容が定型的枠組みの中にあることによって，その契約的性格が全く否定されるというわけではなく，何が選択されるべきかは，最終的に当事者の意思によって定まり，追加的債務の形成も当事者の自由に委ねられてはいる。保険診療を超えた部分が自由診療契約に基づく債務になることに問題がないとすれば，保険対象診療と自由診療は並存する形で債務内容を構成しており，それらは結局のところ当事者の意思に支えられていることになる。このとき，保険診療における債務内容の確定が，保険者による現物給付内容の選択・確定の方法に過ぎないと観念さ

れるなら，背後に控えている保険者こそが診療契約の一方当事者としてクローズアップされることになるが，患者の個体差を含めて考えると，実際には，個々の債務内容は極めて個性的な合意で微調整されていることにならざるを得ない。保険診療の場合の法律関係は，制度的現物給付と契約による債務の創設という二面性を持つのである。

3　保険医療の場合

(1)　沿革と法的構成

　自由診療の場合と異なり，社会医療保険制度が組み込まれた診療行為について，その法的構造をどのように考えるのがふさわしいか。この点は，公的保険給付の本質に関わる問題であるにもかかわらず，今もって意見の一致を見ない。実のところ，制度理解が意識的に詰められないまま，医療の公共性・特殊性の強調と医療費抑制論・財政調整論とがかろうじて折り合いを付けながら，現在のシステムが運営されてきた結果ではないかとさえ思われる。以下では，厚生労働大臣から指定を受けた保険医療機関が，登録された保険医に担当させて，保険者（地方自治体・国民健康保険組合）と加入契約を結んだ被保険者（患者）の診察・治療を行い，保険者は支払い委託をなした国民健康保険団体連合会または社会保険診療報酬支払基金を通じて，指定保険医療機関に診療報酬を支払うという基本的な関係の存在を前提に，いくつかのあり得べき考え方を整理してみよう。

ひと口メモ

○ 国民医療費

　国民医療費というのは，保険診療の対象となる傷病の治療に要した費用の推計で，医療保険による給付のほか，公費負担，患者負担で支払われる医療費の合算からなる。正常な妊娠・分娩，健康診断，予防接種等は，これに含まれていない。国民医療費は統計の始まった1954年以来，毎年増加しており，2014年には40兆8千億円に達し，国民所得に対する比率も一貫して増加傾向にある。国民医療費は，32兆円を超えている。その原因は65歳以上の老齢人口の増加であり，しかも高齢になるほど医療費がかることもあって，厚生労働省の試算では2025年度には60兆円を超えると予想している。そのため，医療費の財源確保は困難となり，世代間の負担の衡平をめぐる問題が深刻化するものと考えられるだけに，社会保障制度の改革が大きな課題となっている。

(2)　規定の沿革から

まず，関係規定そのものについて，いかなる構想の下で作られたのか，沿革に照らして検討しておこう。

(a)　「療養の給付」をめぐって

健康保険法（大正 11 年法 70 号）63 条は，「被保険者の疾病又は負傷に関しては，次に掲げる療養の給付を行う」と述べ，この「療養の給付」に含まれる 5 項目（①診察，②薬剤又は治療材料の支給，③処置，手術その他の治療，④居宅における療養上の管理及びその療養に伴うその他の看護，⑤病院又は診療所への入院及びその療養に伴う世話その他の看護）を定めた。さらに，同条 3 項は，「第 1 項の給付を受けようとする者は，厚生労働省で定めるところにより，次に掲げる病院若しくは診療所又は薬局のうち，自己の選定するものから受けるものとする」として，指定病院等の指定医療機関・保険薬局（以下，指定保健医療機関等という）に関する規定を置く。

この書きぶりを見る限り，同法によって，「療養の給付」をなすことを引き受けているのは，明らかに国や自治体といった保険者自身であり，実際にこの給付を行うのが厚生労働省令で定める指定保険医療機関等のうち被保険者が選択したものとなっているのは，被保険者に給付を受ける医療機関の選択権を与えたと考えるのが素直である。保険における「現物給付方式」の採用である。つまり，被保険者は，保険者に一定の保険料を支払うことによって，必要に応じ，この「療養の給付」を「受ける」地位を取得し，指定保健医療機関や保険薬局などの選定権を有する。その限りで被保険者が医療機関と直接の契約関係に立つことは前提とされていない。被保険者は，保険者との関係で，いわば給付請求権を有する制度利用者と位置付けられるわけである。他方，「療養の給付」が保険給付として指定医療機関等によって行われるのは，健康保険法の定めに基づくものであるが，この関係が生じるのは，「療養の給付」に関する保険者から指定医療機関等への業務委託に基づくと考えるほかない。したがって，このときに発生する診療報酬債権は，実際に行った「療養の給付」を担当したことについての委任事務処理費用及び報酬として，指定医療機関等から保険者に対する請求権という形で発生することになる（これに対応する健康保険法 76 条の書きぶりも参照）。

ただ，健康保険法 76 条は「保険者は，療養の給付に関する費用を保健医療機関又は保険薬局に支払うものとし，保健医療機関又は保険薬局が療養の給付に関し保険者に請求することができる費用の額は，療養の給付に要する費用の額か

ら，当該療養の給付に関し被保険者が当該保健医療機関又は保険薬局に対して支払わなければならない一部負担金に相当する額を控除した額とする」と定める。つまり，指定医療機関等の事務処理費用の一部が患者自身の債務となることを規定しており，その性格が問題となる。

(b)　一部負担金の性格

①　**健康保険法の場合**　健康保険法における一部負担金は，当初，濫受診の防止と診察費増加による保険経済の安定策として昭和17年の法改正で導入されたもので，昭和18年4月1日から実施された。一時廃止されたこともあったが，結局，保険経済の均衡を図るべく復活して，幾度かの改正を経ながらも現在に至っている。当初，この一部負担金の徴収方法には，保険者自身が徴収するものと，指定医療機関等の窓口徴集のものが並存していた。しかし，昭和32年の抜本改正により，国保法の改正に先立って「窓口払い」に一本化され，保健医療機関等に対して支払うべきものとされた。この時点で，一部負担金の未払いについての保険者徴収の規定は未整備であったが，昭和55年改正で，保健医療機関または保険薬局の一部負担金の受領上の注意義務（善管注意義務）を規定するとともに，その義務を尽くしてもなお未払いとなった場合は，保健医療機関の請求によって保険者が未払い一部負担金を徴収する旨の規定が設けられた（保険薬局については，昭和59年に法改正によって同様とされた）。

　ここにいう被保険者の「一部負担金」については，同法74条に定めがあり，年齢に応じて「療養の給付に関する費用」の3割ないし2割とされている。医師・患者の当事者意識はともかくとして，この「一部負担金徴収権」は，必ずしも通常の自由診療における診療報酬債権と性質を同じくするものではない。被保険者の一部負担金については，「保険医療機関・保険薬局が善良なる管理者と同一の注意をもってその支払を受けることを努め」る義務を負うものとされ，それでもなお未払いの場合には，保険者は「同法の徴収金の例によってこれを処分できる」ものだからである（同法74条2項）。患者の一部負担金が，単に，医療機関と患者の間の債権債務に過ぎないとすれば，かかる義務づけの根拠を説明するのはやや困難であろうし，その後の「徴収金の例による処分」も意味不明なものとなりかねない。むしろ，徴収代行を医療機関の窓口に一元的に委託し，善良なる管理者としての注意をもって徴収に当たるべきことを求めつつ，それでもなお徴収不可能であった場合には処分に移行することを規定したものと読むのが素直

なように思われる。また，このように解してはじめて，生活困窮者に対する一部
負担金の減免措置の可能性も説明が容易となる（他人の債権を一方的に消滅させる
とすれば免責的債務引受か第三者弁済のようなものを観念するほかない）。

②　**国民健康保険法の場合**　　国民健康保険では，昭和 13 年の制度創設以来
「一部負担金制度」が設けられており，当初，一部負担金徴収権者は健康保険組
合（普通国民健康保険組合・特別国民健康保険組合・非営利社団法人）とされ，その
徴収方法は，各組合の方針に委ねられていた（窓口徴集もあったが，当初，多くの
場合は保険者徴集の方法がとられていたようである）。しかし，その後，昭和 23 年
に国保の「市町村公営原則」がとられた結果，療養担当機関における窓口払いを
正当化することが法制上困難となった（地方自治法上，公営の徴収等を私団体もし
くは個人に委任し，またはその権限をこれらの者に行わせてはならないとの制約があ
る）。にもかかわらず，受診率（ひいては療養給付額）の増大とともに，地方自治
体における一部負担金徴収率の低下に直面し，窓口徴収への依存度が高まる結果
となった。そこで，昭和 26 年，療養担当者の一部負担金徴収を可能にするため
の法改正が行われ，晴れて窓口徴収が法制上の根拠を得ることとなったという経
緯がある（旧 8 条の 8「保険者ハ療養ノ給付ニ要スル費用ノ一部ヲ……徴収スルコト
ヲ得」→改正 8 条の 9「保険者ハ療養ノ給付ニ要スル費用ノ一部ヲ……徴収又ハ其ノ者
［療養の給付を受ける者］ヲシテ療養担当者ニ支払ハシムルコトヲ得」）。現行国民健
康保険法 42 条は「保健医療機関について療養の給付を受ける者は，その給付を
受ける際，……各号に掲げる割合を乗じて得た額を，一部負担金として，当該保
健医療機関等に支払わなければならない」とする（ある種の法定債務ともとれる書
きぶりであるが，誰に対して負う債務かは必ずしも明確ではない）。ただ，当初から，
療養の給付を受ける者に，災害，貧困等の特別事由がある場合には，保険料や国
民健康保険税と同様に，一部負担金についても減免や徴収・支払猶予が認められ
た。さらに，昭和 33 年の全面改正に際し，それまでの窓口払い方式と保険者徴
収方式の 2 本立てを廃し，療養取扱機関において療養の給付を受ける場合は，原
則として療養取扱機関に支払うべきものとして「窓口払いの原則」が確立した。

　この場合にも，被保険者が療養取扱機関に一部負担金を支払わなければならな
い場合には，療養取扱機関は，善良なる管理者としての注意をもって，その支払
の受領に努めるものとし，なお支払がない場合には，療養取扱機関の請求に基づ
いて保険者が被保険者から徴収し，それを療養取扱機関に交付することで，地方
公共団体の強制徴収権を媒介にして一部負担金の徴収を確保するものとした。規

定ぶりは，「保健医療機関等は，前項の一部負担金……・の支払を受けるべきものとし，保健医療機関等が善良な管理者と同一の注意をもってその支払を受けることに努めたにもかかわらず，なお被保険者が当該一部負担金の全部又は一部を支払わないときは，保険者は，当該保健医療機関等の請求に基づき，この法律の規定による徴収金の例によりこれを処分することができる」というものである。国民健康保険法においても，一部負担金の免除・減額・支払猶予等の措置がとられ得ること，健康保険法の場合と同様である（国保法 42 条，43 条 1 項，44 条 1 項，52 条 3 項など）。

　こうした規定を受けて，保健医療機関及び保健医療養担当規則第 5 条ならびに保険薬局及び保健薬剤師療養担当規則第 4 条では，保健医療機関及び保険薬局が一部負担金の支払いを受けるものとして，その受領権限が明記されている。

　(c)　以上のような経緯や沿革をいかに評価するかは微妙である。

　まず考えられるのは，保険者が被保険者に対して有する一部負担金請求権の取立・受領権限を指定療養取扱機関に委譲し（回収代行），療養の給付に伴う費用の一部としてこれによって精算することを企図するものとの理解である。被保険者一部負担金の指定保健医療機関等による回収代行あるいは徴収事務委託の発想が潜んでいるからこそ，保険者は，窓口機関に徴収に関する善管注意義務を課し，補充的な徴収処分の可能性や，一定の政策的判断による当該一部負担金の減額措置を講ずることも予定されたと，考えられるわけである。さらに，窓口の統一による一部負担金受領権限の規定によって，制度的に，事前の一括債権譲渡があったと同視できる法律関係を発生させたと考えることも不可能ではない。ただ，これまでの改正の経緯から考えて，そこに，通常の意味での債権譲渡があったと考えるのは困難である。一括譲渡された債権が回収不能となった場合担保責任として，事後的な徴収処分等が用意されたと言えるかも知れないが，このあたりも不明確である。このほか，保険者のもとで一旦は発生する一部負担金請求権を，指定医療機関にその都度債権譲渡し，その場合の附款として，善良なる管理者としての注意を尽くしても回収できない場合には，再度，引き受けるという保証をつけたという説明も成り立たないわけではない。ただ，その場合には，保険者による処分権等の説明に困難を伴うことは否めない。

　あるいは，介護保険や他の年金保険の場合のように，従来の現物給付方式から発想を転換し，指定療養機関と患者の間で，自由診療の場合と同様，契約に基づ

く診療報酬債権を発生させ，その一部について保険者が債務引受したり，第三者弁済をなすというスキームへと抜本的変更を生じたのだと考える余地もないではない。ただ，国民皆保険による行政サービスとしての現物給付を確保するという理念が，一部負担金の導入によって放棄されたとは考え難いのも事実である。法律によって，医療機関の受領権限や患者の窓口での支払義務が定められたということと，（事実上にせよ）現物給付方式の放棄の間には明らかに飛躍がある。なるほど，厚生労働省の解釈によれば，医療機関と患者の間で一部負担金に関する直接の債権債務関係が発生し，善管注意義務を尽くしたことを前提とする徴収処分や他の処分は，政策的な「協力」に過ぎず，窓口機関の善管注意義務は，そのような協力を受けるための前提として規定されているに過ぎないと解しているようである。しかし，そのような理解をもたらす発想の源は，従来の現物給付型の医療保険制度観から離れ，保険による単なる医療費助成制度への根本的制度転換が図られたと考える必要がある。

(3)　法的構成の可能性——第三者のためにする契約

　社会保険は，保険メカニズムによって，社会の構成員全体又はその一部を強制加入の保険者，国などの公的機関を保険者として，被保険者やそれと密接な関係にある者（使用者など）から集めた保険料を基本財源として，疾病・死亡・老齢などの保険事故が発生したときに，被保険者やその家族へ医療給付や金銭給付を提供する制度であり，そこでの保険関係（保険料納付と保険給付受給の関係）は，基本的に保険者と被保険者との間で成立する。もっとも，周知のように，社会保険医療給付は，いわゆる医療費償還方式によるものや出産一時金等を例外として，原則的に「現物医療給付方式」を採用している（佐藤進＝河野正輝・現代社会保障法入門［第3版］77頁以下［加藤智章］）。したがって，通常の生保や損保のように，保険者と被保険者との関係だけではなく，保険者に代わって保健医療給付を担当する医療機関（療養取扱機関）が組み込まれ，しかも保健財政上の理由から，医療給付の範囲や準則が法定されるとともに，それらを通じて保険者や行政庁の医療機関への指導・監督がなされるという三面関係を生ずることになる。

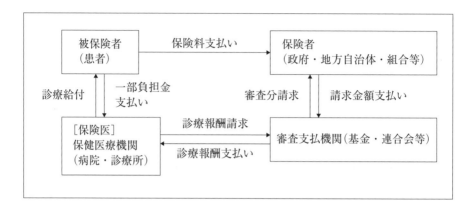

(a)　保険者・被保険者による第三者のためにする契約

　保険者・被保険者の保険契約を基軸として問題を考えるとすれば，「第三者の
ためにする契約」としての説明が比較的素直な構成となることは言うまでもな
い。すなわち，指定保険医療機関である病院や診療所・薬局が，保険者である国
や各種健康保険機関に代わって，被保険者（＝患者）に治療・薬剤等の給付をな
し，保険者（国・地方自治体・組合）が支払基金を通じて保険医療機関にこれに
要した診療報酬を支払うというものである。指定保険医療機関は，保険者のいわ
ば履行補助者的な地位にある。保険者直営医療機関での診療の場合などには，比
較的すわりの良い構成である。もし，被保険者である患者の一部負担金が，現物
給付を受ける際の被保険者の分担金（保険料の追加費用）として，本来，保険機
関に対する関係で発生するものであるとすれば，それは利用者負担の「追加保険
料」として租税などと同様の性格を有するものとなる。したがって，たとえば，
消滅時効などでも，単純な診療報酬債権と同一に論ずることができず，むしろ国
税に準じた扱いを受けることになりそうである（国税通則法72条で5年）。また，
指定医療機関等に発生した未収金に関する回収不能のリスクは，医療機関窓口に
おける善管注意義務を前提としつつ，最終的には保険者にもあることになり，
（その場合のリスク分担がいかなる形で調整されるべきかは医療機関による一部負担金
の徴収にかかる善管注意義務の程度や内容，政策的配慮によって定まる），一方的に指
定医療機関等の債権であるからとして損金処理に委ねることは許されまい。ま
た，真の診療契約における当事者は保険者と患者もしくは被保険者となり，債務
不履行責任についても，履行補助者たる医療機関の過失や帰責事由を問題としつ
つ（連帯責任？），保険者が真の相手方ということになりそうであるが，このよ

うな構成が一般化できるかには疑問も多い（野田寛「保険医療と損害賠償訴訟」現代損害賠償法講座第4巻135頁以下〔1974年〕）。沿革的には，もっとも忠実な構成のように思われるが，患者が自由に医療機関を選択し，支払以外の点で保険者が診療に関与する余地のない現状には，必ずしも適合的ではないからである。

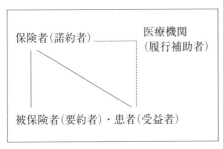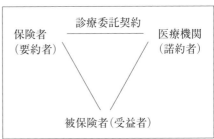

(b)　保険者・医療機関による第三者のためにする契約

　他方で，保険者と医療機関の関係における医療行為委託と診療報酬に関する契約を中心に問題を眺めれば，患者のために，保険者と保険医療機関との間で成立する「第三者のためにする契約」と考えることも可能であり，患者の受益の意思表示（537条2項）によって，実際の治療が行われていると理解することができる。医療機関の指定は，医療機関に対する療養の給付という委託を目的とした公法上の準委任契約であって，保健医療機関は，制度上，命令の定めるところに従い，療養の給付を担当し，その診療に当たるべきことになる（健保法70条1項，72条1項）。医療機関は，この委任の趣旨に従った事務処理（療養の給付）をなすことで診療報酬請求権（患者の一部負担金を除いた額）を保険者［支払い委託を受けた基金］に対して獲得する（大阪高判昭和58・5・27判時1084号25頁）。患者を含めた全体の関係は，「第三者のためにする契約」としての性格を有することになり，大阪地判昭和60・6・28（判タ565号170頁）の採用する立場である（保険者証の提出［健保規53条，療養担当規則3条］が受益の意思表示であるとする福岡高判平成8・10・23判時1595号73頁も参照）*。

　いずれにせよ，このように考えることで，健康保険法や療養担当規則等によって医療機関等に課された様々な義務や診療基準，診療報酬に関する諸規定の根拠を説明することが比較的容易になることは，事実である（新美育文「診療契約論では，どのような点が未解決か」椿寿夫編・現代契約と現代債権の展望(6)〔日本評論社，1991年〕260頁）。療養の給付という現物給付方式（健保63条1項，国健保36

条1項），療養担当規則による診療内容の制限（健保72条，国健保40条1項），厚生労働大臣・都道府県知事による指導・監督による診療内容決定の制限（健保73条1項，国健保41条1項等）は，医療機関を保険者の被用者ないし履行補助者あるいは受任者的地位においた義務づけのように見えるからである。

　＊大阪地判昭和60・6・28（判タ565号170頁）は，次のように述べる。「通常，診療契約は，患者の病気の診療・医療に関して医療機関と当該患者又はその監護義務者との間に締結される諾成・双務・有償契約と解され，医療機関は患者の病気を治療して健康を回復増進することを義務内容とする準委任契約と解される。右準委任契約に基づき，医師は，善良なる管理者の注意をもつて誠実に患者の治療にあたり（民法644条），また，療養に関して適切な指導をし，助言を与える（医師法第19条1項，23条）等の義務を負い，患者は診療費を支払う等の義務を負う関係にある。ところが，保険診療においては，診療の本質は，右の診療契約と差異はないものの，それが，社会保障の一翼としての医療保障制度の具体化されたものであることから，その構成・手続きを異にする。……国民健康保険につきみると，医療機関ないし医師は，知事（国の機関として保険者＝市町村等に代つて）の指定（国民健康保険法37条）ないし登録（同38条）を受けることによつて療養担当者となるのであるが，その法的構成は，（私法上・公法上の点はさておき）保険者との間で療養の給付・治療方針・治療報酬等につき国民健康保険法に規定されている条項（法定約款）を内容とする第三者（被保険者）の為にする双務的・附従的契約を締結したものと理解され，従つて，被保険者は，その反射的効力として保険医療機関に対して，保険診療を求める権利を有するものと解される。つまり，療養担当者となることにより，保険医は，保険事故である「疾病」その他の事故（同法第2条）が被保険者に発生した場合，保険の目的である「療養の給付」を行なう義務を有することとなるのである（同法36条）。右「療養の給付」は，実質においては，「診療行為」と異ならず，患者との間では，患者から診療を求められた際，その提出された被保険者証によつて，その者が「療養の給付」を受ける資格があることを確認した上で行なう（同法36条5項）という差異があるにすぎず，また，被保険者証の提出もいわゆる急患や，やむを得ない事由によつて被保険者証を提出することができない場合など，患者が被保険者であることが明らかであると認められるときには被保険者証の提出すら要しない。従つて，被保険者が保険診療を求めた際には，保険医は応招義務（医師法19条1項）を負い，正当事由のない限り「療養の給付」を拒否し得ない。……原告は，Y1が救急車で搬入され，Y2から被保険者証を提出された時点において，当初からの保険診療，つまり療養の給付をなすべき具体的療養給付義務を負つたものというべきである。」

　ただ，やつかいなことに，診療行為においては保険診療の部分と自由診療の部

分が不可分に絡み合っている場合が多く，医療機関・患者の意識の面でも当該治療について「保険がきくか，どうか」という点にしか着目されていない。つまり，患者側当事者の感覚からすると，あくまで医師・患者関係における合意で形成された債務関係における対価の支払・精算手段として保険を考えているために，いたずらに混乱を生じさせている。しかも，現物給付として定型化され，点数化された医療給付をこえて，様々な付随的義務を含む当該契約における債務内容を確定する際には，契約当事者として（保険者ではなく）医療機関自身と患者の関係を措定する方が望ましい場合も少なくない。また，第三者のためにする契約と考えた場合，たとえ自由診療部分がない場合でも，患者の診療報酬一部負担は，単なる受益の意思表示をこえた債務負担であるから，かかる債務負担の意思表示が，受けるべき医療行為と結びつけられて医療機関に向けて発せられている点も無視できない。医師・患者の間には，受益の意思表示と同時に一定の範囲で双務的な関係も創設されていることになりそうである。

(c)　医師・患者関係を基軸とした三面契約

患者が保険医療機関を自由に選択し，一部負担金の支払義務を直接に保険医療機関に対して負い，患者と保険医療機関との合意を通じて具体的な診療内容を確定していく過程を重視すると，保険診療といえども，その本質は「自由診療」と連続していると見るのが当事者の意識にも合致する。医療保険は，そこで発生する医療費の支払システムとして組み込まれたにとどまり（その限りで「三面契約」が構想される），各種の公法上の権利義務関係は，私法上のそれとは切り離して理解するのが適当であると解する見解も有力である*。

> ＊東京地判昭和 56・2・26 判タ 446 号 157 頁など，また野田・前掲 148 頁，辻・前掲 154 頁など，近時の多数説はこの立場か。東京地判昭和 56・2・26 は，次のように述べる。「X 主張の日時に X が Y らに対し，X 主張の病状について診療を求め，Y らがこれに応じたことは当事者間に争いがない。したがつて X と各 Y との間においては，右により，X 主張の病状について診療及び治療行為を行うことを目的とする診療契約（準委任契約）がそれぞれ締結されたものというべきである。これに対し，Y らは健康保険制度を利用して診療を受ける場合には医療機関と患者との間に直接の私法上の契約関係は成立しない旨主張するところ，本件においては，X が Y に対し国民健康保険を利用して治療を求めたものであることは当事者間に争いがない。しかしながら，国民健康保険法による保険制度上においても，患者（被保険者）は診療機関を自由に選択でき（国民健康保険法 36 条 5 項），また医療費の一部を自己において負担する（同法 42

条）等の関係にある以上，医療機関と患者との間では，右の公法上の健康保険制度に基づく関係とは別個に，私法上の契約関係が成立するものと解するのが相当である。」

　なお，この関連で，いわゆる「**混合診療**」の扱いをどうするかという技術的問題が生ずることは周知の通りであるが［東京地判平成 19・11・7 社会保障判百〈第 4 版〉31 事件］，それ自体は特定療養費制度の運用に係る制度的問題であって，契約の法的性質決定には直接影響するものではない。

　この立場では，医療機関の診療上の債務は，基本的に患者との間で発生し，たとえば健康保険による制限診療は必ずしも免責事由とはならず（京都地舞鶴支判昭和 26・3・23 下民集 2 巻 3 号 414 頁），診療報酬債権も，第一義的に，医療機関において発生する可能性が高い。医師と患者の関係が固有の債権債務関係であることを基軸として考えるとすれば，公的保険は，そこで患者が医療機関に対して本来負うべき診療報酬債務の保険者による肩代わり（第三者弁済）を約したもの（医療費支払いシステム）と理解されることになる。一種の公的医療費補助の仕組みである。社会保険診療報酬の支払義務者が保険者となることは法定されているが（健保法 43 条の 9，国保法 45 条），支払い審査機関としての社会保険診療報酬支払基金や国民健康保険団体連合会などが業務委託を受けて実際上の支払義務者となる（最判昭和 48・12・20 民集 27 巻 11 号 1594 頁）。この場合に，医療保険によって，どの医療機関による如何なる診療に対して，どの程度の肩代わりが認められるかが定められているに過ぎないと考えるならば，保険者・医療機関・患者の法律関係は比較的単純である。診療契約と医療保険契約は，各々独立した契約関係にあり，医療機関と保険者の間で第三者弁済の方法と前提要件に関する合意が加わった形になるに過ぎないからである。つまり，健康保険制度は，国民が医療を受ける機会を保障する社会保障制度にとどまり，保険者自ら診療に関与する余地はない。このとき，患者の支払うべき一部負担金は，そもそも保険ではカバーされていない固有の残債務に過ぎないと理解される。保険者は，点数計算で算出された金額の何割かを医療機関に払えば，その役目を終え，あとは医療機関と患者の債権債務関係のみが残る結果となるわけである。保険医療機関に対する種々の規制は，基本的に社会保険医療の適正な運用確保と医療費抑制の観点から加えられた公法上の規制であり，保険医療機関の診療上の義務の性質自体を左右するものではないということになろうか。

　このような構成によれば，契約関係を通して，医師と患者の具体的な債権債務

関係が構築され，これに基づいて両当事者の諸義務が具体化されるため，おそらく，医療事故紛争を具体的事案に即して解決するには適した見方である。実際問題としても，もっぱら保険料の徴収と，保健医療機関等からの点数計算による診療報酬請求への支払の局面でしか関与しないことの多い保険者が，医療事故紛争の当事者として登場する必然性は乏しい。かつて，療養取扱機関（現在は保健医療機関）を被告とする債務不履行訴訟において，被告側が，本件診療契約の相手方は保険者（荒川区）であると争った事件で，東京地判昭和 47・1・25 判タ 277号 185 頁（医事判例百選 38 事件 88 頁［森嶌昭夫］，社会保障判例百選［第 1 版］72頁［西原道雄］，社会保障判例百選［第 2 版］46 頁［平川亮一］，社会保障判例百選［第4 版］40 頁［後藤勝喜］）の次のような説示も，かかる理解を支持しよう。すなわち，

> 「①国民健康保険法上の被保険者は，自己の意思で療養取扱機関を自由に選択できること（同法第 36 条第 3 項），②療養を受けた被保険者は療養取扱機関に対し直接一部負担金の支払義務を負うこと（同法第 42 条第 1 項），③療養取扱機関は所在地の都道府県知事に申し出ることにより他の都道府県区域内の被保険者に対しても療養をする義務を負うこと（同法第 37 条第 5 項）等，同法各条の法意と④保険診療開始後，当該療養取扱機関において治療に従事する医師が保険診療における療養の給付では支給することのできない薬剤ないし治療材料を使用する必要を認めた場合，いわゆる自由診療への切替えが行われうること等を併せ考えると，保険診療において保険者と療養取扱機関との間にどのような公法上の権利義務関係が生ずるかとはかかわりなく，保険診療の被保険者である患者と療養取扱機関との間には，診療に関する合意によつて直接診療契約が締結されると見るべきものであつて，それは，被保険者が別途保険者に対しても何らか公法上の法律関係に立つことと相容れないものではない」

という。ここでは，医療機関と患者の診療契約関係を前提に，Y についての債務不履行責任を論じており（結果は Y の責任を否定），その後も同趣旨の判決が続いている（詳しくは，野田・医事法［中巻］382 頁以下，藤本知彦「社会保険医療制度と診療契約の当事者」日本法学 67 巻 1 号 169 頁以下など参照）。

4　小　　括

少なくとも，現状を見る限り，医療保険の組み込まれた診療関係は，医師・患者関係を基軸とした三面契約とみるのが，医療事故をめぐる問題解決にとっては適切であるように思われる。それは，医師・医療機関に対する患者の主体的地位

を承認し，期待利益を保護すべしとの要請にもかなうものであろう。しかし，このような理解が，これまでの医療保険の沿革や規定の書きぶりと必ずしも整合的でないことは，既に見たとおりである。医師・患者関係を基軸とすることは，医療機関の民事責任を考える局面では妥当しても，診療報酬に関する最終的負担をめぐる問題では，そのまま妥当しえない。したがって，「当事者」を考える場合には，さしあたって何が争われているかに配慮した，問題の処理が必要であるように思われる。自由診療報酬・一部負担金をめぐる当事者関係を，適切に反映した法律構成を考えるには，現時点では，保険および療養給付の事務処理委託を中核とする「第三者のためにする契約」と通常の医師・患者間の準委任契約の組み合わせ基本とした複合的契約関係を措定することになろうか。

　昨今，問題となった患者一部負担金の未収問題の最終的負担が誰によって担われるべきかを確定することは容易ではない。国民皆保険によって，国民の誰もが安心して，比較的低い患者負担で，一定の質の確保された医療サービスを公平に受けることができるようにという医療保険制度の維持が求められるとすれば，医療保険制度が変質をとげつつあることを正面から認めて，従来の現物医療給付方式からの転換のツケを指定医療機関のみに押しつけるのではなく，公平な回収不能リスクの分配という発想で，あらためて未収金の分担ルールを構想すべき時期にきている。

初出は，伊藤滋夫喜寿記念論文集（青林書院，2009 年）

ひとロメモ

○ 混合診療

　公的医療保険の適用される保険診療と，それが適用されない保険外診療（自由診療）の併用された診療形態を，「混合診療」という。わが国では，原則として禁止され，法律で定められた場合以外の混合診療を受けたときは，本来なら保険適用の診療代・入院費用を含めて全額が患者負担になる（混合診療保険給付外の原則）。このような混合診療保険給付外の原則が妥当する理由は，混合診療を無制限に認めると，安全性・有効性が未確立な治療法が拡がる懸念があること，保険財源の有限性から保険診療の範囲が縮小されるおそれが生ずることが挙げられている。最高裁も，混合診療保険給付外の原則の扱いは違法・違憲ではないと判断している（最判平成 23・10・25 民集 7 巻 2923 頁）。現行の健康保険法が例外的に混合診療を認める「保険外併用療養費制度」（健保 86）の利用は極めて限定されている。近年，難病患者から強い要望があり，混合診療の範囲の拡大が検討されており，重篤な疾患で代替治療法がない場合などでは，臨床治験段階にある未承認薬

の使用を認めるアクセス制度の新設も予定されている。ただ，こうした動きには，患者間の経済格差が治療格差に繋がるのではないか，治療の安全性・有効性の確認が不十分にならないかといった懸念も示されている。

第 16 講 臓器移植と脳死問題について

> **ここでの課題**　ここでは，臓器移植をめぐる諸問題について検討する。あわせて，脳死判定や生体からの移植の問題にも触れる。最後に，1997 年の「臓器移植法」の制定に至る議論の一端を紹介しておきたい。

1　臓器移植とは

臓器移植とは，心臓や肝臓，肺，腎臓など，患者の生命を維持するために重要な役割を果たしている臓器が，ほぼ（あるいは全く）機能しなくなり，臓器を代替する以外に治療法がない場合に行われる医療で，第三者（臓器提供者：ドナー）の臓器提供により患者（臓器受容者：レシピエント）の体内に臓器を移植することをいう。固形組織ではないが，輸血もまた，原理的には臓器移植と変わらない性質を帯びている（ただ採血や輸血は臓器移植とは相当に異なる意識の下で，古くから行われている）。

臓器移植には，大きく，①心臓死を前提とする移植（旧「角膜及び腎臓の移植に関する法律」），②脳死を前提とする移植，③生体からの移植，がある。

かつて，1968 年 8 月 8 日に札幌医大の和田医師が主宰する胸部外科チームは，日本初，世界で 30 例目になる心臓移植手術を実施した。このときのドナーは，21 歳の男子大学生で溺死事故の被害者であり，レシピエントは，心臓弁膜症の18 歳の男子高校生であった。和田医師によれば，同高校生は多弁傷害を抱え，人工弁置換術では根治できないとされる患者であった。手術は約 3 時間半をかけて終了した。レシピエントは意識障害がなかなか回復しなかったが，やがて意識も回復し，8 月 29 日には屋上で 10 分間の散歩をし，その回復振りがマスコミにも披露された。やがて，一般病棟に移ったが，9 月に入ると徐々に食欲不振に陥り，検査の結果，輸血後の血清肝炎と診断された。意識混濁の症状も進みはじめたレシピエントは，10 月に入って一旦，小康状態となったが，手術後 83 日目の10 月 29 日，食後に痰を詰まらせ長時間にわたる蘇生術の甲斐なく急性呼吸不全で死亡したと発表された。しかし，その後，レシピエントが弁置換術での治癒可能性があり，そもそも心臓移植適応ではなかった可能性が示されるなど，この心臓移植手術には多くの疑念が浮上した（この事件は，渡辺淳一『白い宴』，吉村昭

『神々の沈黙』で扱われている）。その衝撃と後遺症から，心臓移植に対しては，医学界において長らく慎重な態度がとられ，日本で再び心臓移植手術が行われたのは 31 年後の 1999 年 2 月 28 日のことであった（大阪大学チームによる）。その間，1997 年に「臓器の移植に関する法律」（法 104 号）が成立した。

2　脳　死　論　議

　日本では，これまでにも「心臓停止後」の臓器提供が可能な**腎臓**と**角膜**の移植は行われていたが，1997 年 10 月 16 日「臓器の移植に関する法律」が施行されたことによって，さらに心臓・肝臓・肺などの移植も法律上行うことが可能となった。この場合，心臓や肺，肝臓といった臓器は，心臓が止まって血液が循環しなくなるとすぐに状態が悪くなるため「脳死」からの移植が必須とされ，脳死論議と結びついて多くの議論が展開された。

　事故で頭に重傷を負ったり，脳の血管の病気で突然倒れ，救急車で病院に運ばれて治療を受ける人がいる。このような患者に対して，救急や脳外科の担当医師が患者を助けるために全力を尽くし，救命・治癒に向けたあらゆる治療活動を行うべきことはいうまでもない。しかし，脳が受けたダメージが大きく，どんなに治療をしても助けることのできない状態（**脳機能の不可逆的な停止状態**）になることがある。これが「脳死」と呼ばれる状態である。脳死は，呼吸機能などを司る脳幹部分を含めて脳全体の機能が停止し，もとには戻らない状態をさしている（いわゆる「**植物状態**」では呼吸などが保たれており，脳死とは全く異なる）。脳死には，全脳死・脳幹死・大脳死・機能死・器質死があり，その判定基準にも様々な考え方が存在した（立花隆・脳死（中公文庫［1988 年］）など参照）。通常の自然死では，「死の 3 徴候」といわれる心停止・自発呼吸停止・瞳孔散大の所見があるが，脳死の場合は，生命維持装置によって，脳の状態の変化しかないため，「見える死」から「見えない死」へと局面が変わる。いずれにせよ，脳死になると，自力での呼吸はできなくなり，痛みなどの刺激にも反応しない。人工心臓などの補助によってしばらく心臓を動かし続けることもできるが，通常の場合，やがて心臓も停止するといわれる。そもそも，人間の「死」には，生命体の「プロセスとしての死」があり，「生物的死」，「社会的死」，「法的死」が考えられる（心停止の後でも，顔のひげは伸びる）。

　脳死状態を法的にどのように評価するかは，医療の停止の合法性の有無（殺人

罪?，同意殺人?)，臓器摘出の合法性の有無（死体損壊罪?）にも関わる。脳死体からの臓器摘出が認められるとした場合，脳死が「死」であれば問題は小さいが，そうでないとすれば，これは違法性阻却の問題となるのかもしれない（医師の立場からすれば，生体からの心臓等の臓器摘出だとすれば，ドナーの死を決定づけるだけに到底受け入れられないという）。

　脳死と心臓死が併用された場合の相続上の問題を考えてみて欲しい。子のない新婚カップルが交通事故で二人とも脳に重篤な損傷を受け，一方の家族だけが脳死判定に同意したらどうなるか。脳死判定が先になれば，他方配偶者はその時点では生きていたことになり，財産を相続し，しかるのちに死亡すればその両親達が相続するが，脳死判定に同意した遺族はには相続されない（「同時死亡」の規定を適用すべきか）。

　現在の，人の「死」については，脳死説によるべきものとする見解が比較的多いようであるが，あくまで心臓死説をとる立場，脳死選択説による立場も存在する。臓器移植の観点だけから，人の死の基準を確定することが困難であるとすれば，相対的脳死論を採用しつつ，さしあたって，違法性阻却説を論ずるほかないであろうが，目的に依存して「人の死」が動かされることには問題が多い。臓器移植，死体損壊，殺人，相続それぞれにおいて，「死」が異なるとすることは困難ではあるまいか。

3　臓器移植法の内容

(1)　移植可能な臓器（臓器移植法5条）

　法律によって，移植可能な臓器として定められているのは，心臓，肝臓，肺，小腸，腎臓，膵臓，小腸，眼球である。皮膚，心臓弁，血管，耳小骨，気管，骨などのいわゆる「組織」については，この法律では規定されていないが，移植可能と解されており，家族の承諾のみで提供できる。

(2)　臓器摘出について（6条）

　6条第1項は，「医師は，死亡した者が生存中に臓器を移植術に使用されるために提供する意思を書面により表示している場合であって，その旨の告知を受けた遺族が当該臓器の摘出を拒まないとき又は遺族がないとき」に臓器摘出が可能であるとする。つまり，本人の生前の臓器提供意思の書面による表示＋遺族の不拒否を要件としている。第2項は，脳死体をもって，脳幹を含む全脳の機能の不

可逆的停止（判定）とし，3項は，脳死判定の手順を定める（厚生労働省特別研究事業・脳死判定基準のマニュアル化に関する研究班・法的脳死判定マニュアル［平成22年版］参照）。

臓器移植法6条は，刑法35条にいう「法令行為」となる点に意義がある。脳死体からの臓器摘出は，さしあたって要件上は「死体損壊罪」に該当することになるが，違法性が阻却されることになる。

4　臓器移植のプロセス

医師が患者を「脳死」と診断して初めて，この患者が「意思表示カード（ドナーカード）」を持っていた場合に，脳死での臓器提供の可能性がある。カードを持っていることが分かり，家族も臓器提供を積極的に考えてもよいという段階になると，臓器移植ネットワークから「移植コーディネーター」が派遣される。コーディネーターが臓器提供について説明し，家族の承諾が得られれば，その段階で法律に基づく「脳死判定」が行われることになる。2回の脳死判定を経て脳死が「確定」し，医学的にも臓器が移植に適すると判断されると，臓器提供が最終的に決定される。これと並行してレシピエント（移植を受ける人）が登録患者の中から選ばれ，移植を行う病院で準備に入る。この病院の移植チームがドナーのいる病院に派遣され，臓器を摘出する。摘出された臓器は患者の待つ病院に緊急搬送され，移植手術が行われる。

我が国で報告された脳死臓器移植の数は，依然として年間平均5〜6件であり，一般医療となるには程遠い状況にある。さらに，これまでは15歳未満の者からの脳死臓器提供が受けられないという問題もあり（平成21年改正法で両親の同意で可能となった），今なお多くの困難をかかえて外国に移植を受けに行く患者が後を絶たない。

5　国内小児移植

臓器の移植に関する法律の運用に関するガイドラインによれば，臓器提供意思について「15歳以上の者の意思表示を有効なものとして取り扱う」。では，15歳以下はどうなるか。本人が有効に承諾できない以上，誰も提供できないことになる。15歳の年齢が何を意味するかは，必ずしも明らかではないが，自己の身体の処分に関する身分行為の意思決定可能性があるというだけでは，いかにも根拠が薄いように思われる。

　国内での小児移植が振るわないため，結局，海外での移植へと繋がっている（しかも多くの場合に高額である）。後に，親権者の承諾（代諾）のみによって臓器提供できるものとする改正が平成 11（1999）年に施行された。施行規則には小児脳死判定に関する規定が 2 箇条用意され，そのうち，生後 12 週未満の小児を脳死判定から除外すること，2 回目の脳死判定までの間を 24 時間以上とすることなどが定められている。

6　背後にある基本的な法律問題

　ここで，背後にある基本的問題に触れよう。

　第 1 に，そもそも，死体の「所有権」は誰に帰属するのか。第 2 に，遺族の「臓器提供承諾権」は，法的に基礎付けられるものか。第 3 に，人は，死後の自分の身体についての処分権を持つのか。第 4 に，「人由来物」の財産的性格をどう考えるべきか（本書第 12 講も参照）。

　「物」であるためには，「外界の一部」であるとともに，非人格的性質が求められるのが通常である。とはいえ，医学の発展とともに，血液・臓器・生殖子などの「人由来物」は，保存血液・移植用臓器・凍結受精卵などとなって，しばしば外界の一部と化しており，多くの問題が意識されるようになった。人格的性質は，その取り扱いに関する制約要因となっても，「物」としての性質の外延決定とは無関係というべきかも知れない。フランスの生命倫理法（1994 年）は，フランス民法典に初めて「人体・肉体」の語を導入し，「人体，人体の各部，人体からの産物は財産権の対象となり得ない」旨を定めたが（フランス民法第 2 章 16 条 1 項），それ自体，人由来物の「物」としての性格を否定したわけではない。散髪後の毛髪や抜歯後の歯のように，人体の一部で既に生体から分離され，直接的・人格的支配を伴わないと考えられるものは，それが一定の経済的価値を有する以上，原則として「財物」と観念され，分離前の人の所有に属すると考えられる。例えば凍結受精卵の破壊や侵奪に対して，民事上の法的救済手段を与える必要がある。制度的に誰かの所有権保護に依存せざるを得ないとすれば，所有権の客体（物）とみることが「人」の尊厳の否定につながるとの単純な議論に終始するわけにもいくまい。また，医療手術のように，人体の一部を切断させる契約や，切断されたものの処分行為も，それが公序良俗に反しない限り，有効であることも疑いない。ただし，単なる毛髪に含まれた遺伝子情報の存在からも推知されるとおり，個人の尊厳やプライバシー保護の観点からは，本人の自己決定や同

意なしに他人が自由に採取・使用・収益・処分できるようなものではないことも
また事実であり，内在的制約をみてとることが可能である。

　「生存する人間」の身体およびその組織に他者の排他的支配権が成立しないと
して，「遺体」や「遺骨・遺髪」などの場合はどうか。「死」を境に本人の人格が
消滅していると考えられる以上，死体も，外界の一部として排他的管理可能な有
体物であって，性質上は「物」というほかない。しかし，明らかに「物」以上の
ものである。遺体は，通常の私的所有の対象・客体ではなく，むしろ埋葬・祭
祀・供養など限定された目的のためにのみ支配・管理が認められる特殊な対象物
であって，慣習上の祭祀主催者（＝喪主たるべき人）に原始的に帰属し，承継さ
れ，その所有権放棄も許されない特殊性を帯びている（大判昭和2・5・27民集6
巻7号307頁，東京高判昭和62・10・8判時1254号70頁，河上・民法学入門209頁以
下など参照）。ちなみに，遺体に関連するものとして，墓石・遺影・位牌・祭具
なども一般の財物と同視して扱うことは適当でない場合が多く（もちろん，それ
らも墓石店や仏具屋にあるうちは通常の「物」と全く変わらないが），相続法上も，
通常の相続の一般原則に服していない（民法897条参照）。

　このように考えていくと，形式的には「物」としての性格を承認できるとした
上で，①個人の尊厳や人格権保護・自己決定権との関係，②社会的利益や公の秩
序維持との関係，③習俗や社会慣行・倫理観との関係で，その処分性や流通性，
利用形態が厳しく制約されるべき状態にある物（＝**不融通物**）を想定していくの
が適当であるように思われる（河上・民法総則講義207頁以下）。

　　＊【人由来物】
　　　人由来物（血液・臓器・受精卵など）の法的扱いについては，検討を要すべき
　　　多くの問題がある。売買の可能性一つとっても，現在，血液に関しては，「採血
　　　及び供血あっせん業取締法」が存在するものの，売買自体を禁ずる法律ではな
　　　い（日赤血液センターを中心とする献血システムが確立しているが，かつては
　　　民間業者による買血が行われ職業的売血者もいた）。臓器に関しては，「臓器移
　　　植法」が臓器の売買を禁じているが（同11条），それ以外については必ずしも
　　　明らかでない（人由来物の法的位置づけについては，ジャン・ピエール・ボー
　　　（野上博義訳）・盗まれた手の事件－肉体の法制史（法政大学出版局，2004年），
　　　四宮＝能見・民法総則132頁以下，佐伯仁志＝道垣内弘人・刑法と民法の対話
　　　（有斐閣，2001年）311頁以下，人工生殖論議をふくめ，大村敦志「人工生殖論
　　　議と『立法学』」同・法源・解釈・立法学（有斐閣，1995年）231頁以下など参
　　　照）。臓器移植をめぐる議論の総合的研究として，甲斐克則編・臓器移植と医事

法（信山社）。

7　臓器移植に伴う社会的問題

一部の報道によると，臓器移植には闇の世界があるという。ある国では，死刑囚からの臓器移植の例があり，事前同意なき死刑囚からの臓器摘出が法的に許容されるのか疑問視されている（家族の同意で足りるのか？）。また，貧困者の臓器提供（眼球，生体腎などの換金）の例もあるという（闇の臓器市場）。

移植目的での**臓器売買の禁止**が法定されているものは少なくない（全米臓器移植法301条，イギリスヒト臓器移植法1条，日本臓器移植法11条）。そこには，臓器ではない組織・細胞の場合を含めて，**臓器等の資源化・商品化**の可能性と「**人間の尊厳**」の危機がある。**他者の身体の手段化**は，倫理的にも許容できるものではない。代理母や人体実験等の問題を指摘するまでもなく，善意と献身や崇高な使命感ばかりでなく，**社会的・経済的弱者への事実上の圧力・誘惑の危険**が存在するからである。

8　本人の「同意」（自己決定）は万能か？

救命に向けた治療とはいえ，そこに登場する人々の思いは様々である。ドナーとなる者の同意は，主体的かつ自由なものでなければならない。社会的役割期待からくる臓器提供への圧力（愛情の強制）がないかには留意する必要がある。「お母さんなのだから，子供のために腎臓の片方（あるいは肝臓の一部）を提供するのは当たり前」というのは，あまりに短絡的である。

〈考えてみよう〉

子の治療のために適合する臓器を手に入れるための妊娠をすることは，倫理的に許されることだろうか？　産まれてきた子は，兄姉を救うためのエンジェルなのか。

参考資料

【資料1】 診療情報の提供等に関する指針（厚生労働省）

1　本指針の目的・位置付け

○本指針は，インフォームド・コンセントの理念や個人情報保護の考え方を踏まえ，医師，歯科医師，薬剤師，看護師その他の医療従事者及び医療機関の管理者（以下「医療従事者等」という。）の診療情報の提供等に関する役割や責任の内容の明確化・具体化を図るものであり，医療従事者等が診療情報を積極的に提供することにより，患者等が疾病と診療内容を宵理解し，医療従事者と患者等が共同して疾病を克服するなど，医療従事者等と患者等とのより良い信頼関係を構築することを目的とするものである。

○本指針は，どのような事項に留意すれば医療従事者等が診療情報の提供等に関する職責を全うできると考えられるかを示すものであり，医療従事者等が，本指針に則って積極的に診療情報を提供することを促進するものである。

2　定義

○「診療情報」とは，診療の過程で，患者の身体状況，病状，治療等について，医療従事者が知り得た情報をいう。

○「診療記録」とは，診療録，処方せん，手術記録，看護記録，検査所見記録，エックス線写真，紹介状，退院した患者に係る入院期間中の診療経過の要約その他の診療の過程で患者の身体状況，病状，治療等について作成，記録又は保存された書類，画像等の記録をいう。

○「診療情報の提供」とは①口頭による説明，②説明文書の交付，③診療記録の開示等具体的な状況に即した適切な方法により，患者等に対して診療情報を提供することをいう。

○「診療記録の開示」とは，患者等の求めに応じ，診療記録を閲覧に供すること又は診療記録の写しを交付することをいう。

3　診療情報の提供に関する一般原則

○医療従事者等は，患者等にとって理解を得やすいように，懇切丁寧に診療情報を提供するよう努めなければならない。

○診療情報の提供は，①口頭による説明，②説明文書の交付，③診療記録の開示等具体的な状況に即した適切な方法により行われなければならない。

4　医療従事者の守秘義務

○医療従事者は，患者の同意を得ずに，患者以外の者に対して診療情報の提供を行うことは，医療従事者の守秘義務に反し，法律上の規定がある場合を除き認められないことに留意しなければならない。

5　診療記録の正確性の確保

○医療従事者等は，適正な医療を提供するという利用目的の達成に必要な範囲内において，診療記録を正確かつ最新の内容に保つよう努めなければならない。

○診療記録の訂正は，訂正した者，内容，日時等が分かるように行われなければならない。

○診療記録の字句などを不当に変える改ざんは，行ってはならない。

6　診療中の診療情報の提供

○医療従事者は，原則として，診療中の患者に対して，次に掲げる事項等について丁寧に説明しなければならない。

①　現在の症状及び診断病名

②　予後

③　処置及び治療の方針

④　処方する薬剤について，薬剤名，服用方法，効能及び特に注意を要する副作用

⑤　代替的治療法がある場合には，その内容及び利害得失（患者が負担すべき費用が大きく異なる場合にはそれぞれの場合の費用を含む。）

⑥　手術や侵襲的な検査を行う場合には，その概要（執刀者及び助手の氏名を含む。），危険性，実施しない場合の危険性及び合併症の有無

⑦　治療目的以外に，臨床試験や研究などの他の目的も有する場合には，その旨及び目的の内容

○医療従事者は，患者が「知らないでいたい希望」を表明した場合には，これを尊重しなければならない。

○患者が未成年者等で判断能力がない場合には，診療中の診療情報の提供は親権者等に対してなされなければならない。

7　診療記録の開示

(1)　診療記録の開示に関する原則

○医療従事者等は，患者等が患者の診療記録の開示を求めた場合には，原則としてこれに応じなければならない。

○診療記録の開示の際，患者等が補足的な説明を求めたときは，医療従事者等は，できる限り速やかにこれに応じなければならない。この場合にあっては，担当の医師等が説明を行うことが望ましい。

(2) 診療記録の開示を求め得る者

○診療記録の開示を求め得る者は，原則として患者本人とするが，次に掲げる場合には，患者本人以外の者が患者に代わって開示を求めることができるものとする。

① 患者に法定代理人がいる場合には，法定代理人。ただし，満15歳以上の未成年者については，疾病の内容によっては患者本人のみの請求を認めることができる。

② 診療契約に関する代理権が付与されている任意後見人

③ 患者本人から代理権を与えられた親族及びこれに準ずる者

④ 患者が成人で判断能力に疑義がある場合は，現実に患者の世話をしている親族及びこれに準ずる者

(3) 診療記録の開示に関する手続

○医療機関の管理者は，以下を参考にして，診療記録の開示手続を定めなければならない。

① 診療記録の開示を求めようとする者は，医療機関の管理者が定めた方式に従って，医療機関の管理者に対して申し立てる。なお，申立ての方式は書面による申立てとすることが望ましいが，患者等の自由な申立てを阻害しないため，申立ての理由の記載を要求することは不適切である。

② 申立人は，自己が診療記録の開示を求め得る者であることを証明する。

③ 医療機関の管理者は，担当の医師等の意見を聴いた上で，速やかに診療記録の開示をするか否か等を決定し，これを申立人に通知する。医療機関の管理者は，診療記録の開示を認める場合には，日常診療への影響を考慮して，日時，場所，方法等を指定することができる。

なお，診療記録についての開示の可否については，医療機関内に設置する検討委員会等において検討した上で決定することが望ましい。

(4) 診療記録の開示に要する費用

○医療機関の管理者は，申立人から，診療記録の開示に要する費用を徴収することができる。

8 診療情報の提供を拒み得る場合

○医療従事者等は，診療情報の提供が次に掲げる事由に該当する場合には，診療情報の提供の全部又は一部を提供しないことができる。

① 診療情報の提供が，第三者の利益を害するおそれがあるとき

② 診療情報の提供が，患者本人の心身の状況を著しく損なうおそれがあるとき

〈①に該当することが想定され得る事例〉

・患者の状況等について，家族や患者の関係者が医療従事者に情報提供を行っている場

合に，これらの者の同意を得ずに患者自身に当該情報を提供することにより，患者と家族や患者の関係者との人間関係が悪化するなど，これらの者の利益を害するおそれがある場合

〈②に該当することが想定され得る事例〉

・症状や予後，治療経過等について患者に対して十分な説明をしたとしても，患者本人に重大な心理的影響を与え，その後の治療効果等に悪影響を及ぼす場合

※個々の事例への適用については個別具体的に慎重に判断することが必要である。

○医療従事者等は，診療記録の開示の申立ての全部又は一部を拒む場合には，原則として，申立人に対して文書によりその理由を示さなければならない。また，苦情処理の体制についても併せて説明しなければならない。

9 遺族に対する診療情報の提供

○医療従事者等は，患者が死亡した際には遅滞なく，遺族に対して，死亡に至るまでの診療経過，死亡原因等についての診療情報を提供しなければならない。

○遺族に対する診療情報の提供に当たっては，3，7の(1)，(3)及び(4)並びに8の定めを準用する。ただし，診療記録の開示を求め得る者の範囲は，患者の配偶者，子，父母及びこれに準ずる者（これらの者に法定代理人がいる場合の法定代理人を含む。）とする。

○遺族に対する診療情報の提供に当たっては，患者本人の生前の意思，名誉等を十分に尊重することが必要である。

10 他の医療従事者からの求めによる診療情報の提供

○医療従事者は，患者の診療のため必要がある場合には，患者の同意を得て，その患者を診療した又は現に診療している他の医療従事者に対して，診療情報の提供を求めることができる。

○診療情報の提供の求めを受けた医療従事者は，患者の同意を確認した上で，診療情報を提供するものとする。

11 診療情報の提供に関する苦情処理

○医療機関の管理者は，診療情報の提供に関する苦情の適切かつ迅速な処理に努めなければならない。

○医療機関の管理者は，都道府県等が設置する医療安全支援センターや医師会が設置する苦情処理機関などの患者・家族からの相談に対応する相談窓口を活用するほか，当該医療機関においても診療情報の提供に関する苦情処理の体制の整備に努めなければならない。

12 診療情報の提供に関する規程の整備

○医療機関の管理者は，診療記録の開示手続等を定めた診療情報の提供に関する規程を整備し，苦情処理体制も含めて，院内掲示を行うなど，患者に対しての周知徹底を図らなければならない。

【資料2】ヒトゲノム・遺伝子解析研究に関する倫理指針より
（文科省・厚労省平成13年告示）

遺伝情報の開示

(1) 研究責任者は，個々の提供者の遺伝情報が明らかとなるヒトゲノム・遺伝子解析研究に関して，提供者が自らの遺伝情報の開示を希望している場合には，原則として開示しなければならない。ただし，遺伝情報を提供する十分な意義がなく，開示しないことについて提供者のインフォームド・コンセントを受けている場合には，この限りでない。

〈遺伝情報の開示に関する細則〉

1. 研究責任者は，提供者からインフォームド・コンセントを受ける際に，遺伝情報の開示をしないことにつき同意が得られているにもかかわらず，当該提供者が事後に開示を希望した場合は，以下の場合を除き，当該提供者の遺伝情報を開示しなければならない。開示しない場合には，当該提供者に遺伝情報を開示しない理由を分かりやすく説明しなければならない。

・多数の人又は遺伝子の遺伝情報を相互に比較することにより，ある疾患と遺伝子の関連やある遺伝子の機能を明らかにしようとするヒトゲノム・遺伝子解析研究等であって，当該情報がその人の健康状態等を評価するための情報としての精度や確実性に欠けており，提供者個人に知らせるには十分な意義がない研究であることにつき，研究計画書に記載され，当該研究計画書が倫理審査委員会の承認を受け，研究機関の長により許可された場合

2. 研究責任者は，未成年者の提供者が，自らの遺伝情報の開示を希望している場合には，開示した場合の精神的な影響等を十分考慮した上で当該未成年者に開示することができる。ただし，未成年者が16歳未満の場合には，その代諾者の意向を確認し，これを尊重しなければならない。また，研究責任者は，未成年者の遺伝情報を開示することによって，提供者が自らを傷つけたり，提供者に対する差別，養育拒否，治療への悪影響が心配される場合には，研究機関の長に報告しなければならない。研究機関の長は，開示の前に，必要に応じ，開示の可否並びにその内容及び方法についての倫理審査委員会の意見や未成年者とその代諾者との話し合いを求めるようにしなければならない。

(2) 研究責任者は，個々の提供者の遺伝情報が明らかとなるヒトゲノム・遺伝子解析研究に関して，提供者が自らの遺伝情報の開示を希望していない場合には，開示してはならない。

〈遺伝情報の非開示に関する細則〉

研究責任者は，提供者が自らの遺伝情報の開示を希望していない場合であっても，その遺伝情報が提供者及び血縁者の生命に重大な影響を与えることが判明し，かつ，有効な対処方法があるときは，研究機関の長に報告しなければならない。研究機関の長は，

特に下記事項についての考慮を含む開示の可否並びにその内容及び方法についての倫理
審査委員会の意見を求め，それに基づき，研究責任者，提供者の診療を担当する医師及
びその医師が所属する医療機関の長と協議しなければならない。その結果を踏まえ，研
究責任者は提供者に対し，十分な説明を行った上で，当該提供者の意向を確認し，なお
開示を希望しない場合には，開示してはならない。
・提供者及び血縁者の生命に及ぼす影響
・有効な治療法の有無と提供者の健康状態
・血縁者が同一の疾患等に罹患している可能性
・インフォームド・コンセントに際しての研究結果の開示に関する説明内容

(3)　研究責任者は，提供者本人の同意がない場合には，提供者の遺伝情報を，提供者本
人以外の人に対し，原則として開示してはならない。

〈提供者以外の人に対する開示に関する細則〉

1.　提供者の代諾者等（未成年者の代諾者を除く。）が提供者本人の遺伝情報の開示を希
望する場合には，その代諾者等が開示を求める理由又は必要性を倫理審査委員会に示し
た上で，当該委員会の意見に基づき研究機関の長が対応を決定しなければならない。

2.　研究責任者は，提供者が未成年者の場合に，その未成年者の代諾者から当該未成年
者の遺伝情報の開示の求めがあった場合には，当該代諾者にこれを開示することができ
る。ただし，未成年者が16歳以上の場合には，その意向を確認し，これを尊重しなけ
ればならない。また，研究責任者は，未成年者の遺伝情報を開示することによって，提
供者に対する差別，養育拒否，治療への悪影響が心配される場合には，研究機関の長に
報告しなければならない。研究機関の長は，開示の前に，必要に応じ，開示の可否並び
にその内容及び方法についての倫理審査委員会の意見や未成年者とその代諾者との話し
合いを求めるようにしなければならない。

3.　研究責任者は，提供者が自らの遺伝情報の血縁者への開示を希望していない場合で
あっても，次のすべての要件を満たす場合には，提供者の血縁者に，提供者本人の遺伝
情報から導かれる遺伝的素因を持つ疾患や薬剤応答性に関する情報を伝えることができ
る。

1)　提供者本人の遺伝情報が，提供者の血縁者の生命に重大な影響を与える可能性が高
いことが判明し，かつ，有効な対処方法があること

2)　研究責任者から1)の報告を受けた研究機関の長が，特に下記の事項についての考
慮を含む開示の可否並びにその内容及び方法についての倫理審査委員会の意見を求め，
それに基づき，研究責任者と協議し，必要な情報を血縁者に提供すべきとの結論となる
こと

a　血縁者が同一の疾患等に罹患している可能性
b　血縁者の生命に及ぼす影響
c　有効な治療法の有無と血縁者の健康状態

d　インフォームド・コンセントに際しての研究結果の開示に関する説明内容

3) 2) の結論を踏まえ，研究責任者は改めて提供者の理解を求め，血縁者に対する必要な情報の提供につき承諾を得られるよう努めること

4) 提供者の血縁者に対し，十分な説明を行った上で，情報提供を希望する意向を確認すること

⑷　研究責任者は，単一遺伝子疾患等に関する遺伝情報を開示しようとする場合には，医学的又は精神的な影響等を十分考慮し，診療を担当する医師との緊密な連携の下に開示するほか，必要に応じ，遺伝カウンセリングの機会を提供しなければならない。

〈注〉

　開示する遺伝情報がいかなる意味を持つかは，診療に属する部分が大きく，診療を担当する医師，特に遺伝医学を専門とする医師との緊密な連携が求められる。従って，診療を担当する医師が診療の一環として，研究責任者の依頼を受けて開示すること又はその医師の指示の下に研究責任者が開示すること等が考えられる。

【資料3】　日本医師会版『診療情報の提供に関する指針（第2版）』（平成14年10月）（抄）

1　基本理念

1-1　この指針の目的

　日本医師会は，医師が診療情報を積極的に提供することにより，患者が疾病と診療の内容を十分に理解し，医療の担い手である医師と医療を受ける患者とが，共同して疾病を克服し，医師，患者間のより良い信頼関係を築くことを目的として，会員の倫理規範の一つとして，この指針を制定する。日本医師会のすべての会員は，この目的を達成するために，この指針の趣旨に沿って患者に診療情報を提供する。（中略）

2　定義および適用範囲

2-1　この指針で使う用語の意味

　この指針で使う主な用語の意味は，以下のとおりである。

⑴　診療情報…診療の過程で，患者の身体状況，病状，治療等について，医師またはその指揮・監督下にある医療従事者が知り得た情報

⑵　診療録…医師法第24条所定の文書

⑶　診療記録等…診療録，手術記録，麻酔記録，各種検査記録，検査成績表，エックス線写真，助産録，看護記録，その他，診療の過程で患者の身体状況，病状等について作成，記録された書面，画像等の一切

⑷　診療記録等の開示…患者など特定の者に対して，診療記録等の閲覧，謄写の求めに応ずること（中略）

3　診療情報の提供

3-1　診療情報提供の一般原則

a　医師は，患者に対して懇切に診療情報を説明・提供するよう努める。

b　診療情報は，口頭による説明，説明文書の交付，診療記録等の開示等，具体的状況に即した適切な方法により提供する。

3-2　診療の際の診療情報提供

a　診療中の患者に対する診療情報の説明・提供は，おおむね，次に掲げる事項を含むものとする。

(1)　現在の症状および診断病名

(2)　予後

(3)　処置および治療の方針

(4)　処方する薬剤については，薬剤名，服用方法，効能，特に注意を要する副作用

(5)　代替的治療法がある場合には，その内容および利害得失

(6)　手術や侵襲的な検査を行う場合には，その概要，危険性，実施しない場合の危険性，合併症の有無

b　患者が，「知らないでいたい希望」を表明した場合には，これを尊重する。

3-3　診療記録等の開示による情報提供

a　医師および医療施設の管理者は，患者が自己の診療録，その他の診療記録等の閲覧，謄写を求めた場合には，原則としてこれに応ずるものとする。

b　診療記録等の開示の際，患者が補足的な説明を求めたときは，医師はできる限り速やかにこれに応ずるものとする。

3-4　診療記録等の開示を求めうる者

　　診療記録等の開示を求めることができる者は，原則として次のとおりとする。

(1)　患者が成人で判断能力ある場合は，患者本人

(2)　患者に法定代理人がある場合は，法定代理人。ただし，満 15 歳以上の未成年者については，疾病の内容によっては本人のみの請求を認めることができる。

(3)　診療契約に関する代理権が付与されている任意後見人

(4)　患者本人から代理権を与えられた親族

(5)　患者が成人で判断能力に疑義がある場合は，現実に患者の世話をしている親族およびこれに準ずる縁故者

3-5　診療記録等の開示を求める手続き

a　診療記録等の開示を求めようとする者は，各医療施設が定めた方式にしたがって，医療施設の管理者に対して申し立てる。

b　前項の申立人は，自己が〔3-4〕に定める申立人であることを証明するものとする。

c　a 項の申し立てを受けた医療施設の管理者は，速やかに診療記録等を開示するか否か等定し，これを申立人に通知する。

3-6　費用の請求

　医療施設の管理者は，診療記録等の謄写に要した代金等の実費を，診療記録等の開示を求めた者に請求することができる。

3-7　医療施設における手続き規定の整備

　医療施設の管理者は，診療記録等の開示請求，実施，費用請求等に関する規定および申し立て書等の書式を整備する。

3-8　診療記録等の開示などを拒みうる場合

a　医師および医療施設の管理者は，患者からの診療情報の提供，診療記録等の開示の申し立てが，次の事由に当たる場合には，〔3-1〕，〔3-2〕および〔3-3〕の定めにかかわらず，診療情報の提供，診療記録等の開示の全部または一部を拒むことができる。

⑴　対象となる診療情報の提供，診療記録等の開示が，第三者の利益を害する恐れがあるとき

⑵　診療情報の提供，診療記録等の開示が，患者本人の心身の状況を著しく損なう恐れがあるとき

⑶　前二号のほか，診療情報の提供，診療記録等の開示を不適当とする相当な事由が存するとき b 医師および医療施設の管理者が前項により申立の全部または一部を拒むときは，申立人に対して〔6-2〕に定める苦情処理機関があることを教示するものとする。（中略）

4　医師相互間の診療情報の提供

4-1　医師の求めによる診療情報の提供

a　医師は，患者の診療のため必要があるときは，患者の同意を得て，その患者を診療した若しくは現に診療している他の医師に対して直接に，診療情報の提供を求めることができる。

b　前項の求めを受けた医師は，患者の同意を確認したうえで，診療情報を提供するものとする。（中略）

5　遺族に対する診療情報の提供

5-1　遺族に対する診療情報の提供

a　医師および医療施設の管理者は，患者が死亡した際には遅滞なく，遺族に対して死亡に至るまでの診療経過，死亡原因などについての診療情報を提供する。

b　前項の診療情報の提供については，〔3-1〕，〔3-3〕，〔3-5〕，〔3-6〕，〔3-7〕および〔3-8〕の定めを準用する。ただし，診療記録等の開示を求めることができる者は，患者の法定相続人とする。（中略）

6　その他

6-1　教育，研修

　日本医師会および都道府県医師会は，医師がこの指針を遵守することを促すために，診療情報の提供，診療記録等の開示等に関する教育，研修などの措置を講ずる。

6-2　苦情処理機関の設置

医師と患者との間の診療情報の提供，診療記録等の開示に関する苦情受付の窓口および苦情処理機関を医師会の中に設置する。

6-3　指針の見直し

日本医師会は，この指針を，診療録その他の診療記録等の作成・管理に関する環境の整備，ならびに医療をめぐる諸条件の変化に適合させるため，2年ごとにその内容を見直す。ただし，必要があるときは，何時でも適宜，検討することができる。

附則（平成11年4月1日 制定）

1　この指針は，平成12年1月1日から施行する。

2　この指針は施行日以前になされた診療および作成された診療記録等については適用されない。

附則（平成14年10月22日　一部改定）

この改定指針は，平成15年1月1日から施行する。

....

付；指針の実施にあたって留意すべき点

指針 1-1 関係

1　この指針が働く場合

第一次的には，日常診療の中で起きる診療情報の提供，診療記録等開示の問題を扱う。第二次的には，日常診療が継続している場合に，患者が転医し，あるいは他の医師の意見を求めたいと望んだ場合の情報提供，診療記録等開示の問題を扱う。裁判問題を前提とする場合は，この指針の範囲外であり指針は働かない。

2　この指針の前提

この指針は，診療記録，特に診療録の記載方式が，千差万別である現状を前提にして作られている。診療録などの記載方式，管理の仕方等はできるだけ早く標準化する必要がある。特に，これまで，診療記録に医師自身の自筆による手書きを要求する旧厚生省の指導があったことなどが改革を妨げる大きな要因となっていた。厚生労働省等に対しては，診療録などの記載等の改革に早急に取り組むことを改めて要求するものである。

3　この指針の位置づけ

この指針は，日本医師会会員が守るべき「最小限基準」を定めたものである。したがって，それぞれの医師が，その責任において，この指針が定める以上の開示の道を選ぶことを禁ずる趣旨ではない。しかし，無用な混乱を避けるためには，会員が開設しまたは管理する同一医療施設内の基準は，統一されている必要がある。

指針 3-1 ないし 3-8 について

指針〔3-1〕から同〔3-8〕は，診療記録等の開示を含めて，患者に対する診療情報の提供について定めたものである。

指針〔3-1〕，同〔3-2〕が診療情報の提供についての一般原則，指針〔3-3〕から同

〔3-8〕までが，主として診療記録等の開示についての定めである。

指針3-1b 関係

　診療情報提供の際に診療経過の要約などの説明文書を交付する場合には，患者の理解できる平易な言葉で記載することが望ましい。

指針3-3 関係

　本項は，診療記録等の開示を求められた場合の対応について定めたものである。診療記録等を開示する際には，紛失等の事故を避けるために，原本を渡すべきではない。費用がかかっても写しを作成し，これを交付すべきである。

指針3-4 関係

　診療記録等の開示を求め得る者は，患者本人であることを，先ず，確認しておく必要がある。患者の同意がないのに，患者以外の者に対して診療記録等を開示することは，医師の守秘義務に反し，法律上の規定がある場合を除き許されない。

　しかしながら，この指針で扱う診療情報の提供，診療記録等開示の趣旨が，患者の自己決定権を尊重し，診療の質を高め，医師・患者間の信頼関係強化を目的としていることから，代理人となりうる者の範囲を，「親族」に限っている。患者の診療情報が，代理権の付与を通じて，営利企業などに利用されることを防ぐとともに，代理人の範囲をここまで拡げておけば，十分実務的な対応ができるからである。もっとも，親族の範囲は，法律上，6親等という広範囲にわたるため，今後の状況を見て，将来的には，例えば扶養義務者とされる3親等内の親族および同居の親族に限ることも考えられる。

　(2)号は，例えば未成年の場合の親権者，平成12年4月1日の民法改正に伴い発足した成年後見制度における成年後見人，診療契約に関する法定代理権を付与されている保佐人および補助人などがこれに当たる。

　(2)号の但書きの満15歳以上の未成年者については，妊娠中絶等の事案で未成年者と親権者とが対立する場合が生じ，その場合の解決法如何が，諸外国でも問題になっている。欧米では，このような場合には，未成年者の意思を尊重すべきだとの意見が大勢であり，この指針も一応それにしたがった。なお，満15歳は，代諾養子を定めた民法第797条，遺言能力を定めた民法第961条等が，満15歳以上の未成年者に対して，これらについて行為能力を認めたことを参酌して選んだ年齢である。ちなみに，後者から，満15歳以上の未成年者も，移植のための臓器提供の意思を表明できるとの解釈が導かれている（平成9年10月8日健医発第1329号「臓器の移植に関する法律」の運用に関する指針──ガイドライン──参照）。

　(3)号の「任意後見人」は，平成12年4月1日，任意後見制度が発足したことに伴い追加された。任意後見人の権限は任意後見契約に関する法律に基づき，公正証書によって作成される任意後見契約のなかで定められている。任意後見契約により診療契約に関する代理権が付与されている場合には，家庭裁判所による任意後見監督人の選任がなされた時点以降，任意後見人を法定代理人と同様に扱うものとした。

⑸号は，成人患者で判断能力に疑義がある場合である。

　この指針は，これまでの経験から，現実に患者の世話をしている親族に開示等の道を開いた。しかし，内縁，事実上の養親子関係，実際に患者の世話をしている親族以外の縁故者などもあり得るので，これらの者を含める意味で「これに準ずる縁故者」にも道を開いている。もっとも，この場合の開示は，医師の守秘義務とも関係するので，「これに準ずる縁故者」と認定することには，慎重の上にも慎重を期することが必要である。

指針 3-5 および 3-7 関係

1　診療記録等の開示を求める手続き

　手続きの問題は，医療施設の態様，規模等とも関係する。それぞれの施設が「指針〔3-7〕医療施設における手続き規定の整備」を考える際に，それぞれの施設に応じた方式を工夫する必要がある。その場合に，施設の大小を問わず，一般的には，申請の方式は書面による申請とすることが望ましい。後日のことを考えると，申請があったこと自体を記録しておく必要があるからである。

2　申請人の身分の証明

　指針〔3-5〕bは，守秘義務を遵守するうえで重要である。しかし，身分の確認の問題も医療施設の大小等と関係する。住民の移動が少ない地方の診療所などにおいては，お互いが顔見知りであり，顔を見るだけで誰であるかを確認できるが，大都会の病院などでは，申請者が誰であるかを確認することは容易ではない。大規模医療施設などでは，これまでも必要がある場合には，印鑑証明書，運転免許証の写しの提出等によって，本人であることの確認をすることも行われているので，それらを参考にするとよい。

3　開示申し立てと理由の記載

　患者の自由な申し立てを阻害しないために，申立理由の記載を要求することは，不適切である。

4　申し立てを受けた場合の措置

　申し立てを受けた場合には，できるだけ早く，その可否を決定し，申請者に回答する必要がある。もっとも，閲覧，謄写を認める場合には，日常診療への影響を考慮して，日時，場所，方法等を指定できる。

　なお，病院などの医療施設では，診療情報の提供，記録の閲覧等の申し立てを誰が受け，誰が決定し，誰が立ち会い，誰が説明するかなどの問題がある。申し立てを受ける名宛人は医師法の規定上，医療施設の管理者とすべきである。しかし，開示の可否を決定する場合には，医療施設の管理者は担当の医師の意見を聴くのが相当である。また，立ち会い説明は，診療を担当した医師が行うのが適切であると思われる。担当の医師が不在などの場合，医療施設の管理者である医師が対応しなければならない。謄写などを除き，医師以外の者に問題を委ねることは，不相当なことがあるので注意を要する。

指針 3-6 関係

1 実費負担について

この項は，診療記録等の閲覧，謄写などに要した代金の実費を，請求することができる旨を定めるものである。例えば，エックス線写真等の謄写に要する費用は，当然，患者など請求者の負担となる。記録の量が膨大な場合には，施設内で謄写をするために長時間，職員等を謄写業務に専念させる必要が生ずる。その場合の人件費を謄写費用のほかに加算できるかという問題があるが，合理的な範囲であれば許される。

2 診療情報提供の対価について

この指針では，診療情報提供の対価についての定めがない。これは，むしろ診療報酬体系の中で決める方が，妥当であると考えるからである。したがって，指針に定めがないことは，診療情報提供に対する報酬請求権を否定することを意味するものではない。

指針 3-8 関係

この項の(1)および(2)は，診療情報の提供，診療記録等の開示の求めを拒絶できる典型的な事例として，諸外国でも承認されている場合である。しかし，それ以外にも，診療情報の提供，診療記録等の開示を不適切とする場合があり得るので，その場合に備えて(3)を設けた。(3)の不適切事由は，(1)および(2)に匹敵する事由であることを要する。

指針 4-1 関係

この項は，日本医師会第Ⅳ次生命倫理懇談会報告の「4(2) 医師相互間の関係」の提案を明文化したものである。専門家と非専門家との協力，診療所と病院との連携，したがって，それに伴う転医が，病院と診療所相互間で，今後，益々盛んになることが予想される。また，患者が第二医の意見，第三医の意見を求めることを希望する場面も，今後，多くなるものと思われる。

それらの中で，転医先あるいは紹介先の医師等が，その患者を以前に診療した，若しくは現在診療している医師に対して，診療上必要とされる診療情報等の提供を求める際に，備えるべき条件と手続きについて定めたのがこの指針である。周知のとおり，医師は自分が診療した患者，患者情報等について，守秘義務を負っている。したがって，患者本人以外の第三者に診療情報を提供する場合には，原則として本人の同意が必要である。この原則は，医師が他の医師に診療情報を提供する場合にも当てはまる。そこで，医師が他の医師に対して，診療上必要とされる診療情報の提供を求める場合には，患者本人の同意を得て行うべきであるとしたのが，a項である。これに対して，b項は提供を求められた医師に，同意の存在の確認を求めるとともに，各種検査記録，エックス線写真などを含めて，提供を求める医師が必要とする診療情報を提供すべきことを定めたものである。医師相互間の診療情報の提供に際しては，診療記録等の管理者としての責任を全うし，円滑な診療情報の交換を推進するため，できる限り，医師相互間で直接に，検査記録等の写しの受け渡しをすることが望ましい。

指針〔4-1〕の精神は，他の医師へ患者を紹介する際の情報提供などについても参酌

されるべきである。

指針 5-1 関係

平成 14 年の改定において新設されたものである。患者が死の転帰をたどった場合，従来から，死亡に至るまでの診療経過，死亡原因などについて，遺族に対して説明をする慣行があり，これは医師として当然の責務である。

患者・遺族および医師間の信頼関係をより強固なものとして維持し，高めるために，医師は従来にも増して一層積極的に懇切丁寧な説明——たとえば，診療上の諸記録を遺族に呈示しながらの説明——を遅滞なく実施する必要がある。

同時に，遺族（ただし法定相続人に限定）から診療記録等の開示を求められたときは，医療施設の管理者は，患者を対象とする本指針の定めに準じて，請求に応ずるべきものとした。

なお，本項に基づく説明および診療記録等の開示は，患者本人に対するものでないことから，本人の生前の意思，名誉等を十分に尊重することが必要である。特に遺族間に争いがある場合には，一層慎重な配慮が必要とされる。

指針 6-1 関係

指針〔1-1〕で述べたように，この指針は単なる宣言的指針ではなく，日本医師会，あるいは都道府県医師会などの倫理規範の一翼を構成することになる。したがって，日本医師会および都道府県医師会は，診療情報の提供に関する教育，研修を通じて，会員に対し，この指針の徹底を図るとともに，指針を守らない場合には，会の倫理規範に反するものとして，医師会の行う強力な指導，教育，研修などを受けさせるものとした。

指針 6-2 関係

1　苦情受付窓口，苦情処理機関設置の必要

診療情報の提供，なかんずく診療記録等開示の請求をめぐって，医療施設の管理者・医師と患者との間に紛争が発生した場合の受け皿として，都道府県医師会内に，患者からの苦情相談を受け付ける窓口および苦情処理機関を設置することが有用である。苦情処理機関内に当事者と利害関係のない第三者が介在することによって，当事者の誤解が解消し，事態に即した円満な解決が期待されるからである。

2　苦情処理機関の公平性

苦情処理機関を設置する場合，法律家，その他の医師以外の学識経験者を含む構成とすることが望ましい。これにより，苦情処理機関の公平性が担保されるからである。

以　上

【資料4】 医療・介護関係事業者における個人情報の適切な取扱いのためのガイダンス（平成29年4月14日（令和4年3月一部改正）個人情報保護委員会，厚生労働省）

Ⅰ　本ガイダンスの趣旨，目的，基本的考え方

1.　本ガイダンスの趣旨

本ガイダンスは，「個人情報の保護に関する法律」（平成15年法律第57号。以下「法」という。）を踏まえ，「個人情報の保護に関する法律についてのガイドライン（通則編）」（平成28年個人情報保護委員会告示第6号。以下「通則ガイドライン」という。）を基礎とし，法第6条及び第9条の規定に基づき，法の対象となる病院，診療所，薬局，介護保険法に規定する居宅サービス事業を行う者等の事業者等が行う個人情報の適正な取扱いの確保に関する活動を支援するための具体的な留意点・事例等を示すものである。

なお，本ガイダンスは医療・介護関係事業者における実例に照らした内容であるため，本ガイダンスに記載のない事項及び関係条文については通則ガイドライン，「個人情報の保護に関する法律についてのガイドライン（外国にある第三者への提供編）」（平成28年個人情報保護委員会告示第7号），「個人情報の保護に関する法律についてのガイドライン（第三者提供時の確認・記録義務編）」（平成28年個人情報保護委員会告示第8号）「個人情報の保護に関する法律についてのガイドライン（仮名加工情報・匿名加工情報編）」（平成28年個人情報保護委員会告示第9号。以下「仮名加工情報・匿名加工情報ガイドライン」という。）及び「個人情報の保護に関する法律についてのガイドライン（認定個人情報保護団体編）」（令和3年個人情報保護委員会告示第7号）をそれぞれ参照されたい。

2.　本ガイダンスの構成及び基本的考え方

個人情報の取扱いについては，法第3条において，「個人情報が，個人の人格尊重の理念の下に慎重に取り扱われるべきものである」とされていることを踏まえ，個人情報を取り扱う全ての者は，その目的や様態を問わず，個人情報の性格と重要性を十分認識し，その適正な取扱いを図らなければならない。

医療分野は，個人情報の性質や利用方法等から，法第6条の規定に基づく特に適正な取扱いの厳格な実施を確保する必要がある分野の一つであることから，各医療機関等における積極的な取組が求められる。

また，介護分野においても，介護関係事業者は，多数の利用者やその家族について，他人が容易には知り得ないような個人情報を詳細に知りうる立場にあり，医療分野と同様

に個人情報の適正な取扱いが求められる分野と考えられる。

このことを踏まえ，本ガイダンスでは，法の趣旨を踏まえ医療・介護関係事業者における個人情報の適正な取扱いが確保されるよう，遵守すべき事項及び遵守することが望ましい事項をできる限り具体的に示しており，各医療・介護関係事業者においては，法令，「個人情報の保護に関する基本方針」（平成16年4月2日閣議決定。以下「基本方針」という。）及び本ガイダンスの趣旨を踏まえ，個人情報の適正な取扱いに取り組む必要がある。

具体的には，医療・介護関係事業者は，本ガイダンスの【法の規定により遵守すべき事項等】のうち，「しなければならない」等と記載された事項については，法の規定により厳格に遵守することが求められる。また，【その他の事項】については，法に基づく義務等ではないが，達成できるよう努めることが求められる。

3. 本ガイダンスの対象となる「医療・介護関係事業者」の範囲
本ガイダンスが対象としている事業者の範囲は，①病院，診療所，助産所，薬局，訪問看護ステーション等の患者に対し直接医療を提供する事業者（以下「医療機関等」という。），②介護保険法に規定する居宅サービス事業，介護予防サービス事業，地域密着型サービス事業，地域密着型介護予防サービス事業，居宅介護支援事業，介護予防支援事業，及び介護保険施設を経営する事業，老人福祉法に規定する老人居宅生活支援事業及び老人福祉施設を経営する事業その他高齢者福祉サービス事業を行う者（以下「介護関係事業者」という。）であって，法第16条第2項に規定する個人情報取扱事業者としての規律の全部又は一部の適用を受ける者（法別表第二に掲げる法人及び独立行政法人労働者健康安全機構（病院の運営の業務に限る。）を含む。）である。ただし，国，地方公共団体，独立行政法人等，地方独立行政法人が設置する医療機関等又は介護関係事業者であって，個人情報取扱事業者としての規律の適用を受けない者も，医療・介護分野における個人情報保護の精神は同一であることから，本ガイダンスに十分配慮することが望ましい。

※個人情報取扱事業者としての規律の全部又は一部の適用を受けない者にあっては，法第2条第11項に規定する行政機関等としての規律の適用を受けることとなるため，個人情報保護委員会が公表する公的部門ガイドライン等も参照する必要がある。詳細はⅢを参照されたい。また，地方公共団体又は地方独立行政法人が設置するものについては，デジタル社会の形成を図るための関係法律の整備に関する法律（令和3年法律第37号。以下「整備法」という。）第51条の規定の施行の日までは法及び本ガイダンスの適用はないが，整備法の趣旨に鑑みれば，施行前であっても本ガイダンスに十分配慮

することが望ましい。

なお，検体検査，患者等や介護サービス利用者への食事の提供，施設の清掃，医療事務の業務など，医療・介護関係事業者から委託を受けた業務を遂行する事業者においては，本ガイダンスのⅣ7.に沿って適切な安全管理措置を講ずることが求められるとともに，当該委託を行う医療・介護関係事業者は，業務の委託に当たり，本ガイダンスの趣旨を理解し，本ガイダンスに沿った対応を行う事業者を委託先として選定するとともに委託先事業者における個人情報の取扱いについて定期的に確認を行い，適切な運用が行われていることを確認する等の措置を講ずる必要がある。

4. 本ガイダンスの対象となる「個人情報」の範囲
法令上「個人情報」とは，生存する個人に関する情報であり，個人情報取扱事業者の義務等の対象となるのは，生存する個人に関する情報に限定されている。本ガイダンスは，医療・介護関係事業者が保有する生存する個人に関する情報のうち，医療・介護関係の情報を対象とするものであり，また，診療録等の形態に整理されていない場合でも個人情報に該当する。

なお，当該患者・利用者が死亡した後においても，医療・介護関係事業者が当該患者・利用者の情報を保存している場合には，漏えい，滅失又は毀損等の防止のため，個人情報と同等の安全管理措置を講ずるものとする。

5. 個人情報保護委員会の権限行使との関係
本ガイダンス中，【法の規定により遵守すべき事項等】に記載された内容のうち，医療・介護関係事業者の義務とされている内容を個人情報取扱事業者としての義務を負う医療・介護関係事業者が遵守しない場合，個人情報保護委員会は，法第143条から第145条までの規定に基づき，「報告徴収」，「立入検査」，「指導・助言」，「勧告」及び「命令」を行うことがある。

また，法第147条第1項の規定に基づき，法第143条第1項の規定による権限が個人情報保護委員会から事業所管大臣に委任された場合には，厚生労働大臣が報告徴収及び立入検査を行うことがある。

さらに，法第165条及び「個人情報の保護に関する法律施行令」（平成15年12月10日政令第507号。以下「令」という。）第38条において，法第143条第1項に規定する個人情報保護委員会の権限及び法第147条第1項の規定により事業所管大臣に委任された権限に属する事務は，個人情報取扱事業者が行う事業であって事業所管大臣が所管する

ものについての報告徴収及び立入検査に係る権限に属する事務の全部又は一部が，他の法令の規定により地方公共団体の長その他の執行機関が行うこととされているときは，当該地方公共団体の長等が法に基づく報告徴収及び立入検査を行うことがある。

6．医療・介護関係事業者が行う措置の透明性の確保と対外的明確化
法第3条では，個人の人格尊重の理念の下に個人情報を慎重に扱うべきことが指摘されている。

医療・介護関係事業者は，個人情報保護に関する考え方や方針に関する宣言（いわゆる，プライバシーポリシー，プライバシーステートメント等）及び個人情報の取扱いに関する明確かつ適正な規則を策定し，それらを対外的に公表することが求められる。また，患者等から当該本人の個人情報がどのように取り扱われているか等について知りたいという求めがあった場合は，当該規則に基づき，迅速に情報提供を行う等必要な措置を行うものとする。

個人情報保護に関する考え方や方針に関する宣言の内容としては，医療・介護関係事業者が個人の人格尊重の理念の下に個人情報を取り扱うこと及び関係法令及び本ガイダンス等を遵守すること等，個人情報の取扱いに関する規則においては，個人情報に係る安全管理措置の概要，本人等からの開示等の手続，第三者提供の取扱い，苦情への対応等について具体的に定めることが考えられる。

なお，利用目的等を広く公表することについては，以下のような趣旨があることに留意すべきである。

①医療・介護関係事業者で個人情報が利用される意義について患者・利用者等の理解を得ること。
②医療・介護関係事業者において，法を遵守し，個人情報保護のため積極的に取り組んでいる姿勢を対外的に明らかにすること。

7．責任体制の明確化と患者・利用者窓口の設置等
医療・介護関係事業者は，個人情報の適正な取扱いを推進し，漏えい等の問題に対処する体制を整備する必要がある。このため，個人情報の取扱いに関し，専門性と指導性を有し，事業者の全体を統括する組織体制・責任体制を構築し，規則の策定や安全管理措置の計画立案等を効果的に実施できる体制を構築するものとする。

また，患者・利用者等に対しては，受付時，利用開始時に個人情報の利用目的を説明す

るなど，必要に応じて分かりやすい説明を行う必要があるが，加えて，患者・利用者等が疑問に感じた内容を，いつでも，気軽に問合せできる窓口機能等を確保することが重要である。また，患者・利用者等の相談は，医療・介護サービスの内容とも関連している場合が多いことから，個人情報の取扱いに関し患者・利用者等からの相談や苦情への対応等を行う窓口機能等を整備するとともに，その窓口がサービスの提供に関する相談機能とも有機的に連携した対応が行える体制とするなど，患者・利用者等の立場に立った対応を行う必要がある。

なお，個人情報の利用目的の説明や窓口機能等の整備，開示の請求を受け付ける方法を定める場合等に当たっては，障害のある患者・利用者等にも配慮する必要がある。

8．遺族への診療情報の提供の取扱い
法は，OECD8原則の趣旨を踏まえ，生存する個人の情報を適用対象とし，個人情報の目的外利用や第三者提供に当たっては本人の同意を得ることを原則としており，死者の情報は原則として個人情報とならないことから，法及び本ガイダンスの対象とはならない。しかし，患者・利用者が死亡した際に，遺族から診療経過，診療情報や介護関係の諸記録について照会が行われた場合，医療・介護関係事業者は，患者・利用者本人の生前の意思，名誉等を十分に尊重しつつ，特段の配慮が求められる。このため，患者・利用者が死亡した際の遺族に対する診療情報の提供については，「診療情報の提供等に関する指針」（「診療情報の提供等に関する指針の策定について」（平成15年9月12日医政発第0912001号））の9において定められている取扱いに従って，医療・介護関係事業者は，同指針の規定により遺族に対して診療情報・介護関係の記録の提供を行うものとする。

9．個人情報が研究に活用される場合の取扱い
近年の科学技術の高度化に伴い，研究において個人の診療情報等や要介護認定情報等を利用する場合が増加しているほか，患者・利用者への診療や介護と並行して研究が進められる場合もある。

法及び本ガイダンスは，原則として，大学その他の学術研究を目的とする機関等が，学術研究の用に供する目的をその全部又は一部として個人情報を取り扱う場合にも適用される。もっとも，法は，利用目的による制限（法第18条），要配慮個人情報の取得制限（法第20条第2項），個人データの第三者提供の制限（法第27条）等の一部の規定については，憲法上の基本的人権である「学問の自由」の保障への配慮から，学術研究目的で個人情報を取り扱う一定の場合に関し，個人の権利利益を不当に侵害するおそれがある場合を除き，例外規定を置いている（Ⅳ参照）。これらの例外規定が適用される場合

においても，学術研究機関等は，法第59条により，自主的に個人情報の適正な取扱い
を確保するための措置を講ずることが求められており，これに当たっては，医学研究分
野の関連指針（別表5参照）とともに本ガイダンスの内容についても留意することが期
待される

なお，治験及び製造販売後臨床試験における個人情報の取扱いについては，本ガイダン
スのほか，医薬品，医療機器等の品質，有効性及び安全性の確保等に関する法律（昭和
35年法律第145号。以下「医薬品医療機器等法」という。）及び関係法令（「医薬品の
臨床試験の実施の基準に関する省令」（平成9年厚生省令第28号）等）の規定や，関係
団体等が定める指針に従うものとする。また，医療機関等が自ら研究を実施する場合，
企業若しくは研究機関から研究を受託して若しくは共同で実施する場合又は他の研究機
関からの求めに応じて研究のために情報提供する場合における個人情報の取扱いについ
ては，本ガイダンスのほか，別表5に掲げる医学研究分野における関連指針や，関係団
体等が定める指針に従うものとする。

10.　遺伝情報を診療に活用する場合の取扱い
遺伝学的検査等により得られた遺伝情報については，本人の遺伝子・染色体の変化に基
づく体質，疾病の発症等に関する情報が含まれるほか，その血縁者に関わる情報でもあ
り，その情報は生涯変化しないものであることから，これが漏えいした場合には，本人
及び血縁者が被る被害及び苦痛は大きなものとなるおそれがある。したがって，遺伝学
的検査等により得られた遺伝情報の取扱いについては，UNESCO国際宣言等（別表6
参照），別表5に掲げる指針及び関係団体等が定める指針を参考とし，特に留意する必
要がある。

また，検査の実施に同意している場合においても，その検査結果が示す意味を正確に理
解することが困難であったり，疾病の将来予測性に対してどのように対処すればよいか
など，本人及び家族等が大きな不安を持つ場合が多い。したがって，医療機関等が，遺
伝学的検査を行う場合には，臨床遺伝学の専門的知識を持つ者により，遺伝カウンセリ
ングを実施するなど，本人及び家族等の心理的社会的支援を行う必要がある。

11.　他の法令等との関係
医療・介護関係事業者は，個人情報の取扱いにあたり，法，基本方針及び本ガイダンス
に示す項目のほか，個人情報保護又は守秘義務に関する他の法令等（刑法，関係資格
法，介護保険法等）の規定を遵守しなければならない。また，病院等の管理者の監督義
務（医療法第15条の3）や業務委託（医療法第15条の3等）に係る規定，介護関係事
業者における個人情報保護に係る規定等を遵守しなければならない。

また，医療分野については，すでに「診療情報の提供等に関する指針」が定められている。これは，インフォームド・コンセントの理念等を踏まえ，医療従事者等が診療情報を積極的に提供することにより，医療従事者と患者等とのより良い信頼関係を構築することを目的としており，この目的のため，患者等からの求めにより個人情報である診療情報を開示する場合は，同指針の内容に従うものとする。

12. 認定個人情報保護団体における取組
法第 47 条においては，個人情報取扱事業者等の個人情報等の適正な取扱いの確保を目的とする業務を行う法人等は個人情報保護委員会の認定を受けて認定個人情報保護団体となることができることとされている。認定個人情報保護団体となる医療・介護関係の団体等は，傘下の医療・介護関係事業者を対象に，個人情報保護に係る普及・啓発を推進するほか，法の趣旨に沿った指針等を自主的なルールとして定めたり，個人情報の取扱いに関する患者・利用者等のための相談窓口を開設するなど，積極的な取組を行うことが期待されている。

【資料 5】 臓器の移植に関する法律

平成 9 年 7 月 16 日（平成 9 年　法律第 104 号）
改正：（平成 11 年 12 月 22 日　法律第 160 号）
改正：平成 21 年 7 月 17 日（平成 21 年　法律第 83 号）

第一条（目的）
この法律は，臓器の移植についての基本的理念を定めるとともに，臓器の機能に障害がある者に対し臓器の機能の回復又は付与を目的として行われる臓器の移植術（以下単に「移植術」という。）に使用されるための臓器を死体から摘出すること，臓器売買等を禁止すること等につき必要な事項を規定することにより，移植医療の適正な実施に資することを目的とする。
第二条（基本的理念）
死亡した者が生存中に有していた自己の臓器の移植術に使用されるための提供に関する意思は，尊重されなければならない。
2　移植術に使用されるための臓器の提供は，任意にされたものでなければならない。
3　臓器の移植は，移植術に使用されるための臓器が人道的精神に基づいて提供されるものであることにかんがみ，移植術を必要とする者に対して適切に行わなければならない。
4　移植術を必要とする者に係る移植術を受ける機会は，公平に与えられるよう配慮されなければならない。
第三条（国及び地方公共団体の責務）

国及び地方公共団体は，移植医療について国民の理解を深めるために必要な措置を講ずるよう努めなければならない。

第四条（医師の責務）

医師は，臓器の移植を行うに当たっては，診療上必要な注意を払うとともに，移植術を受ける者又はその家族に対し必要な説明を行い，その理解を得るよう努めなければならない。

第五条（定義）

この法律において「臓器」とは，人の心臓，肺，肝臓，腎臓，その他厚生労働省令で定める内臓及び眼球をいう。

第六条（臓器の摘出）

医師は，次の各号のいずれかに該当する場合には，移植術に使用されるための臓器を，死体（脳死した者の身体を含む。以下同じ。）から摘出することができる。

一　死亡した者が生存中に当該臓器を移植術に使用されるために提供する意思を書面により表示している場合であって，その旨の告知を受けた遺族が当該臓器の摘出を拒まないとき又は遺族がないとき。

二　死亡した者が生存中に当該臓器を移植術に使用されるために提供する意思を書面により表示している場合及び当該意思がないことを表示している場合以外の場合であって，遺族が当該臓器の摘出について書面により承諾しているとき。

2　前項に規定する「脳死した者の身体」とは，脳幹を含む全脳の機能が不可逆的に停止するに至ったと判定された者の身体をいう。

3　臓器の摘出に係る前項の判定は，次の各号のいずれかに該当する場合に限り，行うことができる。

一　当該者が第一項第一号に規定する意思を書面により表示している場合であり，かつ，当該者が前項の判定に従う意思がないことを表示している場合以外の場合であって，その旨の告知を受けたその者の家族が当該判定を拒まないとき又は家族がないとき。

二　当該者が第一項第一号に規定する意思を書面により表示している場合及び当該意思がないことを表示している場合以外の場合であり，かつ，当該者が前項の判定に従う意思がないことを表示している場合以外の場合であって，その者の家族が当該判定を行うことを書面により承諾しているとき。

4　臓器の摘出に係る第2項の判定は，これを的確に行うために必要な知識及び経験を有する二人以上の医師（当該判定がなされた場合に当該脳死した者の身体から臓器を摘出し，又は当該臓器を使用した移植術を行うこととなる医師を除く。）の一般に認められている医学的知見に基づき厚生労働省令で定めるところにより行う判断の一致によって，行われるものとする。

5　前項の規定により第2項の判定を行った医師は，厚生労働省令で定めるところによ

り，直ちに，当該判定が的確に行なわれたことを証する書面を作成しなければならない。

6　臓器の摘出に係る第2項の判定に基づいて脳死した者の身体から臓器を摘出しようとする医師は，あらかじめ，当該脳死した者の身体に係る前項の書面の交付を受けなければならない。

第六条の二（親族への優先提供の意思表示）

移植術に使用されるための臓器を死亡した後に提供する意思を書面により表示している者又は表示しようとする者は，その意思の表示に併せて，親族に対し当該臓器を優先的に提供する意思を書面により表示することができる。

第七条（臓器の摘出の制限）

医師は，前条の規定により死体から臓器を摘出しようとする場合において，当該死体について刑事訴訟法（昭和23年法律第百三十一号）第二百二十九条第1項の検視その他の犯罪捜査に関する手続が行われるときは，当該手続きが終了した後でなければ，当該死体から臓器を摘出してはならない。

第八条（礼意の保持）

第六条の規定により死体から臓器を摘出するに当たっては，礼意を失わないよう特に注意しなければならない。

第九条（使用されなかった部分の臓器の処理）

病院又は診療所の管理者は，第六条の規定により死体から摘出された臓器であって，移植術に使用されなかった部分の臓器を，厚生労働省令で定めるところにより処理しなければならない。

第十条（記録の作成，保存及び閲覧）

医師は，第六条第2項の判定，同条の規定による臓器の摘出又は当該臓器を使用した移植術（以下この項において「判定等」という。）を行った場合には，厚生労働省令で定めるところにより，判定等に関する記録を作成しなければならない。

2　前項の記録は，病院又は診療所に勤務する医師が作成した場合にあっては当該病院又は診療所の管理者が，病院又は診療所に勤務する医師以外の医師が作成した場合にあっては当該医師が，五年間保存しなければならない。

3　前項の規定により第1項の記録を保存する者は，移植術に使用されるための臓器を提供した遺族その他の厚生労働省令で定める者から当該記録の閲覧の請求があった場合には，厚生労働省令で定めるところにより，閲覧を拒むことについて正当な理由がある場合を除き，当該記録のうち個人の権利利益を不当に侵害するおそれがないものとして厚生労働省令で定めるものを閲覧に供するものとする。

第十一条（臓器売買等の禁止）

何人も，移植術に使用されるための臓器を提供すること若しくは提供したことの対価として財産上の利益の供与を受け，又はその要求若しくは約束をしてはならない。

2　何人も，移植術に使用されるための臓器の提供を受けること若しくは受けたことの対価として財産上の利益を供与し，又はその申込み若しくは約束をしてはならない。

3　何人も，移植術に使用されるための臓器を提供すること若しくはその提供を受けることのあっせんをすること若しくはあっせんをしたことの対価として財産上の利益の供与を受け，又はその要求若しくは約束をしてはならない。

4　何人も，移植術に使用されるための臓器を提供すること若しくはその提供を受けることのあっせんを受けること若しくはあっせんを受けたことの対価として財産上の利益を供与し，又はその申込み若しくは約束をしてはならない。

5　何人も，臓器が前各項の規定のいずれかに違反する行為に係るものであることを知って，当該臓器を摘出し，又は移植術に使用してはならない。

6　第1項から第4項までの対価には，交通，通信，移植術に使用されるための臓器の摘出，保存若しくは移送又は移植術等に要する費用であって，移植術に使用されるための臓器を提供すること若しくはその提供を受けること又はそれらのあっせんをすることに関して通常必要であると認められるものは，含まれない。

第十二条（業として行う臓器のあっせんの許可）

業として移植術に使用されるための臓器（死体から摘出されるもの又は摘出されたものに限る。）を提供すること又はその提供を受けることのあっせん（以下「業として行う臓器のあっせん」という。）をしようとする者は，厚生労働省令で定めるところにより，臓器の別ごとに，厚生労働大臣の許可を受けなければならない。

2　厚生労働大臣は，前項の許可の申請をした者が次の各号のいずれかに該当する場合には，同項の許可をしてはならない。

一　営利を目的とするおそれがあると認められる者

二　業として行う臓器のあっせんに当たって当該臓器を使用した移植術を受ける者の選択を公平かつ適正に行わないおそれがあると認められる者

第十三条（秘密保持義務）

前条第1項の許可を受けた者（以下「臓器あっせん機関」という。）若しくはその役員若しくは職員又はこれらの者であった者は，正当な理由がなく，業として行う臓器のあっせんに関して職務上知り得た人の秘密を漏らしてはならない。

第十四条（帳簿の備付け等）

臓器あっせん機関は，厚生労働省令で定めるところにより，帳簿を備え，その業務に関する事項を記載しなければならない。

2　臓器あっせん機関は，前項の帳簿を，最終の記載の日から五年間保存しなければならない。

第十五条（報告の徴収等）

厚生労働大臣は，この法律を施行するため必要があると認めるときは，臓器あっせん機関に対し，その業務に関し報告をさせ，又はその職員に，臓器あっせん機関の事務所に

立ち入り，帳簿，書類その他の物件を検査させ，若しくは関係者に質問させることができる。

2　前項の規定により立入検査又は質問をする職員は，その身分を示す証明書を携帯し，関係者に提示しなければならない。

3　第1項の規定による立入検査及び質問をする権限は，犯罪捜査のために認められたものと解してはならない。

第十六条（指示）
厚生労働大臣は，この法律を施行するため必要があると認めるときは，臓器あっせん機関に対し，その業務に関し必要な指示を行うことができる。

第十七条（許可の取消し）
厚生労働大臣は，臓器あっせん機関が前条の規定による指示に従わないときは，第十二条第1項の許可を取り消すことができる。

第十七条の二（移植医療に関する啓発等）
国及び地方公共団体は，国民があらゆる機会を通じて移植医療に対する理解を深めることができるよう，移植術に使用されるための臓器を死亡した後に提供する意思の有無を運転免許証及び医療保険の被保険者証等に記載することができることとする等，移植医療に関する啓発及び知識の普及に必要な施策を講ずるものとする。

第十八条（経過措置）
この法律の規定に基づき厚生労働省令を制定し，又は改廃する場合においては，その厚生労働省令で，その制定又は改廃に伴い合理的に必要と判断される範囲内において，所要の経過措置（罰則に関する経過措置を含む。）を定めることができる。

第十九条（厚生労働省令への委任）
この法律に定めるもののほか，この法律の実施のための手続その他この法律の施行に関し必要な事項は，厚生労働省令で定める。

第二十条（罰則）
第十一条第1項から第5項までの規定に違反した者は，五年以下の懲役若しくは五百万円以下の罰金に処し，又はこれを併科する。

2　前項の罪は，刑法（明治40年法律第45号）第三条の例に従う。

第二十一条
第六条第5項の書面に虚偽の記載をした者は，三年以下の懲役又は五十万円以下の罰金に処する。

2　第六条第6項の規定に違反して同条第5項の書面の交付を受けないで臓器の摘出をした者は，一年以下の懲役又は三十万円以下の罰金に処する。

第二十二条
第十二条第1項の許可を受けないで，業として行う臓器のあっせんをした者は，一年以下の懲役

若しくは百万円以下の罰金に処し，又はこれを併科する。

第二十三条

次の各号のいずれかに該当する者は，五十万円以下の罰金に処する。

一　第九条の規定に違反した者

二　第十条第1項の規定に違反して，記録を作成せず，若しくは虚偽の記録を作成し，又は同条第2項の規定に違反して記録を保存しなかった者

三　第十三条の規定に違反した者

四　第十四条第1項の規定に違反して，帳簿を備えず，帳簿に記載せず，若しくは虚偽の記載をし，又は同条第2項の規定に違反して帳簿を保存しなかった者

五　第十五条第1項の規定による報告をせず，若しくは虚偽の報告をし，又は同項の規定による立入検査を拒み，妨げ，若しくは忌避し，若しくは同項の規定による質問に対して答弁をせず，若しくは虚偽の答弁をした者

2　前項第三号の罪は，告訴がなければ公訴を提起することができない。

第二十四条

法人（法人でない団体で代表者又は管理人の定めのあるものを含む。以下この項において同じ。）の代表者若しくは管理人又は法人若しくは人の代理人，使用人その他の従業者が，その法人又は人の業務に関し，第二十条，第二十二条及び前条（同条第1項第三号を除く。）の違反行為をしたときは，行為者を罰するほか，その法人又は人に対しても，各本条の罰金刑を科する。

2　前項の規定により法人でない団体を処罰する場合には，その代表者又は管理人がその訴訟行為につきその団体を代表するほか，法人を被告人又は被疑者とする場合の刑事訴訟に関する法律の規定を準用する。

第二十五条

第二十条第1項の場合において供与を受けた財産上の利益は，没収する。その全部又は一部を没収することができないときは，その価額を追徴する。

附　則

第一条（施行期日）

この法律は，公布の日から起算して三月を経過した日から施行する。

第二条（検討等）

この法律による臓器の移植については，この法律の施行後三年を目途として，この法律の施行の状況を勘案し，その全般について検討が加えられ，その結果に基づいて必要な措置が講ぜれるべきものとする。

2　政府は，ドナーカードの普及及び臓器移植ネットワークの整備のための方策に関し検討を加え，その結果に基づいて必要な措置を講ずるものとする。

3　関係行政機関は，第七条に規定する場合において同条の死体が第六条第2項の脳死した者の身体であるときは，当該脳死した者の身体に対する刑事訴訟法第二百二十九条

第1項の検視その他の犯罪捜査に関する手続と第六条の規定による当該脳死した者の身体からの臓器の摘出との調整を図り，犯罪捜査に関する活動に支障を生ずることなく臓器の移植が円滑に実施されるよう努めるものとする。

第三条（角膜及び腎臓の移植に関する法律の廃止）

角膜及び腎臓の移植に関する法律（昭和54年法律第63号）は，廃止する。

第四条　削除

第五条（経過措置）

この法律の施行前に附則第三条の規定による廃止前の角膜及び腎臓の移植に関する法律（以下「旧法」という。）第三条第3項の規定による遺族の書面による承諾を受けている場合（死亡した者が生存中にその眼球又は腎臓を移植術に使用されるために提供する意思がないことを表示している場合であって，この法律の施行前に角膜又は腎臓の摘出に着手していなかったときを除く。）又は同項ただし書の場合に該当していた場合の眼球又は腎臓の摘出については，なお従前の例による。

第六条

旧法第三条の規定（前条の規定によりなお従前の例によることとされる眼球又は腎臓の摘出に係る旧法第三条の規定を含む。次条及び附則第八条において同じ。）により摘出された眼球又は腎臓の取扱いについては，なお従前の例による。

第七条

旧法第三条の規定により摘出された眼球又は腎臓であって，角膜移植術又は腎臓移植術に使用されなかった部分の眼球又は腎臓のこの法律の施行後における処理については，当該摘出された眼球又は腎臓を第六条の規定により死体から摘出された臓器とみなし，第九条の規定（これに係る罰則を含む。）を適用する。

第八条

旧法第三条の規定により摘出された眼球又は腎臓を使用した移植術がこの法律の施行後に行われた場合における当該移植術に関する記録の作成，保存及び閲覧については，当該眼球又は腎臓を第六条の規定により死体から摘出された臓器とみなし，第十条の規定（これに係る罰則を含む。）を適用する。

第九条

この法律の施行の際現に旧法第八条の規定により業として行う眼球又は腎臓の提供のあっせんの許可を受けている者は，第十二条第1項の規定により当該臓器について業として行う臓器のあっせんの許可を受けた者とみなす。

第十条

この法律の施行前にした行為に対する罰則の適用については，なお従前の例による。

第十一条

健康保険法（大正11年法律第70号），国民健康保険法（昭和33年法律第192号）その他政令で定める法律（以下「医療給付関係各法」という。）の規定に基づく医療（医療

に要する費用の支給に係る当該医療を含む。以下同じ。）の給付（医療給付関係各法に
基づく命令の規定に基づくものを含む。以下同じ。）に継続して，第六条第2項の脳死
した者の身体への処置がされた場合には，当分の間，当該処置は当該医療給付関係各法
の規定に基づく医療の給付としてされたものとみなす。2　前項の処置に要する費用の
算定は，医療給付関係各法の規定に基づく医療の給付に係る費用の算定方法の例によ
る。

3　前項の規定によることを適当としないときの費用の算定は，同項の費用の算定方法
を定める者が別に定めるところによる。

4　前2項に掲げるもののほか，第1項の処置に関しては，医療給付関係各法の規定に
基づく医療の給付に準じて取り扱うものとする。

附　則（平成11年12月22日）

第一条（施行期日）

この法律（略）は，平成13年1月6日から施行する。ただし（略）（以下略）

附　則（平成21年7月17日）

（施行期日）

1　この法律は，公布の日から起算して一年を経過した日から施行する。ただし，第六
条の次に一条を加える改正規定及び第七条の改正規定並びに次項の規定は，公布の日か
ら起算して六月を経過した日から施行する。

（経過措置）

2　前項ただし書に規定する日からこの法律の施行の日の前日までの間における臓器の
移植に関する法律附則第四条第二項の規定の適用については，同項中「前条」とあるの
は，「第六条」とする。

3　この法律の施行前にこの法律による改正前の臓器の移植に関する法律附則第四条第
一項に規定する場合に該当していた場合の眼球又は腎臓の摘出，移植術に使用されな
かった部分の眼球又は腎臓の処理並びに眼球又は腎臓の摘出及び摘出された眼球又は腎
臓を使用した移植術に関する記録の作成，保存及び閲覧については，なお従前の例によ
る。

4　この法律の施行前にした行為及び前項の規定によりなお従前の例によることとされ
る場合におけるこの法律の施行後にした行為に対する罰則の適用については，なお従前
の例による。

（検討）

5　政府は，虐待を受けた児童が死亡した場合に当該児童から臓器（臓器の移植に関す
る法律第五条に規定する臓器をいう。）が提供されることのないよう，移植医療に係る
業務に従事する者がその業務に係る児童について虐待が行われた疑いがあるかどうかを
確認し，及びその疑いがある場合に適切に対応するための方策に関し検討を加え，その
結果に基づいて必要な措置を講ずるものとする。

事 項 索 引

判例索引

〈著者紹介〉

河 上 正 二（かわかみ・しょうじ）

東北大学名誉教授，東京大学名誉教授，青山学院大学法務研究科客員教授，1953年愛媛県生まれ。1982年東京大学大学院法学政治学研究科博士課程修了
法学博士（東京大学）

〈主要著作〉『約款規制の法理』(有斐閣, 1998年)，『民法学入門〔第2版増補版〕』(日本評論社, 2004年, 2014年)，『民法総則講義』(日本評論社, 2007年)，『物権法講義』(日本評論社, 2012年)，『担保物権法講義』(日本評論社, 2015年)，『実践消費者相談』(編著, 商事法務 2009年)，『消費者契約法改正への論点整理』(編著, 信山社, 2013年)，『消費者委員会の挑戦』(信山社, 2017年)，『歴史の中の民法──ローマ法との対話』(訳著：オッコー・ベーレンツ著, 日本評論社, 2001年)，『鳥瞰民法（全)』(信山社, 2021年)，遠隔講義消費者法〈第3版〉2022 (信山社)，消費者法案内 (信山社, 2022年) など。

消費者法特別講義 医 事 法

2022(令和4)年7月28日　第1版第1刷発行

Ⓒ著　者　河 上 正 二
発行者　今井 貴　稲葉文子
発行所　株式会社　信山社
〒113-0033　東京都文京区本郷6-2-9-102
Tel 03-3818-1019　Fax 03-3818-0344
info@shinzansha.co.jp
笠間才木支店 〒309-1611 茨城県笠間市笠間515-3
Tel 0296-71-9081　Fax 0296-71-9082
笠間来栖支店 〒309-1625 茨城県笠間市来栖2345-1
Tel 0296-71-0215　Fax 0296-72-5410

Printed in Japan, 2022　印刷・製本／藤原印刷
ISBN978-4-7972-7035-8 C3332 ¥2800E 分類324.523
P240　7035-8 01011：012-080-020

人間の尊厳と法の役割
—民法・消費者法を超えて—
廣瀬久和先生古稀記念
河上正二・大澤彩 編

民法研究(第2集)東アジア編
大村敦志 責任編集

◆ 民法研究レクチャーシリーズ ◆

不法行為法における法と社会
— JR東海事件から考える —
瀬川 信久

高校生のための法学入門
内田　貴

法の世界における人と物の区別
能見 善久

新債権総論Ⅰ・Ⅱ
新契約各論Ⅰ・Ⅱ
潮見 佳男

信山社

水底を掬う
―大川小学校津波被災事件に学ぶ―
河上正二・吉岡和弘・齋藤雅弘

◇「法」は、「社会」は、事件とどう向き合うか ◇
ともに大川小学校津波被災事件判決を考えるために必読の書

死ひとつ
唄 孝一 著

生と死、そして法律学
町野 朔 著

医事法講座 1 〜 12 巻 続刊
甲斐克則 編集

医事法研究 1 〜 5 号 続刊
甲斐克則 責任編集

ブリッジブック医事法(第2版)
甲斐克則 編

信山社

消費者法研究　1～12号 続刊

河上正二　責任編集

遠隔講義消費者法〈新訂第3版〉2022

河上正二　著

新ブリッジブック消費者法案内

河上正二　著

新ブリッジブック鳥瞰民法（全）

河上正二　著

消費者委員会の挑戦
―消費者の安全・安心への処方箋を求めて―
河上正二　著

消費者契約法改正への論点整理

河上正二　編著

信山社